W0202407

WER HAT DEN TEUFEL AN DIE WAND GEMALT?

Duden

WER HAT DEN TEUFEL AN DIE WAND GEMALT?

Redensarten – wo sie herkommen, was sie bedeuten

Herausgegeben von der Dudenredaktion

Dudenverlag
Berlin

Die **Duden-Sprachberatung** beantwortet Ihre Fragen
zu Rechtschreibung, Zeichensetzung, Grammatik u. Ä.
montags bis freitags zwischen 9:00 und 17:00Uhr.
Aus Deutschland: **09001 870098** (1,99€ pro Minute aus dem Festnetz)
Aus Österreich: **0900 844144** (1,80€ pro Minute aus dem Festnetz)
Aus der Schweiz: **0900 383360** (3,13 CHF pro Minute aus dem Festnetz)
Die Tarife für Anrufe aus den Mobilfunknetzen können davon abweichen.
Den kostenlosen Newsletter der Duden-Sprachberatung können Sie
unter www.duden.de/newsletter abonnieren.

Bibliografische Information der Deutschen Nationalbibliothek
Die Deutsche Nationalbibliothek verzeichnet diese Publikation in der
Deutschen Nationalbibliografie; detaillierte bibliografische Daten
sind im Internet über http://dnb.d-nb.de abrufbar.

Es wurde größte Sorgfalt darauf verwendet, dass die in diesem Werk gemachten Angaben korrekt sind und dem derzeitigen Wissensstand entsprechen. Für dennoch wider Erwarten im Werk auftretende Fehler übernehmen Autor, Redaktion und Verlag keine Verantwortung und keine daraus folgende oder sonstige Haftung.

Das Wort **Duden** ist für den Verlag
Bibliographisches Institut GmbH als Marke geschützt.

Kein Teil dieses Werkes darf ohne schriftliche Einwilligung des Verlages in irgendeiner Form (Fotokopie, Mikrofilm oder ein anderes Verfahren), auch nicht für Zwecke der Unterrichtsgestaltung, reproduziert oder unter Verwendung elektronischer Systeme verarbeitet, vervielfältigt oder verbreitet werden.

Alle Rechte vorbehalten. Nachdruck, auch auszugsweise, verboten.

© Duden 2014 D C B
Bibliographisches Institut GmbH, Mecklenburgische Straße 53, 14197 Berlin

Redaktionelle Bearbeitung der 1. Auflage Dr. Rudolf Köster †
unter Mitarbeit von Dr. Kathrin Kunkel-Razum
Redaktionelle Bearbeitung der 2. Auflage Dr. Sylvia Schmitt-Ackermann
Redaktionelle Bearbeitung der 3. Auflage Heike Pfersdorff
Redaktionelle Bearbeitung der 4. Auflage Iris Glahn

Herstellung Monique Markus
Layout und Satz Sigrid Hecker Typografie, Mannheim
Umschlaggestaltung Büroecco, Augsburg
Titelillustration Julia Hörbrand
Druck und Bindung Offizin Andersen Nexö Leipzig GmbH,
Spengleralle 26–30, 04442 Zwenkau

Printed in Germany
ISBN 978-3-411-70504-7
www.duden.de

Die meisten Redensarten, die wir im täglichen Umgang gebrauchen, sind uns in ihrer Bedeutung vertraut. Wir verstehen ihren Sinn und wenden sie ohne weiteres Nachdenken an: »durch Abwesenheit glänzen; jemandem einen Bären aufbinden; etwas auf die lange Bank schieben; jemandem ein Dorn im Auge sein« und viele andere. Ein wesentliches Merkmal solcher Redensarten ist, »dass sie nicht das bedeuteten, was sich aus den Bedeutungen der Einzelwörter zu ergeben scheint« (Wolf Friederich), dass man sie also nicht wörtlich auffassen darf. »Ins Gras beißen« bedeutet nicht, dass der Betreffende ganz konkret in das unter ihm liegende Gras gebissen hat, sondern dass er, in übertragener Verwendung des ursprünglichen Bildes, im Kampf gefallen, gestorben ist.

Während uns der Sinn dieser und vieler anderer Redensarten (z. B. »sich winden wie ein Aal«) leicht verständlich ist, weil er sich aus dem konkreten Zusammenhang ohne Weiteres deuten lässt, gilt das für andere nicht. Sie können einmal fremden Sprachen entnommen sein, die wir nicht beherrschen, ein andermal liegt ihre Herkunft für uns im Dunkeln – trotz der deutschen Wörter, die wir im Einzelnen durchaus verstehen – oder der Ursprung ist nicht zweifelsfrei geklärt. Mit diesen Redensarten möchte ich mich in diesem Buch beschäftigen. Die Erklärungen werfen oft interessante Streiflichter auf unsere Kulturgeschichte.

Auf den wissenschaftlichen Streit darüber, was eine Redensart ist, soll hier nicht eingegangen werden. Für unsere Zwecke genügen die Bedeutungsangaben der gängigen Wörterbücher: eine häufig verwendete, formelhafte Verbindung von Wörtern, die meist als selbstständiger Satz gebraucht wird. Es gibt eine Anzahl von Synonymen, die die Sprachwissenschaft penibel zu unterscheiden sucht: sprichwörtliche Redensart, (feste, stehende) Wendung, Redewendung, Phrase, Floskel, Formel, Ausdrucksweise, Idiom, idiomatische Verbindung und andere mehr. Im Folgenden werden in alphabetischer Reihenfolge Redensarten besprochen, die aus fremden Sprachen stammen oder deren Herkunft nicht ohne Weiteres verständlich ist.

Berlin, Frühjahr 2014
Rudolf Köster † und die Dudenredaktion

A BCDEFGHIJKLMNOPQRSTUVWXYZ

Das A und O von etwas sein *die Grundvoraussetzung, der Kernpunkt von etwas, von elementarer Wichtigkeit für etwas sein:* Ursprünglich bedeutete »das A und O« den Anfang und das Ende von etwas (vergleiche Offenbarung 1, 8: »Ich bin das A und das O, der Anfang und das Ende, spricht Gott der Herr«). Die Redensart geht darauf zurück, dass im griechischen Alphabet A(lpha) der erste und O(mega) der letzte Buchstabe ist.

Ab durch die Mitte! umgangssprachlich: *schnell fort!; los, vorwärts!:* Diese Aufforderung stammt aus der Theatersprache, wo sie wie »ab nach rechts« und »ab nach links« als Bühnenanweisung gebräuchlich ist.

Jemanden abblitzen lassen umgangssprachlich: *kurz, schroff abweisen, besonders bei Annäherungsversuchen oder Heiratsanträgen:* Die alten Feuersteingewehre versagten gelegentlich, wenn das Pulver auf der Pfanne blitzartig abbrannte, ohne dass der Schuss losging. Die Redensart ist auch ohne »lassen« gebräuchlich: Er ist bei ihr abgeblitzt.

Jemanden abkanzeln umgangssprachlich: *heftig schelten:* Die älteste, heute nicht mehr bekannte Bedeutung war »von der Kanzel herab verkündigen, aufbieten«: die Verlobten abkanzeln. Im 18. Jh. wurde dann der Ausdruck auch dafür gebraucht, dass der Pfarrer seine Schäfchen von der Kanzel herab wegen ihres liederlichen Lebenswandels tadelte.

Durch Abwesenheit glänzen ironisch: *abwesend sein, fehlen:* Zur Erklärung von »glänzen« muss man bis in die römische Antike zurückgehen. Der französische Dramatiker Marie-Joseph de Chénier (1764–11) schrieb in seiner Tragödie »Tibère« folgenden Satz: »Brutus et Cassius brillaient par leur absence« (Brutus und Cassius glänzten durch ihre Abwesenheit). Dieser Satz bezieht sich auf eine Stelle in Tacitus' »Annalen«, wo der römische Geschichtsschreiber (gest. um 116 n. Chr.) berichtet, dass Junia, Witwe des Cassius und Schwester des Brutus, bestattet worden sei, ohne dass die Bildnisse dieser Angehörigen vorangetragen worden seien, dass diese aber gerade deshalb hervorgeleuchtet hätten. In Rom war es bei Leichenbegängnissen üblich, Bilder verstorbener Angehöriger und Ahnen voranzutragen. Es gab jedoch eine Bestimmung, wonach es im kaiserlichen Rom verboten war, die Bildnisse der Cäsarmörder Brutus und Cassius öffentlich zu zeigen.

Etwas ad infinitum fortsetzen bildungssprachlich: *zeitlich unbegrenzt fortsetzen:* lateinisch »ad« = bis (zu) und »infinitus« = unbegrenzt, endlos.

Adel verpflichtet oft ironisch: *Zugehörigkeit zu einer gehobenen Gesellschaftsschicht verpflichtet zu einer bestimmten Lebensweise, einem bestimmten Lebensstil:* Die Redensart ist die wörtliche Übersetzung der französischen Maxime »noblesse oblige« aus Pierre Marc Gaston Du de Lévis' 1808 erschienenen »Maximes et réflexions sur différents sujets de morale et de politique«.

Den Advocatus Diaboli spielen bildungssprachlich: *alles darlegen, was gegen eine Person oder Sache spricht:* Auch diese Redensart hat einen kirchlichen Ursprung. Bei Selig- und Heiligsprechungen prüft(e) die katholische Kirche genau, ob der oder die Verstorbene die Ehrung auch verdient. Der »Promotor Fidei« (= Glaubensanwalt) muss eventuelle Hinderungsgründe vortragen. Scherzhaft wurde dieser »Advocatus Diaboli« (Anwalt des Teufels) genannt.

Alt wie Methusalem umgangssprachlich: *sehr alt:* Dieser Vergleich bezieht sich auf Methusalem, den Großvater Noahs, der nach 1. Moses 5, 27 mit 969 Jahren das höchste Alter der biblischen Urväter erreichte.

(Sich) etwas aus dem Ärmel schütteln umgangssprachlich: *etwas mit Leichtigkeit schaffen:* Die Wendung erklärt sich aus der Tatsache, dass die Ärmel der spätmittelalterlichen Kleidungsstücke oft sehr weit waren und als Taschen dienten. Man konnte also tatsächlich ohne Weiteres Geldstücke und kleinere Gegenstände aus dem Ärmel schütteln.

Bei der Entstehung der Wendung dürfte speziell die Vorstellung der weiten Ärmel der Taschenspieler und Zauberer mitgewirkt haben.

Etwas ausbaden müssen umgangssprachlich: *die Folgen von etwas, was meist ein anderer verschuldet hat, tragen müssen:* Die Wendung bezieht sich wahrscheinlich darauf, dass früher im öffentlichen Bad der letzte Badegast das von mehreren Badenden bereits benutzte Badewasser ausgießen und die Wanne reinigen musste. In der übertragenen Bedeutung ist die Wendung seit Ende des 16. Jh.s belegt.

A**B**CDEFGHIJKLMNOPQRSTUVWXYZ

(Immer) nur Bahnhof verstehen umgangssprachlich: *nicht richtig, überhaupt nichts verstehen:* Vermutlich geht die Wendung auf die Soldaten zu Ende des 1. Weltkrieges zurück. »Bahnhof« bedeutete »Entlassung«, »Heimkehr« und war für sie sozusagen das magische Wort. Möglich ist auch die Deutung, dass »Bahnhof« hier als Ausgangspunkt einer Urlaubsreise gesehen wird und jemandes Gedanken so beherrscht, dass er für ein anderes Thema keine Ohren hat.

Durch die Bank umgangssprachlich: *durchweg, alle ohne Ausnahme:* Die Wendung bezog sich ursprünglich darauf, dass alle, die in derselben Bankreihe sitzen, sozial gleichgestellt sind und keiner irgendwelche Vorteile genießt.

Etwas auf die lange Bank schieben umgangssprachlich: *etwas aufschieben, hinauszögern:* Die übliche Erklärung bezieht sich auf den Umstand, dass früher bei Gericht die Akten auf den Bänken der Richter und Schöffen lagen. Die, die nicht gebraucht wurden, wurden nach hinten geschoben. Waren sie einmal dort, dauerte es längere Zeit, bis der Fall verhandelt wurde.

Jemandem einen Bären aufbinden umgangssprachlich: *eine unwahre Geschichte erzählen:* Die Herkunft ist nicht eindeutig geklärt. Duden (Bd. 11, 2013): »Die Wendung geht davon aus, dass es praktisch unmöglich ist, jmdm. (ohne dass er es merkt) einen Bären an- oder aufzubinden.« Andere (z. B. Borchardt und Röhrich): »… dient ›Bär‹ offenbar nur zur Steigerung, um die Last der Lüge besonders deutlich zu machen.«
Ähnlich das »Ullstein-Lexikon der deutschen Sprache« unter »aufbinden«: »vermutlich für gleichbedeutend lateinisch imponere = (eine Lüge als Last) aufbürden; ›Bär‹ als Inbegriff einer sehr schweren Last.« Krüger-Lorenzen: »›Bär‹ kommt von dem alten Ausdruck bar, der Last, Abgabe bedeutet. Möglicherweise sind hier auch zwei Redensarten durcheinandergeworfen worden, nämlich das ältere ›einen Bären anbinden‹ für ›Schulden machen‹ oder einem ›etwas aufbinden‹, einem etwas vorlügen.«
Auch Heinrich Heine äußert sich in den »Reisebildern IV« (Italien. Die Stadt Lucca) einmal in der ihm eigenen witzigen Ironie zu der Redensart: »… was ihnen (d.h. den Bären aus Spitzbergen, die Berlin besuchen, um u. a. gut zu essen) oft mehr Geld kostet, als sie mitgebracht: in welchem Falle einer von den Bären so lange dort angebunden wird, bis seine Kameraden zurückkehren und bezahlen, woher auch der Ausdruck ›einen Bären anbinden‹ entstanden ist.« Hier hat die ältere Redensart mit an- die Bedeutung »Schulden machen«.
Noch anders Raab: »Die Redeformel scheint in den Gemarkungen von Wien entstanden zu sein. Von 1828 bis 1832 wohnte der Wiener Dichter Castelli in der Bärenmühle auf der Wieden, wo er seine bärbeißigen Anekdoten schrieb, denen er den Namen ›Wiener Bären‹ gab. Die Wiener Bären enthielten manchen ›kalten Aufschnitt‹, sie wurden schnell berühmt und so entstand bald die Redensart: ›Jemandem einen Bären aufbinden‹.« »Kalter Aufschnitt« (zu: aufschneiden) bedeutet »schwer verdauliche Prahlereien«.

Jemandem einen Bärendienst erweisen umgangssprachlich: *jemandem einen schlechten Dienst erweisen:* Im Gegensatz zur vorigen ist die Herkunft dieser Redensart bekannt. Zugrunde liegt die Fabel »Der Bär und der Gartenliebhaber« von La Fontaine, in der der Bär dem Gärtner treue Dienste erweist. Eines Tages jedoch, als sich eine lästige

Fliege auf der Nasenspitze des schlafenden Gärtners niederlässt, die der Bär nicht mit seiner Pranke verscheuchen kann, packt ihn die Wut und er schmettert mit aller Wucht einen Stein auf die Fliege: Die Fliege war zwar tot, aber der Gärtner auch. Diese Erzählung war in mancherlei Varianten in Europa verbreitet.
Unter den Tieren, die in den Fabeln der Völker auftreten, spielt die Fliege eine gewisse Rolle, von Phädrus über La Fontaine und Gellert bis hin zu Wilhelm Busch.

Der Bart ist ab! umgangssprachlich: *die Sache ist erledigt, nun ist Schluss:* vielleicht vor der Jahrhundertwende aufgekommen, als die Vollbärte Kaiser Wilhelms I. und Kaiser Friedrichs III. dem Schnurrbart Kaiser Wilhelms II. gewichen waren. Aber auch an den abgebrochenen Schlüsselbart wäre zu denken.

(So) einen Bart haben umgangssprachlich: *schon seit Langem bekannt sein:* Entstanden ist die Wendung zu einer Zeit, als der Vollbart außer Mode kam und jemand, der ihn noch trug, als altmodisch und rückständig betrachtet wurde. Vergleiche den volkstümlichen französischen Ausdruck »la barbe!« = das langweilt mich zu Tode!

Wissen, wo Barthel den Most holt umgangssprachlich: *alle Kniffe und Tricks kennen:* Der Ursprung der Redensart ist nicht geklärt. Man vermutet u. a. eine Herkunft aus der Gaunersprache: rotwelsch »Barthel« = Brecheisen und »Most« (aus: Moos) = Geld, d. h., beim Einbruch mit einem Brecheisen kommt man ans Geld. Eine andere Deutung: Am St.-Bartholomäus-Tag (24. August) kann man noch keine Weinlese halten, also auch keinen Most haben. Wenn Barthel trotzdem weiß, wo er Most herholen kann, dann ist er ganz besonders gewitzt.

In Bausch und Bogen *alles:* ein stabreimender Ausdruck der Rechts- und Kaufmannssprache, seit etwa 1700 belegt. Bei einer Grundstücksgrenze war »Bausch« die nach außen gehende, »Bogen« die nach innen gehende Biegung. Sein Besitztum »in Bausch und Bogen verkaufen« bedeutete also »alles verkaufen ohne pedantische Berechnung der einzelnen Abweichungen im Grenzverlauf«. »Im Bausch« (14.–18. Jh.) = im Ganzen genommen. Eine latinisierende, aus der österreichischen

Amtssprache stammende Bildung zu »Bausch« ist »Pauschale« = Gesamtbetrag und das Adjektiv »pauschal« = im Ganzen, alles zusammen, ohne in die Einzelheiten zu gehen.

In die Binsen gehen umgangssprachlich: *verloren gehen, verschwinden:* von Grimm 1860 im »Deutschen Wörterbuch« noch nicht notiert. Vermutlich aus der Jägersprache: Flüchtete eine Wildente in die Binsen (landschaftlich auch = Schilf), dann war sie für den Hund nicht mehr erreichbar und damit verloren.

Die Binsenweisheit ist eine Wahrheit, die überall bekannt ist, von jedem begriffen wird. Zur Erklärung zieht man die heute nicht mehr gebräuchliche Redensart »Knoten an einer Binse suchen« heran, d. h. – da die Binse keine Knoten hat wie andere Grasarten – Schwierigkeiten suchen, wo es keine gibt. Die Binsenweisheit ist also eine binsenglatte Wahrheit ohne das Verständnis erschwerende Problematik. Die Redensart gibt es schon im Lateinischen: »notum in scirpo quaerere« = einen Knoten an der Binse suchen.

Ein blauer Brief umgangssprachlich: *Entlassungsschreiben:* Der Ausdruck geht auf die blauen Umschläge für frühere preußische amtliche Schreiben zurück, in denen Offiziere aufgefordert wurden, ihren Abschied einzureichen. Auch die Mahnschreiben des Lehrers wegen gefährdeter Versetzung kamen in blauen Umschlägen.

Blaues Blut scherzhaft: *adlige Abkunft:* spanisch »sangre azul« = blaues Blut. In den Adern der hellhäutigen westgotischen Adligen im Spanien des 5. und 6. Jh.s schimmerte das Blut bläulich im Gegensatz zu dem der dunkleren einheimischen Bevölkerung.

Durch die Blume, verblümt *nur andeutend, verhüllend:* vielleicht aus der Blumensprache, in der manche Blumen eine bestimmte symbolische Bedeutung haben. Denkbar ist auch die Herleitung aus der mit »Redeblumen« (mittelhochdeutsch »redebluome«), d. h. mit Floskeln (lateinisch »flosculus« = Blümchen, Redeschmuck) vorgetragenen und dadurch oft nicht direkten, präzisen, eindeutigen, unmissverständlichen Ausdrucksweise.

Blut ist dicker als Wasser *verwandtschaftliche Bindungen sind stärker als alles andere:* Die Redensart, die als »blood is thicker than water« im Englischen ebenso gebräuchlich ist wie im Deutschen, wurde besonders populär durch Wilhelm II., der sich damit seit 1896 wiederholt auf die Verwandtschaft der Throne Deutschlands und Großbritanniens berief.

Einen Bock schießen umgangssprachlich: *einen Fehler machen:* In den alten Schützengilden war es Brauch, dem schlechtesten Schützen als Trostpreis einen Bock zu spenden. Die Redensart ist seit dem Ende des 17. Jh.s belegt. Dazu gehört »etwas verbocken«.

Jemanden ins Bockshorn jagen, oft verneint: sich nicht ins Bockshorn jagen lassen umgangssprachlich: *jemanden unsicher machen, einschüchtern:* Durch Luther hat sich die Verbindung mit »jagen« durchgesetzt. Der Ursprung ist nicht geklärt. Manche nehmen die Redensart wörtlich, ohne den Sinn überzeugend darzulegen. Andere versuchen sich an übertragenen Deutungen. Röhrich (1991) bespricht ausführlich neun Erklärungen und kommt zu dem Schluss: »Keine der genannten Deutungen und Erklärungen kann Allgemeingültigkeit beanspruchen … Trotzdem ist die Redensart noch heute allgemein verbreitet und beliebt … Gerade das Rätselhafte, das nicht ohne Weiteres Verständliche, trug mit zu ihrer Erhaltung bei.«

Den Bogen heraushaben umgangssprachlich: *etwas gut können, beherrschen:* Während die einen auf das straffe Spannen des Bogens hinweisen, das man »heraushaben« muss, um weit schießen zu können, denken andere an den Bogen beim Schlittschuhlaufen.

Etwas kommt jemandem böhmisch vor, ist für jemanden ein böhmisches Dorf, sind für jemanden böhmische Dörfer umgangssprachlich: *jemand versteht etwas nicht, etwas kommt jemandem seltsam vor:* Für die Deutschen waren die slawischen Namen der Dörfer in Böhmen fremd und unverständlich. Vergleiche »spanisch«.

Dumm wie Bohnenstroh umgangssprachlich: *sehr dumm:* in vernachlässigter Logik entstanden aus der älteren Fügung »grob wie Bohnenstroh«. Hans Sachs: »Er ist gröber denn das ponstro.« Arme, ungebildete (und daher als dumm geltende) Menschen konnten nicht einmal auf Stroh schlafen, sondern mussten sich mit dem harten, groben getrockneten Kraut der Futterbohne begnügen.

Die Botschaft hör ich wohl gehoben scherzhaft: *das klingt nicht sehr glaubhaft, ich bin skeptisch:* aus Goethes »Faust« (Teil 1, »Nacht«) entnommen. Die Verszeile lautet vollständig: »Die Botschaft hör ich wohl, allein mir fehlt der Glaube«. Es sind die Worte, mit denen Faust den Verlust seines Glaubens konstatiert, als bei seinem Versuch, Gift zu nehmen, »Glockenklang und Chorgesang« zu ihm hereindringen und der »Chor der Engel« die Auferstehung Christi verkündet.

In der Bredouille sitzen, in die Bredouille geraten umgangssprachlich, mundartlich: *in eine unangenehme, bedrängte Lage kommen:* zu Beginn des 19. Jh.s aus französisch »être dans la bredouille« übernommen (»bredouille« = Matsch, Dreck). Die französische Wendung ist heute nicht mehr gebräuchlich. In den deutschen Mundarten z.T. völlig zersprochen: bairisch »Bredulti«; niederdeutsch »Perdoll, Padoll«; sächsisch »Bredullche«; südhessisch »Bredulje, Bradulje«.

Jemandem Brief und Siegel (auf etwas) geben *jemandem etwas fest zusichern, garantieren:* Die Wendung geht von »Brief« in der alten »Urkunde« aus, meint also eigentlich »jemandem Urkunde und Siegel«, also vollgültigen Rechtsanspruch, geben.

Ein Buch mit sieben Siegeln *etwas bleibt jemandem unverständlich, ein Geheimnis:* Die Fügung geht auf die Offenbarung des Johannes (5, 1) zurück, wo es heißt: »Und ich sah in der rechten Hand des, der auf dem Stuhl saß, ein Buch versiegelt mit sieben Siegeln.«

Auf den Busch klopfen umgangssprachlich: *etwas von jemandem zu erfahren suchen, ohne direkt zu fragen:* eine Redensart aus der Jägersprache. Der Jäger suchte durch Schlagen auf einen Busch zu erfahren, ob sich in ihm ein Tier versteckt hielt. Schon mittelhochdeutsch »uf den busch trischen« (= dreschen). In dem Gedicht »Der weiße Hirsch« von Uhland sagt der erste Jäger: »Mir hat geträumt, ich klopf' auf den Busch, da rauschte der Hirsch heraus, husch, husch!«

AB**C**DEFGHIJKLMNOPQRSTUVWXYZ

Chacun à son goût bildungssprachlich: *jeder nach seinem Geschmack, wie es ihm gefällt:* Die Redensart wurde durch den Refrain des Couplets des Prinzen Orlowsky aus der Operette »Die Fledermaus« (II) von Johann Strauß (1825–99) bekannt: »'s ist mal bei mir so Sitte, / Chacun à son goût.« Der von C. Haffner und R. Genée verfasste Text stützt sich auf das Vaudevillestück »Réveillon« von Henri Meilhac und Ludovic Halévy.

Cherchez la femme bildungssprachlich: *dahinter steckt bestimmt eine Frau!:* Die Redensart ist ein Zitat aus dem Drama »Les Mohicans de Paris« (II, 13) von A. Dumas d. Ä. (1802–70) und geht möglicherweise auf eine Stelle in den Satiren des römischen Dichters Juvenal zurück, der die Frau zur Hauptursache aller Rechtsstreitigkeiten erklärte: *Nulla fere causa est, in qua non femina litem moverit* (»Es gibt kaum einen Prozess, bei dem nicht eine Frau den Streit ausgelöst hätte«).

ABC**D**EFGHIJKLMNOPQRSTUVWXYZ

Jemandem aufs Dach steigen umgangssprachlich: *jemanden schelten, zurechtweisen:* ein alter Rechtsbrauch: Wer sich etwas hatte zuschulden kommen lassen, dem wurde zur Strafe gelegentlich das Dach seines Hauses abgedeckt. Ursprünglich bei so genannten »Friedlosen«, d. h. Geächteten, später u. a. bei anstößigem Verhalten in der Ehe, besonders dann, wenn sich ein Mann von seiner Frau schlagen ließ.

Ein Damoklesschwert über sich hängen haben bildungssprachlich: *eine beständige Bedrohung zu erwarten haben:* Damokles war ein Günstling des Tyrannen Dionysios I. (nach anderen: II.) von Syrakus (um 400 v. Chr.), der den Herrscher um seine Macht und sein Glück beneidete. Dionysios ließ daraufhin bei einem opulenten Mahl über dem Haupt des Damokles ein Schwert an einem dünnen Rosshaar befestigen, um ihm die ständige Bedrohung jedes Glücks vor Augen zu führen. Dies berichtet Cicero in seinen Gesprächen in Tusculum.

Jemandem die Daumen drücken umgangssprachlich: *jemandem in Gedanken Erfolg (in einer Sache) wünschen:* vielleicht für lateinisch »pollicem premere« = den Daumen einschlagen, um jemandem beim Spiel Glück zu bringen. Der Daumen spielt im Aberglauben eine bedeutende Rolle. Möglicherweise haben bei der Wendung Vorstellungen des germanischen Volksglaubens mitgespielt, wo der Daumen als Glücksfinger galt und das Einschlagen des Daumens z. B. vor Dämonen und Albträumen schützte.

Jemandem Daumenschrauben ansetzen *jemanden unbarmherzig zu etwas zwingen:* Grimm, »Deutsches Wörterbuch«: »Daumenschraube, ein eisernes Schraubzeug, das beim Foltern an das mittlere Gelenk des Daumens gelegt ward … Die Daumenschrauben anlegen, aber bald wieder nachlassen, war der erste Grad der Folter, der folgende die Daumenschrauben zuschrauben.«

(Mit jemandem) unter einer Decke stecken umgangssprachlich: *(mit jemandem) in geheimem Einverständnis stehen:* Die Wendung geht auf einen mittelalterlichen Rechtsbrauch bei der Eheschließung zurück und bezieht sich zugleich darauf, dass im Mittelalter Waffenbrüder und Freunde zu zweit in einem Bett schlafen konnten.

(Der) Dernier Cri sein *neueste Mode sein:* Lehnübersetzung der in ihrem Ursprung nicht geklärten französischen Fügung ist »letzter Schrei«.

Deus ex Machina bildungssprachlich: *im richtigen Augenblick sich einstellender Helfer bei der Lösung eines schwierigen Problems:* wörtliche Übersetzung aus dem Lateinischen: Gott aus der Maschine. Gemeint ist eine Theatermaschinerie, mit deren Hilfe in manchen antiken Dramen der Darsteller einer Gottheit aus der Höhe auf die Bühne schwebte, um konfliktlösend in das Geschehen einzugreifen.

Keinen Deut, nicht einen Deut *überhaupt nicht, ganz und gar nicht:* seit dem 18. Jh. üblich. »Deut« (niederländisch »duit«) war ursprünglich eine niederländisch-niederrheinische Silbermünze des 14. Jh.s, die mit immer geringerem Wert (im 16. Jh. Kupfermünze) bis ins 19. Jh. im Umlauf war. Die Kaufkraft der Münze war schließlich von sprichwörtlich geringem Wert. Die Herkunft des Wortes erinnert an die frühe Zeit, in der abgeschnittenes, abgehauenes Edelmetall als Zahlungsmittel kursierte. Deut ist die »abgehauene« Münze.

Jemandem ein Dorn im Auge sein *jemandem unerträglich sein:* Der Ursprung dieser Redensart ist eine Bibelstelle. In 4. Mose 33, 55 heißt es: »Werdet ihr aber die Einwohner des Landes nicht vertreiben …, so werden euch die, die ihr überbleiben lasst, zu Dornen werden in euren Augen.« Luther benutzte allerdings eine schon im Mittelhochdeutschen belegte Redewendung, z. B. in Strickers »Karl«, einer Bearbeitung des Rolandsliedes aus dem 13. Jh.: »er (= Karl der Große) ist ein helt ze handen und sinen vianden (= Feinden) in den ougen ein dorn.« Durch Luther blieb die Redensart erhalten.

Im Dunkeln ist gut munkeln *im Dunkeln kann man sich gut Heimlichkeiten sagen:* im 17. Jh. überliefert als »im Dunklen ist gut munkeln«. Mit dem Verb »munkeln« sind nur ungenaue Vorstellungen verbunden. Es ist eine Iterativbildung (Wiederholungsverb) zu »munken« = etwas heimlich und versteckt tun und bedeutet so viel wie wiederholt munken, leise und heimlich reden, undeutlich murmeln. Bekannter ist noch die Bedeutung »als Gerücht heimlich verbreiten«: Man munkelt so allerlei.

Jemandem blauen Dunst vormachen umgangssprachlich: *jemandem etwas vortäuschen:* Die Zauberer ließen früher bei ihren Tricks oft blauen Rauch aufsteigen. Die Zuschauer sollten dadurch am genauen Beobachten gehindert werden. Da aber »blau« vor allem in der älteren Sprache die Farbe der Täuschung, Verstellung und Lüge ist und »Dunst« nach Grimms »Deutschem Wörterbuch« u. a. »das Nichtige, Vergängliche, Betäubende, Täuschende, Betrügliche in vielfachen Beziehungen« ausdrückt, muss man nicht unbedingt die Zauberer bemühen.
Für Grimm ist daher »blauer Dunst« so viel wie »falscher Schein, lügenhafte Vorspiegelung«.

ABCD**E**FGHIJKLMNOPQRSTUVWXYZ

Jemanden um die Ecke bringen salopp: *jemanden umbringen:* Auszugehen ist von »Ecke« in der Bedeutung »Haus-, Straßenecke«. Eingewirkt hat sicher, dass Verbrecher früher oft hinter Straßenecken lauerten und Passanten in stillere Seitenstraßen zerrten, um sie dort auszurauben.

Etwas aus dem Effeff können, verstehen umgangssprachlich: *etwas gut beherrschen:* »Effeff« ist die Aussprache von ff, das aus der Kaufmannssprache stammen soll. Das einfache f bedeutet »fein« (italienisch »fino«), das doppelte ff »sehr fein« (italienisch »finissimo«). Eine andere Erklärung stammt aus dem Bereich der Musik. Grimm meint im »Deutschen Wörterbuch«: »… bezieht sich auf das Zeichen ff in der Musik für fortissimo und will sagen, mit Nachdruck ausführen. Schläge aus dem ff (efef) ›tüchtige‹.« Dann müsste sich die Bedeutung gewandelt haben.

Das Ei des Kolumbus *überraschend einfache Lösung eines schwierigen Problems:* Seit dem 17. Jh. wird von Kolumbus erzählt, dass er auf den provozierenden Einwurf, die Entdeckung der Neuen Welt sei gar nicht so schwierig gewesen, ein Ei nahm und seine Tischgenossen fragte, wer das Ei auf seine Spitze stellen könne. Niemand vermochte es. Kolumbus drückte das eine Ende des Eis ein, sodass es stand. Er wollte damit andeuten, dass man, um eine schwierige Aufgabe lösen zu können, zur richtigen Zeit den richtigen Einfall haben müsse, was nicht jedem vergönnt sei. Da aber der italienische Kunsthistoriker Vasari das Gleiche von dem florentinischen Renaissancebaumeister Brunelleschi (gest. 1446) berichtete, ist zu vermuten, dass das Motiv anderen (wahrscheinlich orientalischen) Ursprungs ist.

Noch ein Eisen im Feuer haben *mehr als eine Möglichkeit haben:* Die Wendung hat ihren Ursprung im Schmiedehandwerk. Der Schmied hat meistens mehrere Eisen zum Schmieden in der Feuerschüssel, damit er seine Arbeit nicht zu unterbrechen braucht.

(Aller)höchste Eisenbahn umgangssprachlich: *höchste Zeit:* Der Berliner Schriftsteller Adolf Glaßbrenner (1810–76) charakterisiert in seiner Humoreske »Ein Heiratsantrag in der Niederwallstraße« von 1847 die Zerstreutheit des um die Hand der Tochter des Wohnungsinhabers anhaltenden Briefträgers Bornike mit einigen »Versprechern«, darunter dem folgenden (Bornike ist eingefallen, dass die Post, die mit der Eisenbahn aus Leipzig kommt und die er austragen muss, schon vor längerer Zeit eingetroffen ist): »Es ist die allerhöchste Eisenbahn, die Zeit ist schon vor drei Stunden anjekommen.«

Im Elfenbeinturm leben, sitzen tadelnd von Künstlern oder Wissenschaftlern: *sich, von den Anforderungen der Gesellschaft und der Umwelt unberührt, nur der eigenen schöpferischen Arbeit widmen:* »Elfenbeinturm« ist Lehnübersetzung des französischen »tour d'ivoire«, ein Ausdruck, mit dem der französische Literaturkritiker Sainte-Beuve (1804–69) 1837 den französischen romantischen Schriftsteller Alfred de Vigny (gest. 1863) – in positivem Sinne – charakterisierte. Vergleiche das Hohe Lied 7, 5, wo der Hals der geliebten Freundin mit einem »elfenbeinernen Turm« verglichen wird.

Ein Ende mit Schrecken nehmen *böse enden:* In Psalm 73, 19 übersetzt Luther wie folgt: »Wie werden sie (= die Gottlosen) so plötzlich zunichte! Sie gehen unter und nehmen ein Ende mit Schrecken.« Dies variierte der preußische Offizier Ferdinand von Schill (1776–1809) in einer Rede, die er am 12. Mai 1809 auf dem Marktplatz in Arneburg a. d. Elbe hielt. In Bezug auf die Niederlagen Preußens gegen Napoleon und Schills Bestreben, eine allgemeine Erhebung gegen Napoleon auszulösen, rief Schill den Versammelten zu: »Lieber ein Ende mit Schrecken als ein Schrecken ohne Ende.« Für ihn und seine Husaren war es dann auch ein Ende mit Schrecken: Schill selbst fiel 19 Tage später im Straßenkampf in Stralsund, elf seiner Offiziere wurden standrechtlich erschossen und über 500 Soldaten auf die Galeeren geschickt.

Mit Engelszungen reden *in sanftem Ton, aber beredt und eindringlich sprechen, um jemanden zu überzeugen oder zu überreden:* Auch diese Redensart stammt wie so viele andere aus Luthers Bibelübersetzung. In Paulus' 1. Brief an die Korinther (1. Kor. 13, 1) heißt es: »Wenn ich mit

Menschen- und mit Engelzungen redete und hätte der Liebe nicht, so wäre ich ein tönend Erz oder eine klingende Schelle.«

Auf etwas erpicht sein *auf etwas begierig sein:* Die wörtliche Bedeutung ist »wie mit Pech an etwas festgeleimt sein«. Die Redensart ist im 16. Jh. aufgekommen. Eine Nebenform »verpicht« (17. Jh.) setzte sich nicht durch.

Eulen nach Athen tragen bildungssprachlich: *etwas Überflüssiges tun:* Die Eule (der Steinkauz) war in Athen und Attika ein häufig vorkommender Vogel. Sie war ein Attribut der Athene, der Schutzgöttin der Stadt, wurde als kluger Vogel verehrt und schmückte seit dem 6. Jh. auch die attischen Münzen. Der griechische Komödiendichter Aristophanes lässt in seinem Theaterstück »Die Vögel« eine Eule auftreten, worauf gefragt wird: »Wer hat die Eule nach Athen gebracht?« – mit dem unausgesprochenen Nachsatz: Dort sind doch schon so viele.

ABCDE**F**GHIJKLMNOPQRSTUVWXYZ

Nicht (lange) fackeln umgangssprachlich: *nicht lange zögern:* Die Redensart wird gewöhnlich mit dem unruhigen, flackernden, schwankenden Brennen der Fackel in Verbindung gebracht, das ins Übertragene gewendet und verneint das Gegenteil des Schwankens ausdrückt.

Den Faden verlieren *beim Sprechen plötzlich den gedanklichen Zusammenhang verlieren:* Die hier übertragen gebrauchte Wendung bedeutet wörtlich »den Faden beim Garnwickeln, Spinnen oder dgl. aus der Hand rutschen lassen«.

Das Fazit aus etwas ziehen *die Ergebnisse von etwas zusammenfassen:* früher »Facit« geschrieben. In den lateinischen Rechenbüchern aus spätmittel-hochdeutscher Zeit und im kaufmännischen Rechnungswesen bedeutet »facit« so viel wie »es macht, macht zusammen«. Das Wort ist die 3. Person Singular Präsens von lateinisch »facere« = machen, tun.

Sich mit fremden Federn schmücken *sich die Verdienste anderer zurechnen:* eine Redensart, die in vielen europäischen Sprachen verbreitet ist, z. B. englisch »to strut in borrowed plumes«; ähnlich französisch »se parer des plumes du paon« = sich mit den Federn des Pfaus schmücken, ebenso italienisch »coprirsi con le penne del pavone«; dänisch »smykke sig med lante fjer« = sich mit geliehenen Federn schmücken; serbokroatisch »ukrasiti se tuđim perjem« usw. Die Redensart geht auf eine alte Fabel zurück. Als Ursprung kommen sowohl »Die Dohle und die Eule« des Griechen Äsop (6. Jh. v. Chr.) als auch die Fabel des Römers Phädrus von der Krähe, die sich mit Pfauenfedern schmückt (1. Jh. n. Chr.), infrage.

Nicht viel Federlesens machen *nicht viele Umstände, kurzen Prozess machen, nicht zögern:* Im Spätmittelalter galt es als kriecherisch, vornehmen Herren oder Frauen die Federn oder Flocken von den Kleidern zu lesen. Grimm im »Deutschen Wörterbuch«: »Oft drückt ›federlesen‹ wie vorhin ›federklauben‹ aus: liebkosen, schmeicheln, der um Liebe oder Gunst Werbende liest von dem Gewande der Frau oder des vornehmen Herrn die Flocken ab, bildlich, sucht deren Vergehen zu entschuldigen.« Später (im 16. Jh.) wandelte sich die Bedeutung: Wer penibel und ausdauernd auf seinem Rock oder Kleid jedes kleinste Federchen oder Flöckchen ablas, verschwendete nur seine Zeit und machte sich damit viel Umstände, bevor er eine nutzbringende Tätigkeit aufnehmen konnte.

Jemandem den Fehdehandschuh hinwerfen gehoben: *jemanden zum Streit herausfordern,* **den (Fehde)handschuh aufnehmen** *(eine Herausforderung zum Streit annehmen):* Die im 18. Jh. aufgekommenen Redensarten beruhen auf einer mittelalterlichen Sitte: Wenn ein Ritter von einem anderen beleidigt wurde, warf er diesem einen Handschuh vor die Füße als Zeichen der Herausforderung zum Kampf. Wurde er aufgenommen, galt der Kampf als akzeptiert. Schiller verwendete das Motiv des Handschuhaufnehmens in seinem Gedicht »Der Handschuh«.

Feld In den übertragen gebrauchten Wendungen **das Feld behaupten, beherrschen, räumen, streitig machen, überlassen; aus dem Feld schlagen; ins Feld führen; zu Felde ziehen** ist ursprünglich das Schlachtfeld gemeint. Die Redensart **ein weites Feld sein** *(ein Gebiet sein, zu dem sich vieles sagen ließe)* wird gewöhnlich mit Theodor Fontane in Verbindung gebracht, der am Schluss seines Romans »Effi Briest« von 1894 Effis Vater zu seiner Frau sagen lässt: »Ach Luise, lass …, das ist ein zu weites Feld.« Die Redensart ist aber älter: In Adalbert Stifters Roman »Der Nachsommer« von 1857 heißt es: »Das ist ein weites Feld, von dem Ihr da redet«, sagte ich, »und da steht der menschlichen Erkenntnis ein nicht unwichtiger Gegenstand gegenüber« (der Gegenstand ist die Witterungskunde). Die Wendung ist sicher literarischen Ursprungs.

Jemandem schwimmen die Felle fort *jemandes Hoffnungen zerrinnen:* Die Wendung stammt vermutlich aus den Berufserfahrungen des Lohgerbers, wenn er für seine Felle ein fließendes Gewässer benutzen musste.

Fersengeld geben umgangssprachlich: *davonlaufen, fliehen:* schon mittelhochdeutsch: »versengelt geben« = davonlaufen, statt zu kämpfen oder zu zahlen (Grimm, »Deutsches Wörterbuch«). Der Begriff stammt aus der Rechtssprache und bedeutete eine Abgabe, über deren genaue Bedeutung man sich allerdings nicht einig ist. Vielleicht liegt auch nur ein Volkswitz zugrunde: Wer nicht zahlen konnte, entfloh und zeigte dem Gläubiger nur noch die Fersen, die mit springenden Geldstücken verglichen wurden.

Jemanden auf etwas festnageln *jemanden auf eine bestimmte Äußerung gegenüber der Öffentlichkeit festlegen:* In übertragenem Sinn ist »festnageln« seit dem 19. Jh. in verschiedenen Verwendungen belegt, nicht allein in der obigen Bedeutung. Mit dem ländlichen Brauch, tote Greifvögel oder Schädlinge an das Hof- oder Scheunentor zu nageln, hat die Redensart wohl ursprünglich nichts zu tun, obwohl gelegentlich literarisch darauf Bezug genommen wird.

Ins Fettnäpfchen treten umgangssprachlich: *es durch Unachtsamkeit oder Ungeschicklichkeit mit jemandem verderben:* Müller-Fraureuth,

Verfasser eines Wörterbuches der obersächsischen und erzgebirgischen Mundarten (1911–14), erklärt die Redensart so: Im erzgebirgischen Bauernhaus stand gewöhnlich an der Wand zwischen Stubentür und Ofen ein Näpfchen mit Fett, aus dem der Heimkehrende seine nassen Stiefel sogleich wieder einfetten konnte. Kippte er einmal unachtsam oder ungeschickt mit einem falschen Tritt das Näpfchen um, sodass es auf dem Fußboden zu Flecken kam, erzürnte er damit die Hausfrau. 1862 wird die Redensart sogar in Grimms »Deutschem Wörterbuch« notiert: »Fettnäpfchen, n[eutrum] es heißt: damit wirst du ihm schön ins Fettnäpfchen treten = damit wirst dus bei ihm verschütten.«

Die Feuerprobe bestehen *sich bei etwas Ungewöhnlichem oder Schwierigem zum ersten Mal bewähren:* Grimm führt die Redensart 1862 im »Deutschen Wörterbuch« auf das alte Gottesurteil zurück, das den Angeklagten zwang, einen glühenden Rost zu überschreiten oder ein glühendes Eisen anzufassen bzw. zu tragen. Heute ist man meist der Ansicht, dass es sich um die Prüfung von Gold und anderen Edelmetallen durch Feuer handelt, die vorgenommen wurde, um die Echtheit nachzuweisen. Sie ist schon aus der Antike bekannt und mehrere Bibelstellen beziehen sich auf sie, z. B. die Sprüche Salomos 17, 3: »Wie das Feuer Silber und der Ofen Gold, also prüfet der Herr die Herzen.«

Ein Fiasko sein/ein Fiasko erleben, erleiden *ein Misserfolg sein/einen Reinfall erleben, erleiden:* Die Redensart kommt im 19. Jh. vermutlich über das Französische (»faire fiasco«) aus dem Italienischen zu uns: »far fiasco« = versagen, durchfallen. In der Übertragung zuerst auf Künstler, Schauspieler, Sänger und Sängerinnen sowie auf Theaterstücke angewendet, hat sie (nach Röhrich) einen ganz konkreten Ursprung in der venezianischen Glasbläserei, bei der es gelegentlich zu missratenen Flaschen (»fiasco« = Flasche) kam.
Die Flasche wurde so zum Sinnbild des Versagens und sie wurde Schauspielern und Sängern statt eines Lorbeerkranzes umgehängt, wenn sie schlecht spielten oder sangen. Das italienische Wort »fiasco« geht übrigens auf die (erschlossene) germanische Form »flasko« zurück, die neuhochdeutsch »Flasche« ergeben hat. Auch unser Wort »Flasche« hat die umgangssprachliche Bedeutung »Versager«. Diese leitet sich von der Vorstellung der leeren Flasche her, die nutzlos geworden ist.

Sich etwas aus den Fingern saugen umgangssprachlich: *einen Sachverhalt frei erfinden:* Die bereits 1512 in Thomas Murners Satire »Narrenbeschwörung« belegte Wendung leitet sich möglicherweise aus dem alten Volksglauben her, wonach das Saugen an einem in Blut oder in eine Zauberflüssigkeit getauchten Finger Weisheit vermittelt bzw. wonach die Finger als solche Mitteilungsfähigkeit besitzen.

Fisimatenten machen umgangssprachlich, auch mundartlich (so schwäbisch, badisch, hessisch, rheinisch u. a.): *sich herausreden wollen, Ausflüchte, Einwände, Umstände machen,* oft verneint gebräuchlich: Eine sichere Deutung ist bisher nicht gelungen. Meist wird es als Kreuzung aus lateinisch »visae patentes (literae)« = ordnungsgemäß geprüftes Patent (dessen Erteilung oft langwierige bürokratische Schwierigkeiten machte) und mittelhochdeutsch »visament(e)«, »visimente« (= Beschreibung eines Wappens, Zierrat, aus altfranzösisch »visement« = Aussehen) betrachtet. Die Volksetymologie bemächtigte sich dieses seltsam klingenden Wortes: Zur Zeit der Revolutionskriege sollen französische Offiziere deutsche Mädchen aufgefordert haben, ihr Zelt zu besuchen (»visitez ma tente!«). Das Gleiche wurde dann auch auf spanische Soldaten übertragen: »Visita mi tienda!« Oder noch kühner als Ausrede verspäteter Passanten bei Kontrollen durch die französische Wache: »Je viens de visiter ma tante« = ich komme vom Besuch bei meiner Tante.

Die Flagge streichen/Flagge zeigen/unter falscher Flagge segeln *sich geschlagen erklären/seine Einstellung, Meinung deutlich zu erkennen geben/etwas vortäuschen:* Alle diese Wendungen stammen aus der Seemannssprache. Ein Schiff zeigt mit der Flagge an, zu welchem Land, zu welcher Reederei es gehört. Es kann, um Gegner oder Verfolger zu täuschen, eine andere Flagge setzen und zeigt im Seegefecht durch Einholen (Streichen) der Flagge an, dass es sich ergibt.

Die Flinte ins Korn werfen *entmutigt aufgeben, verzweifeln:* Das Wort »Flinte« deutet auf ein höheres Alter der Redewendung. Sie entstand, als die Vorderlader der Soldaten noch mit Flint-, d. h. mit Feuersteinschlössern versehen waren. Die Kampfmoral der Söldner, die mit diesen Gewehren ausgerüstet waren, war meist nicht besonders hoch. Manche warfen auf der Flucht ihre Flinte lieber ins Kornfeld, wo sie nicht so leicht entdeckt werden konnte, als sich erschlagen oder erschießen zu lassen.

Die Flitterwochen irgendwo verbringen, in die Flitterwochen fahren

in den Hochzeitsurlaub fahren: Das Bestimmungswort »Flitter« in »Flitterwochen« ist nicht das Substantiv »Flitter« (= wertloser, glitzernder Schmuck, Tand), sondern gehört zu einem spätmittelhochdeutschen, im Neuhochdeutschen untergegangenen Verb »flittern«, das »lachen, kichern, schmeicheln, liebkosen« bedeutet. Die »Flitterwoche« ist zuerst im 16. Jh. bezeugt.

Mein lieber Freund und Kupferstecher

Vergleiche »Kupferstecher«.

Jemanden unter der Fuchtel haben/unter jemandes Fuchtel stehen

umgangssprachlich: *jemanden beherrschen/streng gehalten, beherrscht werden:* Fuchtel bezeichnete früher eine Art Degen, der das Symbol der soldatischen, dann auch strengen Zucht allgemein war, weil mit seiner flachen Klinge Schläge ausgeteilt wurden.

Furore machen

starkes Aufsehen erregen, von sich reden machen: zu Beginn des 19. Jh.s aus italienisch »far furore« entlehnt. Das italienische Substantiv geht zurück auf lateinisch »furor« = Leidenschaftlichkeit, Begeisterung, Verzückung, Raserei.

Kalte Füße bekommen

umgangssprachlich: *ein Vorhaben aufgeben, weil man Bedenken, Angst bekommen hat:* Die Wendung soll am Spieltisch entstanden sein, wo kalte Füße gern als Vorwand benutzt wurden, um das Spiel abzubrechen und sich somit seinen Gewinn zu sichern.

ABCDEF**G**HIJKLMNOPQRSTUVWXYZ

Gang nach Kanossa Vergleiche »Kanossa«.

Jemanden am Gängelband führen/haben/halten *jemandem ständig vorschreiben, was er zu tun und zu lassen hat:* »Gängelband«, zu Beginn des 19. Jh.s aufgekommen, hieß das Band, das man kleinen Kindern unter die Achseln legte, um ihnen das Laufenlernen zu erleichtern und sie vor dem Hinfallen zu bewahren. Auf Bildern des 18. Jh.s ist es verschiedentlich zu sehen, z. B. auf einem Gemälde des österreichischen Malers Heinrich Füger von 1792, das den Fürsten Carl von Liechtenstein mit Frau und Kind darstellt.

Jemandem den Garaus machen umgangssprachlich: *jemanden töten:* Mit dem Ruf des Nachtwächters »Gar aus!« (= ganz aus!) wurde seit dem 15. Jh. in Süddeutschland, besonders in Nürnberg und Regensburg, die Polizeistunde verkündet. Er zeigte das Ende des Tages, auch den dafür bestimmten Glockenschlag an. Der übertragene Gebrauch wird verständlicher, wenn man die folgende Textstelle aus der Schwanksammlung »Wendunmuth« des hessischen Dichters H. W. Kirchhoff (1563 ff.) liest: »Wenn es auff der großen Uhren … nach der Tagläng … abendts den Garauß schlägt, soll man sich erinnern, dass auch mit uns allen … letztlich der Garauß kommen werde.«

Jemanden hinter schwedische Gardinen bringen umgangssprachlich: *veranlassen, dass jemand ins Gefängnis kommt:* Die Redensart ist verhältnismäßig jung und stammt aus der Gaunersprache. »Gardinen« sind die Gitter vor den Fenstern des Gefängnisses, »schwedisch« werden sie vermutlich deshalb genannt, weil sie häufig aus schwedischem Stahl gefertigt waren, der als besonders stabil galt.

Jemandem eine Gardinenpredigt halten umgangssprachlich bes. von der Ehefrau: *den Ehemann gehörig abkanzeln:* »Gardine« (über das Niederländische aus französisch »courtine«) bedeutete ursprünglich den Bettvorhang. Es handelte sich also um eine nächtliche Strafpredigt, die die Frau ihrem Mann hinter dem Bettvorhang hielt, wenn er spät, unter Umständen betrunken nach Hause kam. Schon im 15. Jh. nannte man die Strafrede der Ehefrau »Predigt«, im 16. Jh. kommt der Bettvorhang als Ort der Predigt hinzu, aber erst in der 1. Hälfte des 18. Jh.s erscheint das Wort »Gardinenpredigt«.

Jemandem ins Gehege kommen (Grimm, »Deutsches Wörterbuch«: »in sein Gebiet, wo er zu gebieten hat, einbrechen oder geraten und ihn da in seinem Rechte kränken«): Gemeint ist das eingehegte (mit einem Zaun umgebene) Gebiet oder Stück, das sich in jemandes Besitz befindet. »Gehege« in übertragenem Sinn ist seit dem 16. Jh. belegt.

Der Geist ist willig, (aber) das Fleisch ist schwach *ein guter Vorsatz scheitert oft an der Willensschwäche des Menschen:* In Matth. 26, 41 spricht Jesus in Gethsemane zu seinen Jüngern: »Wachet und betet, dass ihr nicht in Anfechtung fallet. Der Geist ist willig; aber das Fleisch ist schwach.«

Die Geister, die ich (sie, er usw.) rief, nicht mehr loswerden (können) *von außer Kontrolle geratenen Kräften, deren Hilfe man haben wollte, überwältigt werden:* nach Goethes Gedicht »Der Zauberlehrling« von 1798: »Die ich rief, die Geister, werd' ich nun nicht los.« Das Zitat wird oft und gern in Bezug auf die Hybris des technischen Fortschritts gebraucht, der die wachsenden Umweltprobleme der Menschheit nicht mehr in den Griff bekommt.

Wissen, wes Geistes Kind jemand ist *jemandes Gedankenwelt, Weltanschauung, Einstellung kennen:* In Luk. 9, 55 ermahnt Jesus die Jünger Jakobus und Johannes mit der Frage: »Wisset ihr nicht, welches Geistes Kinder ihr seid?« Die Jünger hatten, als Samariter Jesus eine Herberge verweigerten, sich gewünscht, dass Feuer vom Himmel auf die Samariter falle und sie verzehre. Aber Jesus verweist sie mit seinen Worten auf den Geist der Nächstenliebe und Toleranz, den er vertritt und den er auch von seinen Jüngern einfordert.

Geld stinkt nicht *auch unrechtmäßig oder auf unmoralischem Wege erworbenes Geld erfüllt seinen Zweck:* Von dem römischen Kaiser Vespasian wird überliefert, dass er von seinem Sohn getadelt worden sei, weil er die römischen Bedürfnisanstalten mit einer Steuer belegt hatte. Darauf habe der Kaiser seinem Sohn das so eingenommene Geld unter die Nase gehalten und ihn gefragt, ob es streng rieche. Die lateinische Feststellung »non olet« (= es stinkt nicht) ist der Ausgangspunkt der uns heute geläufigen Redensart.

Das ist Geldschneiderei *Betrug, Übervorteilung:* Der Ausdruck geht auf das betrügerische Beschneiden bzw. Befeilen der Münzränder zurück, mit dem Geldwechsler ihre Kunden zu übervorteilen suchten. Die Kaufleute schützten sich gegen solche Manipulationen, indem sie die Münzen, besonders die Goldmünzen, nachwogen. Im 18. Jh. gab es für diesen Zweck besondere Münzgewichte.

Die Gelegenheit beim Schopfe packen *eine Gelegenheit schnell entschlossen nutzen:* Das sprachliche Bild bezieht sich auf den griechischen Kairosmythos. Der als Gott verehrte Kairos (= der günstige Augenblick) wurde als Davonfliegender dargestellt mit einer langen Stirnlocke, aber einem kurz geschorenen Hinterkopf, weil man die günstige Gelegenheit meist erst dann zu greifen sucht, wenn es zu spät ist.

Geliefert sein umgangssprachlich: *verloren, am Ende, ruiniert sein:* Die Wendung besagt, dass man dem Gericht ausgeliefert ist, das einen womöglich zu schwerer Strafe verurteilt. Eine alte Bedeutung von »liefern« war »einen Gefangenen, einen Verbrecher an die zuständige Obrigkeit abgeben« (15. Jh.). Noch verschiedentlich taucht dies bei Schiller auf, wohl da schon altertümelnd: »Man hat tausend Louisdor geboten, wer den großen Räuber lebendig liefert« (»Räuber«); »die Acht ist ausgesprochen über ihn, und ihn zu liefern, lebend oder tot, ist jeder treue Diener aufgefordert« (»Wallenstein«).

Geschniegelt und gebügelt umgangssprachlich: *tadellos gekleidet, sorgfältig gepflegt:* Zugrunde liegt das Wortpaar »geschniegelt und gestriegelt«, das sich ursprünglich auf das Reinigen des Pferdes bezog. »Schniegeln« bedeutet bis ins 18. Jh. hinein »kämmen«, »striegeln« = mit dem Striegel (einem Instrument zum Reinigen von Tieren, besonders von Pferden) bearbeiten. »Gebügelt« ist ein (sich reimender) scherzhafter Ersatz für »gestriegelt«.

Das Gesicht verlieren *sein Ansehen verlieren,* **das Gesicht wahren** *(vorgeben, dass etwas noch so ist; den Anschein wahren):* Die Redensarten sollen Lehnübersetzungen sein, vergleiche englisch »to loose face« (ursprünglich in Bezug auf den Fernen Osten), französisch »perdre la face (vue)«; englisch »to save face«.

Gestiefelt und gespornt *bereit zum Aufbruch:* eine Fügung aus der Zeit, in der der Besitzer eines Pferdes als Letztes Stiefel und Sporen anlegte, wenn er irgendwohin reiten wollte.

Ins Gewicht fallen *von großer, ausschlaggebender Bedeutung sein:* Im Gegensatz zu den übertragenen Redewendungen mit »Gewicht«, bei denen die konkrete, sinnliche Bedeutung noch klar hervortritt (z. B. **Gewicht auf etwas legen** oder **sein Gewicht in die Waagschale werfen**) bereitet die Wendung »ins Gewicht fallen« in dieser Hinsicht Schwierigkeiten (was schon 1911 dem Lexikografen Hermann Wunderlich in Grimms »Deutschem Wörterbuch« auffiel). Am klarsten wird vielleicht der konkrete Bezug, wenn man »Gewicht« als »Waagschale« oder »Wiegegerät« deutet, auf die etwas fällt, das dann durch die Schwere den Ausschlag gibt.

Darauf kannst du Gift nehmen! umgangssprachlich: *das ist ganz sicher, darauf kannst du dich verlassen:* Die Beteuerungsformel bezieht sich wohl auf die mittelalterlichen Gottesurteile, drückte also ursprünglich aus, dass etwas so sicher ist, dass man sich ohne Sorge der Giftprobe unterziehen kann.

Der Glaube versetzt Berge, kann Berge versetzen *etwas, wovon man ganz fest überzeugt ist, geht manchmal in Erfüllung, auch wenn es erst unmöglich erscheint:* Quelle ist eine berühmte Stelle in Luthers Bibelübersetzung, 1. Kor. 13, 2 (Der Preis der Liebe): »Und wenn ich weissagen könnte und wüsste alle Geheimnisse und alle Erkenntnis und hätte allen Glauben, also dass ich Berge versetzte, und hätte der Liebe nicht, so wäre ich nichts.« Ähnlich andere Bibelstellen, z. B. Matth. 17, 20, wo Jesus sagt: »So ihr Glauben habt … so möget ihr sagen zu diesem Berge: Heb dich von hinnen dorthin!, so wird er sich heben; und euch wird nichts unmöglich sein.« Vergleiche noch Matth. 21, 21 und Lukas 17, 6.

Wer's glaubt, wird selig umgangssprachlich: *ich glaube das ganz und gar nicht:* Hier wird eine ernst gemeinte Bibelstelle ironisch gewendet. Mark. 16, 16: »Wer da glaubet und getauft wird, der wird selig werden.«

Seine Worte auf die Goldwaage legen Vergleiche »Wort«.

Ins Gras beißen umgangssprachlich: *(gewaltsam) sterben:* Die Redensart, deren konkrete Bedeutung dem Verständnis keine Schwierigkeiten bereitet, ist seit dem 16. Jh. bezeugt. Interessant ist sie wegen ihrer Geschichte. Sie hat Parallelen in einigen europäischen Sprachen, die alle auf antike Vorbilder zurückgehen. Statt »Gras« werden die Wörter »Erde«, »Staub« oder »Sand« verwendet: französisch »mordre la poussière«, italienisch »mordere la terra«, spanisch »morder la tierra«, niederländisch »in het zand bijten«, englisch »to bite the dust (ground)«. Das Dänische folgt dagegen dem Deutschen: »bide i graesset«.
Vorbild für die »Erde«-Versionen ist die Antike. In Homers »Ilias« heißt es z. B. (11, 747 f., nach J. H. Voß): »zween Kriegsmänner … knirschten den Staub mit den Zähnen …«. Der römische Dichter Vergil spricht in seiner »Äneis« von »humus« und »terra« = Erde, Ovid in den »Metamorphosen« von »arena« = Sand. Warum in der deutschen Redensart »Erde« durch »Gras« ersetzt wurde, erklärt Grimm im »Deutschen Wörterbuch« so: »Der Wechsel des Wortes in der dt. Redensart ›Gras‹ anstelle von ›Erde‹, erklärt sich aus dem gerade im älteren Deutschen häufig bezeugten Gebrauch von ›Gras‹ für den Erdboden …, wo ›Gras‹ einen Symbolwert hat in Wendungen, die einen gewaltsamen Tod umschreiben.«
Es gab aber auch vereinzelt deutsche Autoren, die der Antike folgten, z. B. der Lyriker Weckherlin (gest. 1653): »Das machen offenbar vil frembd und welsche Krieger …, die für dein Gold gebissen deinen Grund.« Und noch Wilhelm Raabe in dem Roman »Horacker« von 1876: »›Von diesem Platze stehe ich nicht wieder auf!‹, ächzte der Räuber, in den Grund beißend.«

Graue Eminenz *einflussreiche [politische] Persönlichkeit, die als solche kaum nach außen in Erscheinung tritt:* Diese Fügung ist eine Lehnübersetzung des französischen »l'Éminence grise«, des Beinamens des Kapuzinerpaters und engsten Beraters von Kardinal Richelieu, Père Joseph, der stets die graue Kapuzinerkutte trug.

Jemandem die Gretchenfrage stellen *jemanden veranlassen, seine wahre Überzeugung kundzutun, ihm eine unter Umständen peinliche Gewissensfrage stellen:* In Goethes »Faust« (Szene: Marthens Garten) fragt Gretchen Faust: »Nun sag, wie hast du's mit der Religion? Du bist ein herzlich guter Mann, allein ich glaub, du hältst nicht viel davon.« Und später: »Glaubst du an Gott?«

Etwas geht unter die Gürtellinie; ein Schlag unter die Gürtellinie *ein unfairer Angriff, eine unerlaubte, gegen die Regeln verstoßende Attacke:* ein Ausdruck des Boxsports. Die Gürtellinie (der obere Bund der Sporthose) ist die Grenzlinie zwischen erlaubten und unerlaubten Schlägen. Schläge unter die Gürtellinie gelten als unfair und werden mit Verwarnung bzw. Disqualifikation bestraft. **Unterhalb der Gürtellinie** ist der Bereich des Sexuellen und dieser gilt als Tabuzone, deren Verletzung als unanständig beurteilt wird.

ABCDEFG**H**IJKLMNOPQRSTUVWXYZ

Jemanden sticht der Hafer umgangssprachlich: *jemand wird übermütig, weil es ihm zu gut geht:* Die Redensart wurde ursprünglich auf Pferde angewandt, die durch zu reichliche Fütterung mit Hafer und langes Stehen im Stall unbändig werden. Die Übertragung auf menschlichen Übermut ist schon im »Simplizissimus« von Grimmelshausen (17. Jh.) zu belegen.

Einen Haken haben umgangssprachlich: *eine (versteckte) Schwierigkeit haben:* vielleicht aus der Sicht des Fisches, der zwar den Köder, aber nicht den Angelhaken sieht, der sich darin verbirgt. Die Übertragung auf den Menschen geht davon aus, dass dieser zunächst nur den Vorteil einer Sache wahrnimmt, ehe er einen möglichen Schaden erkennt. Denkbar wäre auch die Herleitung vom Haken, an dem man hängen bleibt und durch den man gehindert wird, das zu tun, was man wollte.

Hals über Kopf umgangssprachlich: *überstürzt, in größter Eile:* Eine ältere Fügung lautet »über Hals und/oder über Kopf« und meint damit die Körperteile, die beim Sichüberschlagen als Erste beteiligt sind. Der Volkskundler Röhrich vermutet, dass »Hals« verhüllend für »Arsch« gebraucht wurde, das in den älteren und mundartlichen Formen der Redensart oft erscheint, z. B. bei dem deutschen Satiriker Johann Fischart (gest. 1590): »über ars und kopf bürzlen«.
Viele Redensarten mit »Hals« spielen darauf an, dass der Hals beim Gehängtwerden (was früher häufiger als heute geschah) der betroffene Körperteil ist: den Hals aus der Schlinge ziehen, den Hals kosten, den Hals riskieren u. a. Die alte Bedeutung »Gurgel, Schlund« zeigt sich in den Redensarten den Hals nicht voll kriegen, den Hals stopfen. Eine dritte Gruppe gehört zu »Hals« als Träger des Joches: jemanden, etwas auf dem Hals haben, sich jemanden, etwas vom Hals schaffen, sich etwas auf den Hals laden.

Unter den Hammer kommen *öffentlich versteigert werden:* Bei Versteigerungen erteilt der Auktionator den Zuschlag durch einen Schlag mit dem Hammer. Die Redensart ist nicht alt und deshalb sollte man sie auch nicht mit dem Hammer, dem Attribut des germanischen Gewittergottes Donar, in Verbindung bringen, der Schützer der Rechtsgeschäfte war. Der Hammer hat zwar eine alte rechtssymbolische Bedeutung, aber der Zuschlag bei einer Versteigerung erfolgte nicht nur mit dem Hammer. Die frühesten Belege dafür gibt es erst im Mittelniederländischen und Schweizerischen (1532). Englisch »to come under the hammer«.

Hand und Fuß haben umgangssprachlich: *gut durchdacht sein:* Das sprachliche Bild steht ursprünglich für die volle Intaktheit und Leistungsfähigkeit einer Person. Ältere rechtliche Vorstellungen haben offenbar die Bedeutungsentstehung beeinflusst: Die zum Führen des Schwertes benutzte rechte Hand und der zuerst in den Steigbügel gesetzte linke Fuß hatten als solche eine besondere Bedeutung, weshalb das Abhauen derselben als eine besonders schwere mittelalterliche Strafe galt.

Seine (die) Hand für jemanden od. etwas ins Feuer legen *sich für jemanden, etwas verbürgen:* Ein mittelalterliches Gottesurteil bestand darin, dass der Beschuldigte seine Hand ins Feuer legen musste. Blieb sie (so gut wie) unversehrt, galt er als unschuldig. Die Redensart **sich die Hände, die Finger an etwas verbrennen** *(durch etwas Schaden erleiden)* erklärt sich wohl aus dem gleichen Zusammenhang.

Jemandes rechte Hand sein *jemandes wichtigster Helfer, Mitarbeiter sein:* Die »rechte« Hand ist die »richtige«, die von den meisten Menschen als die geschicktere zu allen (manuellen) Tätigkeiten vorzugsweise gebraucht wird. **Mit der linken Hand** macht man daher etwas, was weniger Kraft erfordert, weniger Mühe verursacht (umgangssprachlich: *nebenbei, mit wenig Mühe*). **Zwei linke Hände haben** bedeutet umgangssprachlich ungeschickt sein.

Etwas von langer Hand planen, vorbereiten *etwas über längere Zeit und sehr gründlich planen, was anderen gelegentlich schadet:* Die »lange Hand« (lateinisch »longa manus«) ist Ausdruck dafür, dass jemand viel Macht in seinen Händen hält, die er durch die Hände seiner Untergebenen sozusagen »verlängert«. Sebastian Franck (gest. um 1543) schrieb einmal: »Fürsten und herren habend lang hend.« Das Gleiche stellte schon der römische Dichter Ovid fest (gest. um 18. n. Chr.): »An nescis longas regibus esse manus?« = Weißt du nicht, dass die Könige lange Hände haben?

Seine Hände in Unschuld waschen *erklären, dass man von seiner Unschuld überzeugt ist:* Ihren Ursprung hat die Redewendung wieder einmal in einer Bibelstelle: In Matth. 27, 24 heißt es: »Da aber Pilatus sah, dass er nichts schaffte, sondern dass ein viel größer Getümmel ward, nahm er Wasser und wusch die Hände vor dem Volk und sprach: ›Ich bin unschuldig an dem Blut dieses Gerechten; sehet ihr zu!‹« Aber auch David bittet um Rettung der Unschuld (Psalm 26, 6): »Ich wasche meine Hände in Unschuld, und halte mich, Herr, zu deinem Altar.« Es handelt sich um ein altes Sühnopfer, das in 5. Mose 21, 1–9 geschildert wird und dem die reinigende Kraft des Wassers zugrunde liegt.

Jemandem sind Hände und Füße gebunden *jemand kann nicht so handeln, entscheiden, wie er möchte, weil er durch bestimmte äußere Umstände in seiner Handlungs-, Entscheidungsfreiheit eingeschränkt ist:* Man führt das sprachliche Bild der gebundenen Hände auf den rituellen Akt bei der Begründung eines Lehensverhältnisses zurück, wobei der Vasall ursprünglich an den Händen gebunden war.

Das Handtuch werfen umgangssprachlich: *etwas aufgeben, sich geschlagen geben:* Quelle für diese Redensart ist der Boxsport. Der Sekundant des noch auf den Beinen stehenden, aber chancenlosen Boxers wirft als Zeichen für die Aufgabe des Kampfes ein Handtuch in den Ring.

Jemandem das Handwerk legen *jemandes schädlichem Tun einen Riegel vorschieben:* Die ursprüngliche Bedeutung von »legen« ist »liegen machen«; dies klingt in der noch im 18. Jh. lebendigen, aber heute veralteten Bedeutung »verbieten, nicht mehr gestatten, stilllegen« an. In Grimmelshausens »Simplicissimus« (1668) findet sich das noch deutlichere »niederlegen«: »… weil in meiner Macht nit stunde, ihnen (= den Aufkäufern von Beutestücken) das Handwerk gar niederzulegen.«

Mit Hängen und Würgen umgangssprachlich: *mit größter Mühe:* Das Bild geht auf das Ersticken des Gehängten am Galgen zurück. Der aus dem Nordwesten Deutschlands stammenden Paarformel gingen Fügungen mit anderen Präpositionen voraus. Gegen Ende des 18. Jh.s tritt zuerst »bei« auf: »bei Hängen und Würgen« mit der Bedeutung »nur notgedrungen, mit äußerstem Widerstreben«. Dann erscheint die Präposition »zwischen« mit anderer Vorstellung: »zwischen Hängen und Würgen« ist dann »im letzten, äußersten Augenblick« (wenn der zum Galgen Verurteilte zwar schon hängt, aber noch nicht erstickt ist). Diese Bedeutung leitet bereits zu der heutigen über. Die jetzt übliche Präposition »mit« erklärt sich aus der Einwirkung verwandter Formeln wie »mit Mühe und Not«. Eine ältere Erklärung, die von dem Hängenlassen anhängiger Rechtsstreitigkeiten ausgeht, ist abwegig.

Jemandem zeigen, was eine Harke ist umgangssprachlich: *jemandem nachdrücklich den eigenen Standpunkt klarmachen, das eigene Können vorführen:* Obwohl »Harke« ein norddeutsches Wort ist und im Süden und im westlichen Mitteldeutschland durch »Rechen« ersetzt wird, geht die Bekanntheit der Redensart weit über den norddeutschen Raum hinaus. Sie bezieht sich auf einen schon im Mittelalter bekannten Schwank von einem in der Fremde gewesenen Bauerssohn, der das von ihm früher so häufig gebrauchte Werkzeug nicht eher wiedererkannte, als bis es ihm bei einem unvorsichtigen Tritt auf die Zinken gegen die Nase schlug.

Da/hier liegt der Hase im Pfeffer umgangssprachlich: *das ist die wahre Ursache einer Schwierigkeit, eines Problems:* seit dem 17. Jh. in dieser Form bezeugt. Gemeint ist die Pfefferbrühe, in der der Hase zubereitet wurde. Die Bedeutungsverschiebung ist nicht ganz klar. Vielleicht liegt folgende Vorstellung zugrunde: Wer nicht weiß, wo der Hase im Pfeffer liegt, für den wird es schwierig, zu seinem erstrebten Genuss, zur Erfüllung seiner Wünsche, an sein Ziel zu gelangen. Darauf scheint ein Satz des deutschen Satirikers Moscherosch (gest. 1665) hinzudeuten: »Keiner aber weiß, wo der Haas im Pfeffer ligt, als der ihn angericht oder helfe essen.«

Ein Mädchen unter die Haube bringen umgangssprachlich: *veranlassen, dass ein Mädchen einen Mann heiratet;* **unter die Haube kommen** *(einen Mann bekommen):* Verheiratete Frauen mussten im Mittelalter ihr Haar in Zöpfen hochstecken und unter einer Haube verbergen (während die Mädchen das Haar offen trugen). In Judith 10, 3 heißt es über die Witwe Judith: » … (sie) flochte ihr Haar ein und setzte eine Haube auf.« Die Haube war ein Zeichen der Frauenwürde.

Eine Haupt- und Staatsaktion aus etwas machen *etwas Nichtiges, Unbedeutendes, ein kleines Vergehen aufbauschen; etwas pomphaft in Szene setzen:* Die Redensart bezieht sich auf das Theaterwesen der Zeit um 1700. Eine »Hauptaktion« war das (ernste) Hauptstück einer Aufführung im Gegensatz zum (burlesken) Nachspiel. Die »Staatsaktion« war ein Schauspiel, in dem Staatsbegebenheiten dargestellt wurden, die Umänderungen im Staatswesen zur Folge hatten. Gespielt wurden

diese Stücke von Wandertheatern. Der Hanswurst (Harlekin) spielte in ihnen eine große Rolle, und die rohen, meist von den Schauspielern selbst verfassten, aber auch nach ausländischen Vorlagen bearbeiteten Stücke gerieten allmählich in Misskredit, besonders durch den Tadel Gottscheds.
Das Beispiel einer Theaterankündigung vom 31. Mai 1741 gibt einen Eindruck von solchen Haupt- und Staatsaktionen: »Eine der galantesten, neuen, wohl ausgearbeiteten Haupt- und Staats-Actionen, betitult der Probierstein unglaublicher Geduld, oder: die unüberwindliche Großmuth einer tugendhafften Seele, in der getreuen und beständigen Griselda (= Königin von Sizilien) … mit Hanß Wurst einem interessirten Hof-Narren … nebst 2 Ballets wird unser Arlequin auf vieles und hohes Begehren mit einer lustigen Nach-Comödie aufwarten, betitult: Arlequin die versoffne Sybilla.«

Aus dem Häuschen sein umgangssprachlich: *sich aufregen, die Fassung verlieren, verrückt werden:* wohl die Vorstellung, dass der eigene Kopf oder Körper das Haus ist, in dem jemand wohnt, vielleicht beeinflusst durch französische Redensarten, die das Wort »petites maisons« enthalten, den Namen eines Pariser Irrenhauses.

Bei jemandem hängt der Haussegen schief umgangssprachlich scherzhaft: *es herrscht Streit zwischen den Eheleuten:* Der »Haussegen« war ein an der Wand, über der Tür oder dem Sofa befestigter Segensspruch. Hing er schief, wurde das als Zeichen für ein eheliches Zerwürfnis gedeutet. Diese Segenssprüche zum Nutzen des Laien waren früher überaus beliebt und sind zum Teil sehr alt, z. B. stammt der älteste Segen gegen Zahn- und Mundfäule »Job zog über Land« aus dem 10. Jh. Viele sind von Volkskundlern gesammelt worden.

Jemandem unter die Haut gehen *jemanden innerlich aufwühlen:* eine Lehnübersetzung aus dem Englischen: »to get under one's skin«, das ursprünglich »irritieren, stören, belästigen« bedeutet. Die Wendung soll auf die Tätigkeit von Milben, Zecken u. a. anspielen, die »unter der Haut« für intensive Belästigung sorgen.

Ein toller Hecht sein umgangssprachlich: *ein cleverer Kerl, Draufgänger, Tausendsassa, Weiberheld u. Ä. sein:* Das übertragen gebrauchte Substantiv »Hecht« bedeutete ursprünglich einen räuberischen, andere ausplündernden Menschen. Der Hecht ist ein Raubfisch und ein Störenfried im Karpfenteich. Der Vergleich ist alt: Der deutsche Naturforscher und Theologe Konrad von Megenberg (gest. 1374) schreibt in seinem »Buch der Natur« (ins heutige Deutsch übertragen): »Unter dem Hecht verstehe ich alle Wüteriche, die die armen Leute fressen und auch ihre eigenen Verwandten und Freunde zugrunde richten.« Allmählich verblasste diese Bedeutung; im 18. Jh. ist der heutige Sinn erreicht.

Ein Heimchen am Herde *Frau, die sich mit der alten Rolle als Hausfrau und Mutter identifiziert:* eine Lehnübersetzung aus dem Englischen, nach der Weihnachtsgeschichte »The cricket on the hearth« von Charles Dickens, erschienen 1846. In diesem Hausmärchen handelt es sich um eine echte Grille, die der Poesie der Erzählung dient. Eine alte, frühe Übertragung von »Heimchen« erwähnt der deutsche Sprachforscher Caspar Stieler (gest. 1707): »Heimke (= niederdeutsche Form von Heimchen) sive Heimlein etiam dicitur mulier domi latens et cantans« = Heimke oder Heimlein heißt auch eine Frau, die sich im Haus (verborgen) hält und singt.

Heimlich, still und leise *völlig unbemerkt, meist mit Bezug auf Unerlaubtes:* Die Drillingsformel stammt aus der Operette »Frau Luna« von Paul Lincke (1899): »Heimlich, still und leise kommt die Liebe über Nacht.«

Heller Die alte Münze, zuerst unter Friedrich Barbarossa in Schwäbisch Hall geprägt (daher Haller, seit dem 15. Jh. Häller, Heller), lebt noch in einigen umgangssprachlichen Redensarten fort: **keinen (roten) Heller mehr haben** *(keinen Pfennig mehr besitzen);* **keinen (roten) Heller für jemanden oder etwas geben** *(das Schlimmste befürchten);* **auf Heller und Pfennig** *(alles, ohne dass ein Rest bleibt).* Ursprünglich wurde das Gold »rot« genannt, dann wurden Münzen abwertend und ironisch auch als »rot« bezeichnet: Die Münzen griffen sich schnell ab, nach kurzem Umlauf kam das blanke Kupfer zum Vorschein. »Ich hatte keinen rothen Heller Reisegeld im Sack« (Goethe).

Jemandem ist das Hemd näher als der Rock *jemandem sind die eigenen Interessen wichtiger als die anderer:* eine Übersetzung aus der Komödie »Trinummus« des römischen Dichters Plautus (gest. 184 v. Chr.): »Tunica propior pallio est.« Der Anlass ist denkbar unwichtig: Der junge Lysiteles zitiert diese schon damals sprichwörtliche Redensart, um sich zu entschuldigen, dass er zuerst seinen künftigen Schwiegervater und nicht dessen Bekannten begrüßt hat. Geläufig wird die Redensart während der Humanistenzeit, so steht sie z. B. in Johann Agricolas (gest. 1566) Sprichwörtersammlungen (»das Hembd ligt eim näher an dann der Rock«) und wird, etwas abgewandelt, zitiert in der Tragödie »Johannes der Täufer« des schweizerischen Dramatikers Johannes Aal von 1549 (»der Rock so nah nit ist als Hembd«).

Wie bei Hempels unterm Sofa umgangssprachlich: *von heilloser Unordnung zeugend, chaotisch:* Das Wort »Hempel« ist eine Nebenform zu »Hampel« und bezeichnet einen groben, einfältigen, unkultivierten Menschen.

Wie der Herr, so's Gescherr abschätzig: *daraus, wie jemand seine Sachen, sein Eigentum behandelt, kann man schließen, dass der Besitzer entsprechend veranlagt ist:* In diesem Sprichwort hat das Substantiv »Geschirr« noch die alte Bedeutung »Handwerkszeug«. »Gescherr« heißt es nicht nur aus Reimgründen; die Form mit e ist vielmehr mitteldeutsch, auch rheinisch.

Den Seinen gibt's der Herr im Schlaf scherzhaft: *wird gesagt, wenn jemand (unverdientes) großes Glück hat:* In Psalm 127, 2 heißt es: »Es ist umsonst, dass ihr früh aufstehet, und hernach lang sitzet, und esset euer Brot mit Sorgen; denn seinen Freunden gibt er's (= der Herr) schlafend.«

... vor dem Herrn scherzhaft: *begabt, begeistert für etwas; einer Sache leidenschaftlich ergeben:* Redensarten mit »Herr« (= Gott) haben meist ihren Ursprung in der Bibel. Zugrunde liegt auch hier eine Stelle im Alten Testament (1. Moses 10, 8 u. 9), wo es heißt: »Chus aber zeugte den Nimrod. Der fing an, ein gewaltiger Herr zu sein auf Erden. Und war ein gewaltiger Jäger vor dem Herrn. Daher spricht man: Das ist ein gewaltiger Jäger vor dem Herrn wie Nimrod.« Die Wendung wurde vom Jagen auf andere Betätigungsgebiete übertragen.

Es herrscht Heulen und Zähneklappern scherzhaft: *großes Entsetzen, große Verzweiflung oder Angst:* Matth. 8, 12 beschreibt die Qualen der Hölle: »Aber die Kinder des Reichs werden ausgestoßen in die Finsternis hinaus; da wird sein Heulen und Zähneklappen.« In der Übersetzung Luthers heißt es übrigens »Zähneklappen«, nicht »Zähneklappern«.

Sich (wie) im siebten Himmel fühlen, im siebten Himmel sein umgangssprachlich: *vor Glück selig sein:* In apokryphen Schriften des Frühchristentums (1./2. Jh. n. Chr.) findet sich die auf die jüdische Religion zurückgehende Vorstellung des aus sieben Teilen bestehenden Himmels. Der siebte ist der oberste, in dem Gott und die Engel wohnen. Der Koran wie die Kabbalistik übernahmen diese Anschauung.
In Dantes »Göttlicher Komödie« gliedert sich das Himmelsgewölbe in mehrere Sphären.
Dass man sich den Himmel in verschiedenen Stufen geordnet denkt, entspricht auch dem antiken Weltbild. Einige europäische Sprachen kennen die Redensart ebenfalls: französisch »être au septième ciel«, englisch »to be in the seventh heaven«, italienisch »essere al settimo cielo«; serbokroatisch ist es sogar ein neunter Himmel: »biti u devetom nebu«. Das erinnert an die neun Welten und die neun Himmel der nordischen Sage.

Ins Hintertreffen geraten *benachteiligt, zurückgesetzt, überflügelt werden:* »Hintertreffen« war die hintere (nicht so angesehene) Abteilung eines Heeres, die als Reserve diente, sich meist nicht am Kampf beteiligte und deshalb von der Kriegsbeute ausgeschlossen war. Den übertragenen Gebrauch der Redensart beschränkt Moriz Heyne in Grimms »Deutschem Wörterbuch« (1877) auf Thüringen und Sachsen; heute wird die Redensart in ganz Deutschland verwendet.

Hinz und Kunz umgangssprachlich abwertend: *jedermann:* Bei »Hinz« und »Kunz« handelt es sich um alte, heute nur noch als Familiennamen verwendete Kurzformen der Vornamen »Heinrich und Konrad«. Die Namen waren im Mittelalter überaus volkstümlich und kamen so häufig vor, dass sie schließlich abgewertet wurden und in der Formel »Hinz und Kunz« jeden x-beliebigen Menschen bezeichneten.

Hochmut kommt vor dem Fall *wer allzu stolz und überheblich ist, muss es oft mit Erniedrigung büßen:* Schon die Bibel wusste das. In den Sprüchen Salomons heißt es (16, 18): »Wer zu Grund gehen soll, der wird zuvor stolz, und Hochmut kommt vor dem Fall.«

Einer Frau den Hof / (veraltet:) die Cour machen *sie umwerben:* »Hof« war sowohl der Wohnort eines Fürsten wie auch die Gesamtheit der dazugehörigen Personen. »Den Hof machen« bedeutete ursprünglich »Dienst am Hof verrichten, sein Amt als Hofmann mit besonderen Pflichten dem Fürsten gegenüber versehen«. Die Redensart wurde dann vom Fürsten auf eine schöne Frau übertragen, die einen Hof von Anbetern um sich sammelt. Die Wendung gibt das französische »faire la cour« wieder und stammt aus einer Zeit, in der das französische Hofleben in ganz Europa als Vorbild galt.

Sich in die Höhle des Löwen wagen scherzhaft: *jemanden, den man fürchtet, von dem man nichts Gutes zu erwarten hat, beherzt mit einem Anliegen o. Ä. aufsuchen:* Quelle ist eine Fabel des griechischen Fabeldichters Äsop (6. Jh. v. Chr.). Ein Fuchs durchschaut hier die List eines alten Löwen, der sich krank stellt und die Tiere bittet, ihn in seiner Höhle zu besuchen. Der Fuchs folgt der Bitte nicht, weil er sieht, dass in die Höhle viele Spuren hinein-, aber keine herausführen.

Auf dem Holzweg sein umgangssprachlich: *sich irren:* Der Holzweg ist ein Weg, der ins Holz (= in den Wald) führt und auf dem nur Holz abgefahren wird, der also nicht der Verbindung zweier Orte dient. Es ist ein falscher Weg, wenn man ein Ziel vor Augen hat. Das Bild ist schon alt (mittelhochdeutsch »holzwec«). In den 1498/99 in Straßburg gehaltenen Predigten, die der deutsche Kanzelredner Johann Geiler von Kaysersberg über jeden der Narren in Sebastian Brants »Narrenschiff« von 1494 hielt, heißt es: »man findt under tausend nicht einen, der dem rechten weg nachtrachtet, sonder sie gehn all dem holzweg nach und eilen heftig, bisz sie zu der hellen (= Hölle) kommen.«

Bei jemandem ist Hopfen und Malz verloren umgangssprachlich: *jemand ändert sich trotz aller Ermahnungen und Ratschläge nicht; bei jemandem ist alle Mühe vergeblich:* Die Redensart tritt zuerst im 16. Jh. auf; die feste Verbindung »Hopfen und Malz« ist allerdings schon althochdeutsch (9./10. Jh.). Hopfengärten gab es schon im 8. Jh. Die Bierbrauerei, bei der Hopfen und Malz als wichtige Bestandteile gebraucht wurden, war anfänglich kein selbstständiges Gewerbe; jeder Haushalt stellte eigenes Bier her. Wenn das Brauen nicht gelang, waren die beiden wesentlichen Zutaten verloren.

In jemandes Horn blasen/in das gleiche Horn stoßen umgangssprachlich: *jemandem, ohne einen eigenen Standpunkt zu vertreten, beistimmen:* eine Redensart, die schon Luther gebraucht. Gemeint ist das alte, ventillose Horn, das nur einen einzigen Ton von sich geben kann.

Ausgehen wie das Hornberger Schießen umgangssprachlich: *trotz lautstarker Ankündigung ohne Ergebnis enden:* Zugrunde liegt wahrscheinlich ein Schildbürgerstreich der Bürger von Hornberg im Gutachtal (Schwarzwald), der jedoch so unterschiedlich überliefert wird, dass man den Eindruck erhält, die verschiedenen Versionen seien erst nachträglich zur Begründung erfunden worden.
Die gängigste und von Hornberg selbst übernommene Variante ist die missglückte Begrüßung eines Landesherrn, bei der das Pulver für die Böller irrtümlich für das vorausgeschickte Gefolge des Herzogs verschossen wurde, sodass der einige Zeit später erscheinende Herzog sang- und klanglos in den Ort einziehen musste.
Ein lokaler Text, etwas abgewandelt, lautet: »Nach der Überlieferung haben die Einwohner des Schwarzwaldstädtchens Hornberg, als sie im Jahre 1564 fürstlichen Besuch erwarteten, so lange Böllerschüsse erprobt, bis ihnen das Pulver ausging. Als nun der Fürst eintraf, mussten sie das Böllern durch Brüllen ersetzen. Diese Sage soll der Ursprung der Redensart sein: Es geht aus wie das Hornberger Schießen!«
Erwin Leisinger verfasste ein historisches Heimatspiel in vier Aufzügen, das alljährlich im Sommer im Freien aufgeführt wird. In seinem Mittelpunkt steht das von der örtlichen Feuerwehr arrangierte Böllerschießen.

Jemandem Hörner aufsetzen umgangssprachlich: von einer Frau gesagt: *den Ehemann mit einem anderen Mann hintergehen:* Lutz-Röhrich: »Zur Erklärung dieser Redensart sind mancherlei Vermutungen aufgestellt worden, ohne dass eine völlig befriedigende Lösung gefunden worden wäre.« Derjenige, dem Hörner aufgesetzt werden, heißt im Hochdeutschen seit dem 16. Jh. »Hahnrei«. Dessen ursprüngliche Bedeutung ist »Kapaun, verschnittener Hahn, dem man, um ihn unter den Hähnen zu erkennen, die abgeschnittenen Sporen in den Kamm setzte, wo sie weiterwuchsen und eine Art Hörner bildeten«. Aber das erklärt nicht den Begriff »Horn«, der sehr viel älter ist.
Auszugehen ist wohl von der Gebärdensprache, nämlich von einer Geste mit zwei Fingern, mit der der Betrogene verspottet wurde: Der zweite und der fünfte Finger, die ausgestreckt werden, ähneln zwei Hörnern. Dies war schon im Altertum bekannt. Im Griechischen z. B. heißt »kerata poiein« = Hörner machen, d. h. als Hahnrei verspotten. Die Frage ist, was die Hörner bedeuten sollen. Sind sie ein Symbol für die zwei Männer, die beteiligt sind? Handelt es sich um ein phallisches Zeichen? Soll der Betrogene mit einem gehörnten Tier verglichen werden? Mit einem (Horn)ochsen oder einem Ziegenbock? Diese Fragen sind noch nicht eindeutig geklärt.

Auf den Hund kommen umgangssprachlich: *herunterkommen, durch Verlust der Existenzmittel sozial absteigen:* Die Redensart hat einige zum Teil recht weit hergeholte Erklärungsversuche hinter sich. Am einleuchtendsten ist wohl, dass es sich um eine Variante der alten Redensart »vom Pferd auf den Esel kommen« handelt. In der Hierarchie der Tiere steht der verachtete Hund noch weiter unten als der Esel, die Variante verstärkt also noch die Aussage; vergleiche auch englisch: »to go to the dogs«.

Bekannt sein wie ein bunter Hund umgangssprachlich: *sehr bekannt sein:* Das Adjektiv »bunt« bezieht sich auf das Fell des Hundes. Im Gegensatz zum Hund mit einfarbigem Fell fällt der bunte, d. h. zwei- oder mehrfarbige Hund mehr ins Auge.

Da liegt der Hund begraben umgangssprachlich: *das ist der Kern der Sache, der entscheidende Punkt:* Diese seit dem 17. Jh. gebrauchte Redensart hat bis heute allen Deutungen widerstanden. Wenn sie sich auf den (schwarzen) Hund der Volkssage bezöge, der einen Schatz bewacht, wäre nicht recht verständlich, warum der Hüter des Schatzes und nicht der Schatz selbst dort »begraben« liegt. Schmeller (»Bayerisches Wörterbuch«) führt ein Substantiv »Hund« in der Bedeutung »vergrabener Schatz« auf (der Hüter wird damit an die Stelle des Behüteten gesetzt), aber schon Grimm (»Deutsches Wörterbuch«) bezweifelt einen Zusammenhang mit unserer Wendung. Wusste man, wenn man den Ort kannte, wo ein Hund verscharrt wurde, um ein Geheimnis, um etwas besonders Wichtiges?

Vom Hundertsten ins Tausendste kommen umgangssprachlich: *immer mehr vom Thema des Gesprächs abkommen:* Zugrunde liegt die alte Redensart »das Hundert in das Tausend werfen«, die aus Mangel an Verständnis allmählich zur heutigen Form und Bedeutung verballhornt wurde. Grimm, »Deutsches Wörterbuch«, unter »hundert«: »Das Hundert war auf den alten Zähl- und Rechenbrettern die mit C bezeichnete Rubrik (im Gegensatz zu den mit M, X, I bezeichneten); darauf gründet sich die Redensart ›das Hundert in das Tausend werfen‹, vom unordentlichen Setzen der Rechenpfennige auf unordentliches Treiben überhaupt übertragen.« Und unter »hundertste«: »Jenes mangelnde Verständnis hat auch das Verbum mannigfach wechseln lassen.«
1529 schrieb Johann Agricola in seiner Sprichwörtersammlung: »Er wirft das Hundert in Tausend. Er mengt es in einander. Hundert sind das zehend teyl von tausend, vnd tausend ist eine größere zal dann hundert. Wer nun hundert zu tausend wirft, vnd rechnet nit darzwischen die andern hundert, vnd als dann tausend, der macht es also, dass niemandt weiß, was er rechnet oder redt, darumb wirt diss wort gebraucht wider die, so viel gewäsch machen, aber selbs nit wissen, wo es hat angefangen odder wo sich's endet.«
Luther: »Sie haben eine seltzame weise zu reden, als die keine ordnung halten, sondern das hundert ins tausend werfen.« Ein Beispiel für Redensarten, deren Wortsinn dunkel geworden ist, die aber in ihrer heutigen Bedeutung von jedermann ohne Weiteres verstanden und gebraucht werden.

Am Hungertuch nagen umgangssprachlich: *hungern, Not leiden:* Das Hungertuch (niederdeutsch: »Schmachtlappen«) war früher das Tuch, mit dem etwa um das Jahr 1000 zur Fastenzeit der Altar verhängt wurde (mittelhochdeutsch: »hungertuoch«). Es war mit Bildern geschmückt und sollte die Gläubigen an die Fastenzeit gemahnen. Ein prachtvolles Exemplar ist im Dom von Gurk (Kärnten) erhalten. Es stammt von 1458 und enthält 99 Szenen. Schon im 16. Jh. erscheinen Redewendungen mit übertragener Bedeutung: »am Hungertuch nähen, flicken« = fasten, sich kümmerlich behelfen. Es wird vermutet, dass »nähen« zu »nagen« verballhornt wurde, ob bewusst oder unbewusst, ist nicht mehr zu klären.

Jemandem (et)was husten umgangssprachlich: *auf jemandes Wünsche nicht eingehen, weil man sie als unzumutbar empfindet:* »Husten« galt früher als Ausdruck der Verachtung, der Schmähung, bezeugt schon bei Luther: »denn ihrer (= Papisten) Kirchengewalt, da hust ich auf und las sie faren.« Die Wendung bezeichnete dann mehr und mehr eine Verweigerung.

Etwas geht jemandem über die Hutschnur umgangssprachlich: *etwas ist jemandem zu viel, ist so schlimm, dass es ihn aufregt:* Grimm, »Deutsches Wörterbuch« von 1877, beschränkt die Wendung noch auf Sachsen, heute ist sie in ganz Deutschland verbreitet. Grimm weiter: »In Düringen heißt es ›bis über die Hutschnur in Schulden stecken‹, wie sonst bis über die Ohren.« Das Wörterbuch fasst also die »Hutschnur« als Steigerung auf. Das ist die einleuchtendste Erklärung.
Andere berufen sich auf eine Urkunde aus Eger vom Jahre 1356, in der es in einer Benutzungsverordnung für eine über mehrere Grundstücke führende Wasserleitung heißt: »vnd des selben wassers schol in niht mehr noch dicker aus den roeren gen danne ein hutsnur.« Wenn der Wasserstrahl die Dicke einer Hutschnur überschreitet, so handelt der Verursacher unrecht und erzeugt dadurch Ärger. Dieser Beleg für die Hutschnur als Dickemaß für einen Wasserstrahl steht so vereinzelt, dass er als Erklärung für die Wendung nicht infrage kommt.

ABCDEFGH I JKLMNOPQRSTUVWXYZ

Jemanden in flagranti ertappen bildungssprachlich: *auf frischer Tat ertappen:* In der alten lateinischen Juristensprache ist ein »crimen flagrans« ein Verbrechen, bei dem der Täter auf frischer Tat ertappt wird (lateinisch »crimen« = Verbrechen, »flagrans« = brennend, 1. Partizip von »flagrare« = brennen). »In flagranti« meinte ursprünglich »beim Brennen, während des Brennens«, d. h. bei einer Brandstiftung (ertappt). Später wandte man den Ausdruck auch bei anderen Vergehen an, besonders beim Ehebruch. Andere deuten »in flagranti« als »bei noch brennendem Verbrechen«, d. h., solange das Verbrechen noch warm ist.

In medias res gehen bildungssprachlich: *ohne Umschweife zur eigentlichen Sache kommen:* lateinisch »medius« = mitten, »res« = Ding, Sache, also = mitten in die Dinge. Die Wendung gebraucht der römische Dichter Horaz (65–8 v. Chr.) in seiner »Ars poetica« (dort: »medias in res«), wo er Homer lobt, dass er seine »Ilias« nicht mit dem Doppel-Ei der Leda (»ab ovo«) angefangen hat (Helena, um deretwillen der Trojanische Krieg geführt wurde, war diesem Doppel-Ei entschlüpft), sondern dass er ohne Umschweife ins Leben greift (ins Deutsche übersetzt): »Stets dort eilt er zum Ziel und in die Mitte des Stoffes reißt er den Hörer mit, als wär er bekannt mit dem Vorgang.«

Etwas in petto haben umgangssprachlich: *etwas für einen bestimmten Zweck bereithalten, um es überraschend zu unterbreiten, vorzubringen:* seit dem 18. Jh. aus italienisch »in petto« = in der Brust, im Herzen, im Sinn. »Petto« geht auf lateinisch »pectus« zurück.

In puncto *hinsichtlich, betreffend:* wörtlich übersetzt: im Punkt. Lateinisch »punctum« = Punkt. **In puncto puncti** *(das Sexuelle betreffend):* Dies ist gekürzt aus »in puncto puncti sexti« = hinsichtlich des 6. Gebotes (Du sollst nicht ehebrechen).

Etwas intus haben umgangssprachlich: 1. *etwas gegessen haben.* 2. *etwas gelernt, begriffen haben:* lateinisch »intus« = (dr)innen, inwendig. Die Wendung stammt aus der Studentensprache; einen zu viel intus haben = zu viel getrunken haben.

ABCDEFGHI**J**KLMNOPQRSTUVWXYZ

In die ewigen Jagdgründe eingehen verhüllend: *sterben:* Die Wendung bezieht sich auf die mythologische Vorstellung der nordamerikanischen Indianer von einem als »happy hunting ground« bezeichneten Jenseits.

Seit/vor Jahr und Tag *seit/vor langer Zeit, vielen Jahren:* Die Formel »Jahr und Tag« stammt aus der alten Rechtssprache und bezeichnete ursprünglich eine genau festgelegte Frist von einem Jahr, sechs Wochen und drei Tagen. Mit der Zeit verband sich mit dieser Formel die Vorstellung eines längeren Zeitraums.

Jedem das Seine Vergleiche: »Suum cuique«.

Über den Jordan gehen verhüllend: *sterben,* auch: *kaputtgehen:* vielleicht beeinflusst von englisch »Jordan passed = death over«. Der Fluss Jordan in Palästina schied die Wüste von dem Land, das den Israeliten versprochen worden war und von ihnen mit dem Reich des Himmels verglichen wurde. So wurde der Fluss zum christlichen Styx, besonders in der Literatur des Pietismus. Ein Pfarrer, Mitglied im Initiativkreis »Ohne Rüstung leben«, kleidete in einem Leserbrief an die »Frankfurter Rundschau« seinen Tadel des militärischen Vorgehens und seinen Wunsch nach einer künftigen friedlichen Welt in die Bilder vom Überschreiten des Rubikon (Cäsar überschritt 49. v. Chr. mit einer Streitmacht den Rubikon in Italien und löste so einen Bürgerkrieg aus) und vom Übergang über den Jordan ins verheißene Land des Friedens.

(Um) kein Jota, nicht (um) ein Jota bildungssprachlich: *nicht im Geringsten, nicht die geringste Kleinigkeit:* Ein biblisches Bild für eine äußerste Kleinigkeit ist der kleine griechische Buchstabe Jota (ι) nach dem griechischen Text von Matth. 5, 18, in dem Luther den Buchstabennamen Jota mit »kleinster Buchstabe« übersetzt: »Denn ich sage euch wahrlich: Bis dass Himmel und Erde zergehe, wird nicht zergehen der kleinste Buchstabe … «; »nicht … das minste Jodt« erscheint schon 1631 als offenbar eingebürgerte Fügung in einer Übersetzung aus dem Holländischen von Martin Opitz. Bekannt ist der Goethevers aus dem »Faust«: »Von einem Wort lässt sich kein Jota rauben.«

Alle Jubeljahre (einmal) umgangssprachlich: *höchst selten:* Das Wort »Jubeljahr« (mittelhochdeutsch »jubeljar«) ist religiösen Ursprungs. Im Jahre 1300 wurde es von Papst Bonifatius VIII. nach alttestamentlichem Vorbild unter Anlehnung an den jüdischen Namen als Gnadenjahr der katholischen Kirche eingerichtet, anfänglich alle hundert Jahre wiederkehrend, dann auf 50, 30 und schließlich 25 Jahre (1470 durch Paul II.) reduziert. Mit ihm waren besondere Ablässe verbunden.

Nach dem hebräischen Wort »jowel« (= Ton des Widderhorns) müsste das Substantiv eigentlich »Jobeljahr« heißen, aber schon früh wurde das »annus iubilaeus« (= Jubeljahr) volksetymologisch an lateinisch »iubilum« = Hirtenruf angeschlossen, kirchenlateinisch »iubilum« = Jauchzen, Jubel (im Kirchengesang).

In 3. Mose 25, 8 ff. wird das israelitische, alle 50 Jahre wiederkehrende Freijahr geschildert (Luther übersetzt »Halljahr«, nach dem Hall des Widderhorns): »Da sollst du die Posaune lassen blasen … und ihr sollt das fünfzigste Jahr heiligen und sollt ein Freijahr ausrufen …, denn es ist euer Halljahr.« In diesem Jahr sollte die ursprüngliche Verteilung des Bodens wiederhergestellt werden; Sklaven, die nicht schon im Sabbatjahr (alle sieben Jahre) freigekommen waren, sollten endgültig frei werden.

ABCDEFGHIJ**K**LMNOPQRSTUVWXYZ

Jemanden durch den Kakao ziehen umgangssprachlich: *jemanden in ironischer oder spöttischer Weise hänseln:* »Kakao« ist hier Ersatz für das Tabuwort »Kacke« (das nicht ausgesprochen werden sollte). Das Verb »ziehen« ist von älteren, ähnlichen Redensarten übernommen, die das abschätzige Hindurchziehen durch etwas meinen, z. B. durch den Bach ziehen, durch den Dreck ziehen, durch die Hechel ziehen u. a. »Kakao« hat sich wegen der Lautähnlichkeit mit »Kacke« durchgesetzt, früher war es auch mal die »Schokolade« (berlinisch). So mahnt Erich Kästner: »Nie dürft ihr so tief sinken, von dem Kakao, durch den man euch zieht, auch noch zu trinken.«

Das Goldene Kalb anbeten gehoben: *sein Leben unter Hintansetzung aller moralischen Prinzipien ausschließlich dem Gelderwerb widmen;* **der Tanz ums Goldene Kalb:** *(alles, was der Mensch unternimmt, um zu Geld und Reichtum zu gelangen):* eine Umdeutung der Bibelstelle 2. Mose 32, nach der die Israeliten in Abwesenheit von Moses durch Aaron, seinen Bruder, verführt, alles Geschmeide für die Herstellung des Goldenen Kalbes opferten, das sie dann anbeteten und umtanzten; dies gilt als schwerste Sünde der Generation, die in 40 Jahren von Ägypten durch die Wüste Sinai nach Kanaan wanderte und für die 3000 Israeliten mit dem Tode büßen mussten. Vielfach auch in den europäischen Sprachen: englisch »to worship the golden calf«; französisch »adorer le veau d'or«; italienisch »adorare il vitello d'oro«; niederländisch »het gouden kalf aanbidden« u. a.

Leichter (eher) geht ein Kamel durch ein Nadelöhr als …
Vergleiche »Nadelöhr«.

Jemanden (fest) an die Kandare nehmen umgangssprachlich: *in straffe Zucht nehmen:* »Kandare« ist die Gebissstange im Zaum des Pferdes, die ein scharfes Zügeln erlaubt. Sie wurde zuerst in Ungarn angewendet, daher ungarisch »kantár« = Zügel, Zaum.

Unter aller Kanone umgangssprachlich: *unter jeder Kritik:* vermutlich eine von Schülern gebrauchte, bewusst scherzhafte Fehlübersetzung einer vom Lehrer ausgesprochenen lateinischen Bewertung »sub omni canone« = unter jedem Bewertungsmaßstab. Das Substantiv gehört also zu »Kanon«, nicht zu »Kanone«.

Ein Gang nach Kanossa bildungssprachlich: *ein erniedrigender, demütigender Bittgang:* nach den Worten Bismarcks »Nach Canossa gehen wir nicht«, die sich auf die Ablehnung des Kardinals Hohenlohe als deutscher Botschafter bei Papst Pius IX. beziehen, allgemein bekannt geworden. Bismarck hatte dies am 14. Mai 1872 im Deutschen Reichstag erklärt. Er spielte damit auf den Bittgang Heinrichs IV. an, der durch persönliche Demütigung vor Papst Gregor VII. im Schloss Canossa (südlich von Parma) im Jahre 1077 seine Lösung vom Kirchenbann erwirkte.

Schwer von Kapee sein umgangssprachlich: *schwer begreifen, begriffsstutzig sein:* »Kapee« ist die französisierende Bildung eines 2. Partizips zu »kapieren« = begreifen. Die Wendung ist vielleicht hervorgegangen aus einem an Erklärungen angehängten »kapee?« = verstanden? Vergleiche das italienische »capito?«.

Das ist ein Kapitel für sich *eine besondere Angelegenheit, die schwierig oder unangenehm ist:* Gemeint ist hier nicht irgendein Kapitel in irgendeinem Buch, sondern ein Kapitel aus der Bibel, ein Bibelabschnitt, wie er in Klöstern bei bestimmten Gelegenheiten verlesen wurde. Ähnlich: **das ist ein ganz anderes Kapitel.**

(Etwas) mit Karacho (tun) umgangssprachlich: *mit hoher Geschwindigkeit, sehr schnell:* wohl aus dem spanischen Fluch »carajo« = (zum) Donnerwetter, zum Geier; »carajo« bedeutet ursprünglich »Penis«.

Für jemanden die Kastanien aus dem Feuer holen *für jemanden etwas Unangenehmes oder Gefährliches übernehmen, wobei nur dieser einen Vorteil hat:* Das Motiv ist in Europa seit dem 16. Jh., in Deutschland seit dem 17. Jh. in verschiedenen Ausformungen einer alten Tierfabel bezeugt. Bekannt ist die Fabel von La Fontaine »Der Affe und die Katze«, in der der Affe die Katze veranlasst, für ihn mit ihrer Pfote die Kastanien aus dem Feuer zu holen, die er sogleich verspeist. Die Fabel spiegelt sich in Wendungen verschiedener europäischer Sprachen wider: außer dem französischen »tirer les marrons du feu«, das unsere deutsche Wendung wiedergibt, z. B. englisch »to pull the chestnuts of the fire« oder, mit abweichendem Bild, »act as a person's cat's-paw«, »to be made a person's cat's-paw«, wo der Geschädigte mit der lädierten Katzenpfote gleichgesetzt wird, ferner italienisch »cavare le castagne dal fuoco« u. a. Lessing lässt in seinem »Jungen Gelehrten« den Diener Anton zu Lisette sagen: »Ja, ja, mein Äffchen, ich merk es schon, du willst die Kastanien aus der Asche haben und brauchst Katzenpfoten dazu.« Die ältere Redensart »jemanden als Katzenpfote gebrauchen« variiert noch einmal die verschiedenen Formulierungen des Fabelthemas.

Einen Kater haben umgangssprachlich: *nach reichlichem Alkoholgenuss unwohl sein:* »Kater« soll eine Umbildung von »Katarrh« sein, die im 19. Jh. aus der Leipziger Studentensprache in die Umgangssprache gelangte. Manche verbinden die Wendung allerdings auch mit dem »Kater«, dem Namen der männlichen Katze. Sie verweisen auf eine Redensart in der Lebensbeschreibung des Schriftstellers F. Chr. Laukhard, die Ende des 18. Jh.s erschienen ist: »besoffen wie ein Kater«, und führen an, dass der Rausch gelegentlich scherzhaft mit einem Tier verglichen wird, z. B. mit dem Affen.

Die Katze im Sack kaufen umgangssprachlich: *etwas ungeprüft übernehmen, kaufen [und dabei übervorteilt werden]:* Die Wendung, ursprünglich in der Wendung »etwas im Sack kaufen«, bezieht sich darauf, dass früher auf Märkten oft eine wertlose Katze anstelle eines Ferkels, Kaninchens oder Hasen in den Sack getan wurde, um den unachtsamen Käufer zu übervorteilen.

Kauderwelsch reden, sprechen *eine radebrechende, mit fremdsprachigen Bestandteilen durchsetzte, verworrene, schwer verständliche Sprache sprechen:* Das Grundwort »welsch« macht bei der Erklärung des Ausdrucks keine Schwierigkeiten, es ist das alte deutsche Wort für »romanisch« (d. h. italienisch, französisch, spanisch usw.), oft abschätzig gebraucht.

Nicht so einfach ist es mit der Herkunft des Bestimmungswortes »kauder«. Rudolf Hildebrand in Grimms »Deutschem Wörterbuch« (1873) bringt es zuerst mit »kaudern« = plappern in Verbindung, entschließt sich dann aber für ein (gleichlautendes) anderes Verb, nämlich für »kaudern« = Klein-, Zwischenhandel treiben. Danach wäre »Kauderwelsch« die schwer verständliche Sprache der italienischen Hausierer.
Nach anderen bedeutet »Kauderwelsch« soviel wie »Churwelsch«: Chur hieß mundartlich »Kauer« und erst dieser Name sei dann von dem oben genannten Verb »kaudern« = Kleinhandel treiben beeinflusst worden. Eine dritte, eher unwahrscheinliche Erklärung verbindet »Kauder-« mit dem Dialekt oder der Geheimsprache der schwäbischen Kauderer, der Wanderhechler und Werghändler, die mit dem »Kauder«, dem Abfall von Hanf und Flachs, hausieren gingen. Sie würde man wohl kaum als »welsch« bezeichnen.

An jemandem geht der Kelch (nicht) vorüber gehoben: *jemandem bleibt ein Leid, eine Prüfung, ein Schicksalsschlag (nicht) erspart:* nach einem alttestamentlichen Bild (z. B. Jesaja 51, 17; Psalmen 116, 13), vergleiche aber im Neuen Testament Jesu Worte in Gethsemane Matth. 26, 39: »Mein Vater, ist's möglich, so gehe dieser Kelch (sein Kreuzestod) von mir …«

In dieselbe, in die gleiche Kerbe hauen umgangssprachlich: *die gleiche Ansicht vertreten wie jemand anders und ihm dadurch zur Seite stehen:* Die gewöhnliche Erklärung ist, dass die Holzfäller mit ihrer Axt möglichst in die einmal geschlagene Kerbe im Baum hauen müssen, um diesen schneller zu fällen. Das »Deutsche Wörterbuch« von Grimm bietet eine etwas andere Deutung, die das Motiv des Beistandes noch mehr berücksichtigt: »Es rührt wohl von Zimmerleuten her, deren zwei an einer Kerbe hauen, sodass einer dabei leitet.«

Etwas (allerhand, viel) auf dem Kerbholz haben umgangssprachlich: *etwas (Strafbares) begangen haben, sich vergangen haben:* Das bis ins 18. Jh. verwendete »Kerbholz« war ein längs gespaltener Holzstab, in den Zeichen für Leistungen, Lieferungen, Schulden u. Ä. eingekerbt wurden. Schuldner und Gläubiger erhielten je eine Hälfte zur gegenseitigen Kontrolle.

Das ist des Pudels Kern *ist die eigentliche Ursache, die hinter etwas steckt:* Urheber der Redensart ist Goethe: »Das also war des Pudels Kern« (Faust 1, 1323), in diesem Fall Mephistopheles, der sich Faust in Gestalt eines schwarzen Pudels zeigt.

Jemanden auf dem Kieker haben umgangssprachlich: *jemanden genau, misstrauisch beobachten, um ihn eventuell bei etwas zu ertappen und ihn dafür zur Verantwortung ziehen zu können:* Das Fernglas heißt seemännisch »Kieker«, Substantiv zu niederdeutsch, teilweise auch mitteldeutsch »kieken« (z. B. bei Luther), mittelniederdeutsch »kiken« = sehen, schauen, dessen weitere Herkunft nicht geklärt ist.

Mit Kind und Kegel scherzhaft: *mit allen Familienmitgliedern:* In dieser seit der 1. Hälfte des 15. Jh.s bezeugten Fügung bedeutet »Kegel« nicht die Holzfigur des Kegelspiels, sondern »uneheliches Kind« (spätmittelhochdeutsch »kegel«, »kekel«). Es wird aber heute meist angenommen, dass das Substantiv etymologisch doch zum Spielkegel gehört und eine ähnliche Entwicklung wie »Bengel« (= Stock, Knüppel), »Knoten« (= knorriges Holzstück) oder »Flegel« (= Dreschflegel) durchgemacht hat, also eine abschätzige Bedeutung hatte, ein Scheltwort war. Das »Deutsche Wörterbuch« von Grimm denkt an »Penis« (was bezeugt ist), zweifelt aber dann doch: »Nachzuweisen bliebe freilich, warum dies ›Kegel‹ allein vom unehelichen Sohn gelten sollte.«

Arm wie eine Kirchenmaus sein *nichts oder nur ganz wenig besitzen:* Mäuse, die in einer Kirche leben, finden dort nichts zu fressen; vergleiche auch englisch »poor as a churchmouse«. In anderen europäischen Sprachen tritt eine Ratte an die Stelle der Maus, z. B. französisch »gueux comme un rat d'église«, niederländisch »kaal als eene kerkrot«, dänisch »fattig som en kirkerotte«. Vom Französischen beeinflusst war wohl Wieland: »… weil er so arm als eine Kirchenratte war.«

Mit jemandem ist nicht gut Kirschen essen umgangssprachlich: *mit jemandem ist nicht gut zu sprechen, auszukommen, weil er unverträglich oder hochfahrend ist:* Diese Redensart ist die Kurzform eines einst ausführlicheren Ratschlags, dessen Inhalt noch eindeutig war: »Es ist mit Herrn nicht gut Kirschen essen, sie werfen einen mit den Stielen«, heißt

es bei Luther, und: »Es ist nicht gut mit großen Herren Kirschen essen, sie werfen einem die Kerne ins Gesichte«, schreibt Chr. E. Steinbach in seinem Wörterbuch von 1734.
In den ältesten Belegen, die bis ins Spätmittelhochdeutsche zurückreichen, herrscht das Werfen der Stiele vor: »Es ist niht guot mit herren kirsen essen … wer mit in kirsen essen wil, dem werfent si der kirsen stil in die ougen«, mahnt der Berner Dominikanermönch Ulrich Boner um 1349 in seiner Fabelsammlung »Der Edelstein«. Offenbar handelt es sich um einen nicht seltenen Scherz von Herren, den sie sich gegen Niedere erlaubten. Das Grimm'sche »Deutsche Wörterbuch« spricht sogar von einer »alten Hofsitte«.

Klappern gehört zum Handwerk *wer Erfolg haben, gehört werden will, muss laut auf sich aufmerksam machen:* Mühlen, Webstühle, Maschinen aller Art klappern. Diese Beobachtung führte zu dem Sprichwort mit der Bedeutung, dass Großtun und Sprüchemachen zum Geschäft gehören.

Jemanden (etwas) über den grünen Klee loben umgangssprachlich: *außerordentlich, übertrieben, über Gebühr loben:* Der Ursprung der Redensart liegt in dem Umstand, dass die Kleeblume in der älteren Zeit großes Ansehen besaß und schon von der mittelhochdeutschen Dichtung hochgelobt wurde. Besonders oft heißt es »der grüne Klee«, so bei Walther von der Vogelweide, Wolfram von Eschenbach u. a. Der Sinn der Redensart ist also »mehr als die Dichter den Klee loben«, und das ist zu viel des Guten.

Jemanden über die Klinge springen lassen 1. *töten, hinrichten.* 2. *zugrunde richten:* Während andere Redensarten mit »Klinge« die Fechtwaffe meinen (z. B. **die Klingen kreuzen; eine gute, scharfe Klinge schlagen**), ist die Klinge in dieser Wendung das Richtschwert: Der Kopf des Hingerichteten springt nach dem Schwerthieb sozusagen über die Klinge. In der Redensart tritt die ganze Person an die Stelle des Kopfes. Grimms »Deutsches Wörterbuch« (1873) spricht von »fürchterlichem Scherz« und nennt die Sache »ein rechtes Stück vom Kriegs- und Siegshumor unserer Vorfahren« (!). Die ältesten Belege (15./16. Jh.) bevorzugen das Verb »hüpfen«. Eine ganze Reihe von europäischen Sprachen bedient sich des gleichen Bildes.

Einen Klotz am Bein haben/ein Klotz am Bein sein umgangssprachlich: *eine Verpflichtung übernommen haben und dadurch in seiner Bewegungs- und Handlungsfreiheit spürbar eingeengt, belastet sein:* Die Wendungen beziehen sich darauf, dass dem Vieh auf nicht eingezäunter Weide die Vorderbeine zusammengebunden werden bzw. ein Holzklotz daran befestigt wird, um es in seiner Bewegungsfreiheit einzuschränken. Auch Gefangene kettete man früher an einen Klotz, um ihnen die Bewegungsfreiheit zu nehmen.

Knall und Fall, Knall auf Fall umgangssprachlich: *ganz plötzlich, unverzüglich:* Ursprung ist die Soldaten-, vielleicht auch die Weidmannssprache. Wurde geschossen, dann erfolgten der Knall des Schusses und der Fall des Gegners oder des Wildes fast gleichzeitig. Anfänglich (17. Jh.) bestand die Wortgruppe aus einem kurzen Satz: »Knall und Fall war eins«; später wurde sie adverbiell gebraucht. Die Präposition »auf« gelangte vermutlich in Anlehnung an »Schlag auf Schlag« in die Fügung.

Etwas übers Knie brechen umgangssprachlich: *etwas übereilt, überstürzt, gewaltsam erledigen, besonders wenn geduldige, aber vergebliche Versuche vorausgegangen sind:* nach den rasch übers Knie gebrochenen Zweigen und kleineren Ästen, für die man nicht erst nach Axt und Säge greifen muss, die aber dann wegen ihrer ungleichen Länge und ihrer unregelmäßigen Bruchstellen den Eindruck des Ungeordneten hinterlassen. Verneint: **Das lässt sich nicht übers Knie brechen** = das ist ohne sorgsame Vorbereitung nicht so leicht und schnell zu erledigen.

Den gordischen Knoten durchhauen bildungssprachlich: *ein unlösbar scheinendes Problem, eine äußerst komplizierte, schwierige Situation in unkonventioneller Weise zwar gewaltsam, aber doch verblüffend einfach lösen:* Das Substantiv »Knoten« wurde schon früh bildlich gebraucht, bereits von mittelhochdeutscher Zeit an. Die Bedeutung war »Rätsel; Wirrsal; schwer zu lösende, verfängliche Frage; philosophische Schwierigkeit« u. a.

Das Adjektiv »gordisch« deutet auf eine andere Interpretation hin. Es bezieht sich auf die antike Stadt Gordion (lateinisch »Gordium«), die Hauptstadt Phrygiens (im nördlichen Kleinasien). Ihr Name stammt von dem mythischen König und Staatsgründer Gordios (lateinisch

»Gordius«), der seinen Streitwagen mit einem als unauflösbar geltenden Knoten dem Zeustempel weihte. Von einem Orakel wurde demjenigen, der den Knoten löste, die Herrschaft über Kleinasien versprochen. Alexander der Große, der auf seinem Feldzug gegen die Perser 333 v. Chr. nach Gordion kam, sah den Knoten, hörte sich das Orakel an und zerhieb den Knoten mit seinem Schwert, um sich dadurch seine Herrschaft über Kleinasien bestätigen zu lassen.
Diese Episode aus Alexanders Leben, von antiken Autoren überliefert, wurde in der Zeit der Renaissance von den Humanisten wieder bekannt gemacht und schlug sich in der Literatur nieder. Der »nodus Gordius« (bezeugt u. a. bei dem römischen Geschichtsschreiber Ammianus, 4. Jh. n. Chr.) wurde in der deutschen Lehnübersetzung zum »gordischen Knopf« oder »gordischen Knoten«.
Auch die Gebildeten anderer europäischer Länder gebrauchten das Bild: französisch »trancher le noeud gordien«; englisch »to cut the Gordian knot« (so schon in Shakespeares »Heinrich V.«); italienisch »nodo gordiano«; niederländisch »Gordiaanse knoop« (= Knopf, vergleiche oben); russisch »gordiew usjel«; serbokroatisch »preseći Gordijev čvor« u. a.

(Wie) auf (glühenden) Kohlen sitzen *erwartungsvoll, nervös, voll Unruhe sein:* Durch das 1. Partizip »glühend« (das aber auch fehlen kann) wird die Redensart verständlicher: Jemand rutscht so ungeduldig auf seinem Sitz hin und her, als ob er auf glühenden Kohlen säße.

Das Ei des Kolumbus Vergleiche »Ei«.

Jemandem Kontra geben umgangssprachlich: *jemandem heftig widersprechen:* bei Kartenspielen, besonders bei Skat und Bridge, Ansage, nach der das Spiel doppelt gezählt wird. Beim Skat bietet eine Partei vor Beginn des Spiels »Kontra« an, wenn sie glaubt, dass der Gegner zu schlechte Karten hat, um gewinnen zu können. Ein Kontra wird mit doppelter Punktzahl gewertet, wenn der Herausfordernde gewinnt; verloren gilt es dagegen vierfach. Herkunft: lateinisch »contra« = gegen.

Den Kopf in den Sand stecken *etwas, besonders eine Gefahr, nicht sehen wollen, davor die Augen verschließen; die realen Gegebenheiten nicht wahrhaben wollen:* Man nahm früher an, der Vogel Strauß stecke bei

Gefahr den Kopf in den Sand, weil er glaube, so nicht gesehen zu werden. In Wirklichkeit presst der Vogel seinen Körper möglichst flach auf das Nest, um es zu tarnen.

Jemandem den Kopf waschen umgangssprachlich: *jemandem die Meinung sagen, ihn scharf tadeln:* Hier soll nicht die Reinigung angesprochen werden, sondern etwas Unangenehmes, Schmerzhaftes, das mit dem gewaltsamen Reiben beim Waschen verbunden sein kann. Auch Schuljungen, die sich im Winter gegenseitig das Gesicht oder den Kopf mit Schnee abzureiben versuchen, nennen das »waschen«. Eine alte Bedeutung von »waschen« war sogar »durchprügeln«. Auch andere Körperregionen wurden so behandelt (»jemandem den Bart, die Ohren, die Haut, den Pelz, den Hals, den Buckel, das Maul waschen«).

Kopf und Kragen riskieren *sein Leben aufs Spiel setzen:* »Kopf und Kragen« entstammt der alten Rechtssprache, wobei »Kopf« die Hinrichtung mit dem Schwert, »Kragen« (veraltet = Hals) das Gehängtwerden ausdrückt.

Sich einen Korb holen/einen Korb bekommen/jemandem einen Korb geben *abgewiesen werden, besonders bei einem Liebes- oder Heiratsantrag/jemanden abweisen:* nach dem früher (im 17./18. Jh.) geübten Brauch, einem unerwünschten Liebhaber einen Korb ohne Boden als Zeichen der Ablehnung zu übersenden. Dies war das Überbleibsel einer mittelalterlichen Sitte des »Fensterlns«, bei der das Mädchen einem Bewerber, den es nicht mochte, einen Korb mit angebrochenem Boden vom Fenster herabließ, durch den er hindurchfiel, wenn er emporgezogen wurde.

Jemanden, etwas aufs Korn nehmen umgangssprachlich: *seine ungeteilte Aufmerksamkeit mit bestimmter, oft feindlicher Absicht auf jemanden richten, etwas heftig kritisieren:* Das Korn am Gewehrlauf, das hier gemeint ist, hat seinen Namen vom Getreidekorn, dessen Form es anfänglich nachahmte. »Aufs Korn« deshalb, weil das, worauf gezielt wird, für das Auge auf dem Korn liegend erscheint.

Von echtem Schrot und Korn sein Vergleiche »Schrot«.

Etwas ist (nicht ganz) koscher umgangssprachlich: *unbedenklich, einwandfrei,* meist verneint: *bedenklich, nicht geheuer:* Das aus der Gaunersprache stammende Wort kommt über jiddisch »koscher« = nach den jüdischen Speisegesetzen genießbar vom hebräischen »kascher« = tauglich, recht, zum Genuss erlaubt.

Jemandem den Kragen umdrehen umgangssprachlich: *jemanden umbringen:* Hier wie in einigen anderen Redensarten mit »Kragen« (**den Kragen kosten; an den Kragen wollen, gehen; Kopf und Kragen riskieren; sich um Kopf und Kragen bringen** u. a.) hat das Substantiv noch die alte Bedeutung »Hals« (althochdeutsch, mittelhochdeutsch, neuhochdeutsch bis ins 18. Jh.).

(S)einen Kratzfuß machen scherzhaft: *jemanden förmlich, betont höflich begrüßen:* »Kratzfuß« hieß früher die Bewegung eines Herrn mit dem linken oder rechten Fuß im Bogen nach hinten, wenn er jemand Höherem Reverenz erwies. Dabei streifte (kratzte) die Fußspitze den Boden. Die Sitte entstand in galanten Kreisen im 16./17. Jh.; vergleiche auch englisch »to make a leg«.

Wie Kraut und Rüben umgangssprachlich: *wild durcheinander:* Es gibt verschiedene Erklärungen: entweder von dem Bild des Rübenackers, auf dem bei der Ernte die abgeschnittenen Blätter und die Rüben ungetrennt durcheinanderliegen, oder nach einem Fleischgericht mit »Kraut« (= Kohl) und Rüben. Eine dritte Erklärung, dass auf einem Feld »Kraut« (= Kohl) und Rüben durcheinanderwachsen, erscheint weniger schlüssig.

Kreide fressen umgangssprachlich: *sich scheinbar friedlich, friedfertig verhalten:* In dem Grimm'schen Märchen »Der Wolf und die sieben jungen Geißlein« frisst der Wolf Kreide, um seine raue Stimme, an der die Geißlein ihn erkennen sollten, »fein« zu machen. Bei der Kreide handelt es sich übrigens weder um Malerkreide, d. h. Kalkpulver, noch um Kreide zum Schreiben o. Ä. aus Gips, sondern um die sogenannte Kirschkreide, worunter man im Preußischen »Kirschmus« versteht. So wie Honig gegen Heiserkeit hilft, hat die Süße der Kirschkreide vermutlich einen ähnlichen Effekt.

In der Kreide stehen umgangssprachlich: *Schulden haben:* nach der früher üblichen Sitte, die Zechschulden eines Gastes im Wirtshaus mit Kreide auf eine schwarze Tafel zu schreiben.

(Immer weitere) Kreise ziehen *immer mehr Menschen bekannt werden oder sie betreffen:* nach den kleinen Wellen, die sich kreisförmig ausbreiten, wenn man einen Stein in ein ruhiges Gewässer wirft. Diese Beobachtung findet sich schon bei Meister Eckhart (13./14. Jh.).

Kreuz Die Redensarten mit »Kreuz« beziehen sich fast alle entweder auf das Kreuz Christi (**ein Kreuz sein; sein Kreuz tragen; ein Kreuz schlagen; drei Kreuze machen; zu Kreuze kriechen;** die letzte Redensart geht auf die mittelalterliche Sitte zurück, zu Karfreitag als Zeichen strenger Buße auf den Knien zum Kreuz zu kriechen), oder sie verweisen auf »Kreuz« = unterer Rücken: **aufs Kreuz fallen; es im Kreuz** (umgangssprachlich: *Rückenschmerzen*) **haben; jemanden aufs Kreuz legen** (umgangssprachlich: *jemanden betrügen*); **jemandem etwas aus dem Kreuz leiern** (umgangssprachlich: *mit viel Mühe von jemandem erhalten*) u. a. Dieses »Kreuz« ist nach dem Kreuzbein des menschlichen Skeletts benannt, einem dreiseitigen und daher kreuzähnlichen Knochen, der als letzter Teil der Wirbelsäule die hintere Wand des Beckens bildet. Die Mediziner nannten ihn früher lateinisch »os sacrum« (= heiliger Knochen) nach griechisch »hieron osteon«.

Das Kriegsbeil ausgraben/begraben umgangssprachlich: *einen Streit beginnen/beenden:* nach einem Brauch nordamerikanischer Indianer, der durch die »Lederstrumpf«-Erzählungen des amerikanischen Schriftstellers James Fenimore Cooper (1789–1851) in Europa bekannt wurde (englisch »to bury the hatchet« = begraben, »to take« oder »dig up the hatchet« = ausgraben). In dem Versepos »The Song of Hiawatha« des amerikanischen Dichters H. W. Longfellow (1807–82), das indianische Mythologie behandelt, stehen im 13. Gesang die folgenden Verse:

Buried was the bloody hatchet,
buried was the dreadful war club,
buried were all warlike weapons,
and the war-cry was forgotten.
There was peace among the nations.

Krokodilstränen vergießen/weinen umgangssprachlich: *heuchlerische Tränen vergießen:* Grimm, »Deutsches Wörterbuch« (1873): »wie sie (= die Tränen) ein Krokodil weint, nach dem Glauben, dass das Krokodil seine Opfer anlocke durch Weinen wie ein Kind oder dass es sein Opfer während des Mordes beweine.« Grimm gibt hier die Überlieferung wieder, die seit dem 14. Jh. in Deutschland bekannt ist. Im 15. Jh. kam dann die übertragene Bedeutung von »Krokodilstränen« als heuchlerischen, unaufrichtigen Tränen auf, als unehrlichen Beileidsbezeigungen.
Die Naturwissenschaften sind der Erscheinung auf den Grund gegangen. Das Weinen kommt von den noch im Ei steckenden Jungen, die ein bis zwei Tage vor dem Ausschlüpfen ihrer Wache haltenden Mutter durch Quäktöne anzeigen, dass es bald so weit ist. Tränen kommen den Krokodilen deshalb, weil Speichel und Tränendrüsen so nahe beieinandersitzen, dass Letztere beim Fressen mit angeregt werden. Andere Forscher meinen, dass die Krokodile durch besondere Drüsen das Salz, das durch Nahrung und Wasser aufgenommen wird, in einem tränenähnlichen Sekret wieder ausscheiden.
Auch andere Sprachen kennen den Ausdruck: englisch »crocodile tears«, französisch »larmes de crocodile«, italienisch »lacrime di coccodrillo«, niederländisch »krokodilletranen«, serbokroatisch »liti krokodilske suze«, ebenso das Russische.

Einer Sache die Krone aufsetzen umgangssprachlich ironisch: *nicht zu überbieten sein:* vermutlich nach der Richtkrone auf fertiggestellten Rohbauten. »Krone« = Kopf, Schädel liegt vor in folgenden umgangssprachlichen Wendungen: **jemandem in die Krone fahren** *(jemanden verärgern);* **jemandem steigt etwas in die Krone** *(sich etwas auf eine Sache einbilden);* **einen in der Krone haben** *(betrunken sein).* Ein Scherz ist die bewusste Vermischung dreier Redensarten: Das schlägt dem Fass die Krone ins Gesicht.

Kuckuck In den Wendungen **(das) weiß der Kuckuck, hol's der Kuckuck!, zum Kuckuck (noch mal), sich den Kuckuck um etwas scheren, jemanden zum Kuckuck jagen** ist der Vogelname Ersatz- und Hüllwort für den Teufel. Der lutherische Teufelsglaube machte das 16. Jh. zu einem Jahrhundert der Teufelsbücher; so gab man z. B. 33 verschiedenen Lastern Teufelsgestalt: Fluch-, Zauber-, Tanz-, Spiel-, Ehe-, Hosenteufel usw.

In Grimms »Deutschem Wörterbuch« heißt es: »Es ergibt sich daraus, dass dem Vogel einst eine göttliche Bedeutung beiwohnte, die durch den Einfluss des Christenthums in eine teuflische verkehrt ward.« Im Volksglauben spielte und spielt er noch eine große Rolle. Er gilt als Glücksvogel und als Frühlingsvogel; die Anzahl seiner Rufe verkündet die Lebensjahre des Hörers.

Jemandem ein Kuckucksei ins Nest legen *jemandem ein fragwürdiges Geschenk machen oder ein Ansinnen an jemanden stellen, das sich später als höchst unpassend oder unangenehm herausstellt und der Person nur Schwierigkeiten verursacht:* Das Kuckucksweibchen brütet nie selbst, sondern legt seine Eier in Abständen in die Nester anderer Vögel. Bevorzugt werden Bachstelze, Neuntöter, Teichrohrsänger, Grasmücke, Gartenrotschwanz, Rotkehlchen, Heckenbraunelle und Zaunkönig, wodurch diese geschädigt werden. Da das Kuckucksjunge alle Eier und Jungen der Wirtsvögel aus dem Nest wirft, verringert es deren Bestand, was allerdings nie zur Ausrottung führt.

Auf keine Kuhhaut gehen umgangssprachlich: *unerhört, unbeschreiblich sein, jedes Maß übersteigen:* Nach mittelalterlichem Glauben legt der Teufel beim Jüngsten Gericht einem Auferstandenen dessen Sündenregister schriftlich auf einem aus einer Kuhhaut gefertigten Pergament vor. Was auf dieser Liste keinen Platz mehr findet, übersteigt alles Zumutbare.

Mein lieber Freund und Kupferstecher umgangssprachliche Anrede an jemanden, den man für etwas tadelt, dem man Vorwürfe macht oder droht: Warum gerade der »Kupferstecher« gewählt wurde, ist nicht geklärt. Voraus gingen Anreden mit »Bildermann« (= Verkäufer von Bildern, Kupferstichen u. a.) und »Petschaftsstecher« (= Siegel- und Wappenstecher), sodass »Kupferstecher« mehr oder weniger eine Variation darstellt. Literarisch ist der Kupferstecher bei Theodor Fontane in seinem Roman »Frau Jenny Treibel« (1892) belegt: »Das hat so sein sollen, Freund und Kupferstecher; mitunter fällt Ostern und Pfingsten auf einen Tag.«

Jemanden unter Kuratel stellen/unter Kuratel stehen *unter strenge Aufsicht, Kontrolle stellen/darunter stehen:* In der mittelalterlichen Rechtssprache, die auf der Sprache des römischen Rechts beruhte, bedeutete »curatela« etwa das, was man heute unter »Pflegschaft« versteht. Das Wort ist eine Mischform aus lateinisch »cura(tio)« = Besorgung, Pflege und lateinisch »(tu)tela« = Obhut, Fürsorge.

Den Kürzeren ziehen *unterliegen, zu kurz kommen, benachteiligt werden:* Wer beim Verlosen mit Halmen o. Ä. den kürzeren (Halm) zieht, hat verloren. Das Verfahren spielte im mittelalterlichen Rechtsleben eine gewisse Rolle. Losentscheid war oft so etwas wie ein Gottesurteil. In seinem »Narrenschiff« (um 1500) beobachtet der Kanzelredner Johann Geiler von Kaysersberg einen menschlichen Zug ganz richtig (in heutigem Deutsch): Unser Leben ist nichts anderes als ein Halmeziehen; wenn einer glaubt, er zieht das längste Hälmchen, dann zieht er vielleicht gerade das kürzeste.

ABCDEFGHIJK**L**MNOPQRSTUVWXYZ

Aus der Lamäng umgangssprachlich: *ohne Hilfsmittel oder Vorbereitung, aus freier Hand:* Hier handelt es sich um die phonetische Schreibung des französischen Wortes »la main« = die Hand.

Wie ein Lamm zur Schlachtbank geführt werden, sich führen lassen *sich in sein Schicksal ergeben haben:* Ursprung ist Jesus als »Lamm Gottes« während seiner Passion. In Jesaja 53, 7 wird prophetisch darauf hingewiesen: »Da er gestraft und gemartert ward, tat er seinen Mund nicht auf wie ein Lamm, das zur Schlachtbank geführt wird …«

Durch die Lappen gehen umgangssprachlich: *jemandem entgehen, entwischen, entschwinden:* nach dem alten Jägerbrauch, das Wild im Kessel durch aufgehängte bunte Lappen am Ausbrechen zu hindern.

Lärm schlagen *auf eine drohende Gefahr aufmerksam machen:* Ursprünglich bedeutet die Wendung »die Alarmtrommel schlagen«. »Lärm(en)«, frühneuhochdeutsch »lermen«, »lerman«, »lerma«, »lerme« kommt (über das Niederländische, mit Abfall des unbetonten Anlautes) von französisch-burgundisch »al erme«, italienisch »all'arme« = zu den Waffen! Alarm wurde auch mit Pfeifen und Trompeten gegeben, das hieß dann »Lärm(en) blasen«.

Viel Lärm um nichts *viel Aufhebens wegen einer Kleinigkeit, einer harmlosen Sache:* eine Lehnübersetzung des Titels einer Komödie von Shakespeare: »Much Ado about nothing« (um 1598). Es handelt sich um ein Stück voller Intrigen, Verleumdungen und Verwechslungen, bei dem aber die Liebe der beiden im Mittelpunkt stehenden Paare am Ende triumphiert und die Wahrheit über Täuschung und Fälschung siegt.

(Nicht) für lau zu haben sein umgangssprachlich: *(nicht) umsonst zu haben sein:* Nicht »lau« = mäßig warm liegt hier zugrunde, sondern das jiddische »lau« = nein, nichts, ohne (hebräisch »loj, lo«).

Sich wie ein Lauffeuer verbreiten *sehr rasch bekannt werden:* Mit »Lauffeuer« (laufendes Feuer) bezeichnete man ursprünglich einen Streifen ausgeschüttetes Pulver, der Gegenstände in größerer Entfernung in Brand stecken sollte. Das Pulver wurde auch in Röhren verbrannt, die die Flammen nach allen Seiten verbreiteten, besonders auf sogenannten Brandern (Brandschiffen). Das Gefechtsschießen, bei dem ein Mann nach dem anderen vom Flügel aus sein Gewehr abfeuerte, wurde ebenfalls »Lauffeuer« genannt.

Jemandem den Laufpass geben umgangssprachlich: *jemanden aus einem (Dienst-)Verhältnis entlassen, wegschicken:* »Laufpass« hieß vor 1800 die geschriebene oder gedruckte Entlassung aus einem Dienst, besonders aus dem Soldatendienst. Das ältere Wort war »Laufzettel«.

Jemandem ist eine Laus über die Leber gelaufen umgangssprachlich: *jemand ist über etwas verstimmt, verärgert, erbost:* Die Leber galt im Altertum als Urheber des Blutes und als Sitz von Trieben, die mit dem Blut zusammenhängen, der Liebe und des Zorns.

Unmut tut sich durch das Gefühl kund, dass etwas über die Leber kriecht und sie bedrückt. Für die Laus hat man zwei Begründungen herangezogen: die Alliteration von »Laus« mit »Leber« (Gleichklang der Wortanlaute, Stabreim) und die Kleinheit des Tieres, die den nichtigen Anlass kennzeichnen soll, aus dem man sich oft ärgert. **Frei von der Leber weg** wird durch das oben Gesagte ebenfalls verständlich: frei von allem, was das Gemüt bedrückt.

Etwas läuten hören umgangssprachlich: *als Gerücht vernommen haben:* Gemeint sind die Kirchenglocken, gekürzt aus der Wendung »etwas läuten hören, aber nicht zusammen schlagen« (bei Luther) = etwas Einzelnes kennen, aber nicht das Ganze erfasst haben. Nach dem kirchlichen Brauch, zum Hauptgottesdienst zweimal mit einer einzelnen Glocke und erst das dritte Mal mit allen Glocken zusammen zu läuten.

Leben, ein Leben führen wie Gott in Frankreich *herrlich und in Freuden leben:* im Grunde ungeklärt, aber vielleicht mit Bezug auf eine Folge der Französischen Revolution, die Gott »absetzte« (und durch den Kultus der Vernunft ersetzte), sodass Gott in Frankreich nichts mehr zu tun und zu sorgen hatte. Andere sind der Ansicht, dass mit »Gott in Frankreich« der französische Klerus gemeint gewesen sei, dem es außerordentlich gut gegangen sei. Im älteren Französisch: »vivre comme Dieu en France«.

Jemandem das Lebenslicht ausblasen umgangssprachlich: *jemanden töten:* In der Volksüberlieferung wird das Leben oft mit [Kerzen]licht in Verbindung gebracht. So ist z. B. im grimmschen Märchen »Gevatter Tod« von unendlich vielen brennenden Kerzen die Rede, die für die lebenden Menschen stehen. Erlischt eine solche Kerze, dann stirbt ein Mensch. Auf diese alte Vorstellung nimmt die Wendung Bezug.

Jemandem ist eine Laus über die Leber gelaufen
Vergleiche: »Laus«; **frei von der Leber weg:** Ebenda.

Leder In den umgangssprachlichen Redensarten **jemandem das Leder gerben** *(verprügeln),* **jemandem ans Leder wollen** *(angreifen wollen),* **auf dem Leder knien** *(Druck, Zwang anwenden)* ist »Leder« so viel wie die menschliche Haut (schon mittelhochdeutsch). Bei **vom Leder ziehen** *(laut schimpfen)* bedeutet »Leder« ursprünglich die lederne Schwertscheide (spätmittelhochdeutsch).

Die Zahl der .../ihre Zahl ist Legion *es gibt unendlich viele davon:* Mark. 5, 1 ff. berichtet von einem besessenen Menschen mit einem unsauberen Geist, der Jesus trifft und von diesem gefragt wird, wie er heiße. Der Besessene antwortet: »Legion heiße ich; denn unser ist viel.« Jesus erlaubte den vielen unsauberen Geistern (den Teufeln) in eine Herde Säue zu fahren, »und die Herde stürzte sich von dem Abhang ins Meer (ihrer waren aber bei zweitausend) und ersoffen im Meer«. Lukas 8, 26 ff. erzählt die Geschichte ebenfalls, allerdings ohne Zahlen zu nennen, ebenso Matth. 8, 28 ff., wo von zwei Besessenen die Rede ist. Die römische Legion, eine militärische Einheit, bestand seit dem 2. Jh. v. Chr. aus zehn Kohorten; ihre Sollstärke betrug 6000 Mann, die aber oft unterschritten wurde. In einem vereinzelten mittelhochdeutschen Beleg (mitteldeutsch, 14. Jh.) wird »ein leyo« als eine Anzahl von 6666 erläutert.

Lehrgeld zahlen (müssen) *Erfahrungen erst nach vorangehenden Misserfolgen gewinnen:* Seine Ausbildungskosten musste der Auszubildende (älter: Lehrling) früher selbst bezahlen. Erst seit den 1960er-Jahren »ist dem Auszubildenden eine angemessene, nach Monaten zu berechnende Vergütung zu gewähren«.

Eine Leiche im Keller (haben) umgangssprachlich: *mit etwas Bloßstellendem, Belastendem, Ehrenrührigem aus seiner Vergangenheit konfrontiert sein, was noch unentdeckt geblieben war:* Die Nachwirkung mancher Kriminalstücke und -romane ist bei dieser Redensart unverkennbar. Erinnert sei an das Bühnenstück (und den Film) »Arsen und Spitzenhäubchen« (»Arsenic and old lace«) von Joseph Kesselring.

(Immer) die alte/dieselbe/die gleiche/die nämliche Leier
umgangssprachlich: *die längst bekannte, trotzdem ständig wiederholte Sache, Klage:* Das Streichinstrument, auf das die Redensart zurückgeht, ist die sogenannte Rad- oder Drehleier (mittellateinisch »organistrum«), eine Erfindung des 10. Jh.s. Ihre 4 bis 6 Saiten werden durch ein im

Inneren des Resonanzkörpers angebrachtes, mit Kolophonium bestrichenes Scheibenrad gleichzeitig angestrichen; dieses Rad wird durch eine Kurbel in Drehung versetzt.
Grimm (»Deutsches Wörterbuch«, 1885): »Dieses Instrument hält sich namentlich in Bauren- und Vagantenkreisen durch das ganze Mittelalter als höchst beliebtes und ist selbst heute unter dem Namen ›Baurenleier‹, ›deutsche Leier‹ noch nicht ganz vergessen.« Das Urteil Grimms gilt auch heute noch. Kupferstiche des 17. und 18. Jh.s. zeigen, dass die Drehleier eine nicht seltene Beigabe auf Abbildungen von Freudenmädchen war. Sie wurde auch »Hurenleier« genannt.
Grimm weiter: »Häufig, nach der beschränkten Tonfähigkeit des Instruments, die den Vortrag nur weniger einfacher Stücke erlaubt, die Redensart ›die alte Leier, immer dieselbe Leier‹ für etwas eintönig Wiederholtes.« Mittelhochdeutsch »lire«, althochdeutsch »lira« kommt von lateinisch-griechisch »lyra«, das wiederum aus einer nichtgriechischen Sprache des Mittelmeergebietes stammt.

Jemandem auf den Leim gehen umgangssprachlich: *sich täuschen lassen, auf jemandes List, Betrug hereinfallen;* **jemanden auf den Leim führen** (umgangssprachlich: *täuschen, überlisten*): Gemeint ist der Vogelleim (mittelhochdeutsch »fogel lim«), die Leimrute des Vogelfängers (bei uns verboten). Schon mittelhochdeutsch (Gottfried von Straßburg) wird der konkrete Sachverhalt in übertragenem Sinn gebraucht für den Menschen, der von der Minne gefangen ist. Auch die Zusammensetzung »Vogelleim« wird schon früh übertragen verwendet: »Vogelleim in den Händen haben/die Hände mit Vogelleim (über)salben« = auf Geschenke erpicht sein.

Leine ziehen umgangssprachlich: *sich eilig entfernen,* auch: *klein beigeben:* heute nur noch in der Befehlsform (im Imperativ) gebräuchlich: Zieh Leine! Man bringt den Ausdruck meist mit der früheren Flussschifffahrt in Verbindung: Flussaufwärts mussten sogenannte »Schiffzieher« (Schiffsleinzieher) das Schiff mit einem oder mehreren Pferden auf dem Leinpfad längs des Ufers ziehen, um vorwärtszukommen.
Es kann deshalb durchaus sein, dass die Form ursprünglich der Befehl an die Schiffzieher war, sich auf den Weg zu machen, mit der »Leine« zu »ziehen«.

Eine lange Leitung haben umgangssprachlich: *langsam im Denken sein, schwer begreifen*; **auf der Leitung stehen** (umgangssprachlich: *begriffsstutzig sein, etwas nicht sofort verstehen*): in neuerer Zeit entstandene Redensarten, die sich wohl auf die Telefonleitung beziehen. Lange Leitungen waren in der Frühzeit des Telefons störanfällig, die Gespräche deshalb manchmal schwer verständlich. Bei der zweiten Redensart liegt die Vorstellung zugrunde, dass die aufklärende Mitteilung durch eine Leitung fließt (wie Wasser durch einen Wasserschlauch): Steht man auf der Leitung, kann die Erkenntnis oder die Einsicht nicht im Gehirn ankommen.

Einen ruhigen Lenz schieben/sich einen (faulen) Lenz machen umgangssprachlich: *wenig (zu) arbeiten (brauchen):* nicht zu »Lenz« = Frühling, sondern unter Einfluss von »faulenzen« entstanden aus der Fügung »fauler Lenz« = fauler Lorenz. Der lateinische Personenname »Laurentius« (= jemand, der aus der römischen Stadt Laurentum stammt) hat, je nach Betonung, zwei Kurzformen entwickelt: Die deutsche Anfangsbetonung brachte »Lorenz«, die lateinische (»Lauréntius«) »Len(t)z« hervor. Während sich »Lorenz« bis heute gehalten hat, ist das bei dem im 16. Jh. gängigen »Len(t)z« nicht der Fall gewesen, höchstens in der Mundart.
Der früher häufige Gebrauch des Namens bewirkte den Wechsel zum Appellativum, zur Gattungsbezeichnung im Sinne von »Mensch, Kerl, Narr« u. a. (vgl. Hans, Heini, Liese). Üblich wurden auch Benennungen mit Adjektiven: guter, frommer, armer, langer und dann auch fauler Lenz (dies unter Einfluss von »faulenzen«).
Ende des 15. Jh.s ermahnt Johann Geiler von Kaysersberg in seinen Predigten über die Narren in Sebastian Brants »Narrenschiff« den Faulen: »O du fauler Lenz, gehe zu der Omeisz und lehrn von ir.«
Eine anfängliche Redensart lautete »jemanden sticht der faule Lenz«. »Schieben« (= etwas längere Zeit hindurch tun) stammt aus der Soldatensprache (»Wache, Posten, Kohldampf, eine ruhige Kugel schieben«). Das Verb soll von gaunersprachlich »scheffteń« = tun beeinflusst sein.

Zu guter Letzt *zum guten Abschluss von etwas, schließlich;* öfter ironisch gebraucht: Zugrunde liegt das mittelhochdeutsche Substantiv »letze« = Abschied(smahl), Abschiedsgeschenk, Ende, besonders in der Fügung

»zuo letze« = zum Abschied. Im Neuhochdeutschen schlich sich unter Einfluss von »letzte« ein unorganisches t ein, das ursprünglich nicht vorhanden war.

Die Letzten werden die Ersten sein *die in einer Rangfolge ganz unten Stehenden werden einmal ganz oben sein:* von Jesus (Matth. 19, 30) in religiösem Sinne verstanden: »Aber viele, die da sind die Ersten, werden die Letzten und die Letzten werden die Ersten sein« (vergleiche Luk. 13, 30).

Den Letzten beißen die Hunde umgangssprachlich: *der Letzte, der sich einer unangenehmen Sache nicht mehr entziehen kann, hat den Schaden:* Der Anlass für diese sprichwörtliche Redensart ist die Jagd mit einer Hundemeute, wobei vor allem das letzte der gejagten Tiere der Meute zum Opfer fällt.

(K)eine große Leuchte sein oft scherzhaft oder ironisch: *führend in einer Wissenschaft sein;* meist verneint: *nicht viel von etwas verstehen;* vergleiche »kein (großes) Kirchenlicht sein«: »Lux doctrinarum altera«, eine zweite Leuchte der Wissenschaft (nach Homer) nannte der römische Schriftsteller Plinius den römischen Staatsmann, Redner und Schriftsteller Cicero. Geistige Fähigkeiten werden vielfach mit einem Licht verglichen. »Leuchte« = Laterne (mittelhochdeutsch »liuhte«, althochdeutsch »liuhta«) wurde oft in der Bibelsprache und sonst in gehobener Rede konkret und bildlich verwendet.

Jemandem die Leviten lesen umgangssprachlich: *jemanden gehörig zurechtweisen, ihm Vorhaltungen machen:* eigentlich Geistlichen aus dem »Leviticus« (3. Buch Mose, hebräisch »Wajikra«), den Vorschriften für Priester und Leviten, vorlesen (und ihnen anschließend eine Strafpredigt halten). Die mittelalterliche Sitte dieses Vorlesens ist seit dem 8. Jh. bezeugt. »Levit« = Gehilfe des Priesters beim feierlichen Hochamt, aus gleichbedeutend mittel- und spätlateinisch »levita«, »levites«, von griechisch »leuites« = Angehöriger des israelischen Stammes der Leviten, die (ohne eigenes Stammgebiet) ursprünglich als Priester, dann als Tempeldiener tätig waren und alle sieben Jahre das Gesetz vorlesen mussten (5. Mose 31, 9–11). Sie leiten sich von »Levi« (= der Anhängliche), dem dritten Sohn Jakobs und Leas, her.

Sein Licht (nicht) unter den Scheffel stellen *seine Verdienste, seine Leistung (nicht) aus Bescheidenheit zu verkleinern suchen:* Der »Scheffel« war ein hölzernes Gefäß, mit dem Getreide abgemessen wurde. Stellte man eine Lampe unter das umgestülpte Gefäß, verbreitete diese kein Licht mehr.

Einer Sache, jemandem grünes Licht geben *erlauben, etwas in Angriff zu nehmen, einer Sache freien Lauf lassen, sich nicht dagegenwenden:* Das sprachliche Bild bezieht sich auf das grüne Licht von Verkehrsampeln o. Ä. Vermutlich ist die Redensart eine Lehnübersetzung von englisch »to give green light«, »to get the green light«, französisch »feu vert«.

Jemanden hinters Licht führen *jemanden täuschen:* »hinter das Licht«, d. h., wo es dunkel ist, wo man nicht richtig sehen kann, was vorgeht. Im 17. Jh. waren auch andere Präpositionen in Gebrauch (um das Licht, unter das Licht führen), die sich aber nicht durchsetzen konnten.

Vergebliche (verlorene) Liebesmüh(e) sein *vergeblich, umsonst sein:* Mit »Verlorne Liebesmüh« übersetzte Karl Simrock den Titel der Komödie »Love's labour's lost« von Shakespeare.

Linie **auf der gleichen Linie** *(gleichwertig);* **auf der ganzen Linie** *(völlig);* **in erster Linie** *(zuerst, hauptsächlich);* **in zweiter Linie** *(von geringerer Wichtigkeit):* Man rechnete früher auf Linien, d. h., die (erste) Linie für die Tausender stand über der (zweiten) Linie für die Hunderter, Zehner und Einer. Dieses System ist auch in damaligen Buchtiteln angedeutet; z. B. Adam Ryse (Riese): »Rechenbuch auff Linien und Ziphren« …, Frankfurt 1581.

Jemanden/etwas links liegen lassen *Jemanden/etwas bewusst übersehen, sich um jemanden/etwas nicht kümmern.* Diese Wendung geht darauf zurück, dass die linke Seite im Volksglauben als die Seite des Bösen, Unheilvollen gilt, mit dem man nichts zu tun haben will.

Etwas für ein Linsengericht hergeben/verkaufen *etwas Wertvolles, Kostbares billig verkaufen:* Im Alten Testament (1. Mose 25, 29 ff.) wird berichtet, dass Esau, der Sohn von Isaak und Rebekka, sein Erstgeburtsrecht für ein Linsengericht an seinen Zwillingsbruder Jakob verkaufte. Als Esau einmal müde und hungrig vom Feld heimkam und Jakob ein Gericht zubereiten sah, bat er ihn, ihm davon zu essen zu geben (»Lass mich kosten das rote Gericht ...«). Jakob stimmte unter der Bedingung zu, dass Esau ihm sein Erstgeburtsrecht verkaufe. Esau willigte ein. »Da gab ihm Jakob Brot und das Linsengericht und er aß und trank ... Also verachtete Esau seine Erstgeburt.«

(Immer) die alte/dieselbe/die gleiche Litanei umgangssprachlich: *die längst bekannte, trotzdem ständig wiederholte Sache, Klage:* Die »Litanei« ist in der katholischen Kirche die bittende Anrufung Gottes und der Heiligen im Wechselgebet zwischen Priester und Gläubigen. Da sie meist in eintöniger Weise gesungen oder gesprochen und so immer wiederholt wurde, kam es zur allmählichen Bedeutungsverschlechterung. Anfänglich waren es die wechselnden Gesänge von Zechenden, die so genannt wurden, dann bezeichnete man damit eine lange, eintönige, sich wiederholende Herzensergießung oder Darlegung. Zugrunde liegt griechisch »litaneia« = Flehen, Bittruf (vergleiche »Leier«).

Auf (aus) dem letzten Loch pfeifen umgangssprachlich: *finanziell, körperlich am Ende sein:* Die Redensart knüpft an die Löcher eines Blasinstruments an: Wenn man beim Blasen am letzten Loch angekommen ist, geht es nicht weiter.

Löffel Die übertragene umgangssprachliche Bedeutung »Ohr« ist schon im Mittelhochdeutschen bezeugt. Sie stammt aus der Jägersprache, in der die Ohren des Hasen nach ihrer Form »Löffel« genannt werden. Redensarten: **die Löffel spitzen** *(aufmerksam hinhören);* **die Löffel aufsperren** *(aufpassen, zuhören);* **ein paar hinter die Löffel bekommen** *(geohrfeigt werden);* **sich etwas hinter die Löffel schreiben** *(sich etwas gut merken).*

Lorbeeren pflücken/ernten *sich Lob erwerben, Erfolg haben:* Der Lorbeer galt als Baum Apollos. Ein Kranz aus Lorbeerzweigen war ein Ehrenzeichen für seinen Träger, ein Symbol des höchsten Ruhmes. Er gebührte dem Sieger, dem Dichter, dem Künstler. **Sich auf seinen Lorbeeren ausruhen/auf seinen Lorbeeren eingeschlafen sein** *(sich nach* *einem Lob oder Erfolg nicht mehr weiter bemühen).* Der »Laurus Delphica« mit seinen dunkelgrünen Blättern von stets gleicher Farbe und seinen großen Beeren spielte eine bedeutende Rolle im antiken Kult und in der antiken Volksmedizin. Er diente als Preis und Schmuck für die Sieger in den zu Ehren Apollos abgehaltenen Pythischen Spielen in Delphi und für die römischen Triumphatoren.

Etwas (wieder) ins (rechte) Lot bringen *wieder in Ordnung bringen;* **(wieder) ins Lot kommen** *(in Ordnung kommen);* **(nicht) im Lot sein** *([nicht] in Ordnung sein):* Die Redensarten beziehen sich auf das Richtblei (Lot, Senkel) der Maurer, mit dem die Senkrechte (Lotrechte) einer aufgeführten Mauer geprüft wird.

Sich in die Höhle des Löwen wagen Vergleiche »Höhle«.

Den Löwenanteil bilden *den größten Teil einer Sache bilden:* nach einer Fabel Äsops, in der sich der Löwe gegenüber seinen Gefährten Esel und Fuchs den größten Teil der gemachten Beute sichert. Schon Luther erzählt sie.

Lügen wie gedruckt umgangssprachlich: *unverschämt lügen:* Meist wird die Redensart als volkstümlicher Vorwurf gegen den mangelnden Wahrheitsgehalt von Zeitungen und Büchern gedeutet. Man könnte sie aber auch anders erklären: Der Lügner geht so geschickt vor, dass seine Lügen den Anschein erwecken, man könne ihnen genauso vertrauen wie dem gedruckten Wort, im Sinne des Zitats aus Goethes »Faust«: »Denn was man schwarz auf weiß besitzt, kann man getrost nach Hause tragen.«

Sich nicht lumpen lassen umgangssprachlich: *freigebig sein:* Eine alte Bedeutung des Verbs »lumpen« war »wie ein Lump gehen, sich verlottert zeigen«. Die Redensart wäre dann so zu erklären, dass man nicht zulassen sollte, als armer Lump betrachtet zu werden, der kein Geld hat.

Lunte riechen umgangssprachlich: *eine Gefahr wittern, eine noch verborgene, unangenehme Sache schon frühzeitig bemerken:* nach dem scharfen Geruch der glimmenden Lunte, der den unsichtbaren Schützen verriet: »Die Hellebardierer hatten sich auf den Bauch in das Dickicht gelegt, die Schützen standen weiter hinten, dass man die brennenden Lunten nicht riechen sollte« (Schiller). Der übertragene Gebrauch ist ein sprachliches Überbleibsel aus längst vergangenen Zeiten (17. Jh.). »Lunte« selbst ist schon im 16. Jh. bezeugt; die ursprüngliche Bedeutung war »Docht«.

ABCDEFGHIJKL**M**NOPQRSTUVWXYZ

Eine Macke haben umgangssprachlich: *eine absonderliche Eigenart, einen geistigen Defekt haben:* aus dem Rotwelschen, der Gaunersprache. Zugrunde liegt jiddisch »makke« = Hieb, Schlag. Es ist wohl die Vorstellung, dass der geistige Defekt durch einen Schlag auf den Kopf hervorgerufen wird. Im Kartenspiel ist »Makke« auch der falsche Stich.

Bei jemandem ist Hopfen und Malz verloren Vergleiche »Hopfen«.

Jemanden in die Mangel nehmen/durch die Mangel drehen umgangssprachlich: *jemanden mit bohrenden Fragen verhören* oder *jemandem mit heftigen Scheltworten zusetzen:* Gemeint ist die Wäschemangel (Rolle), mit der feuchte Wäsche unter großem Druck geglättet wird. Im Mittelalter bezeichnete man damit eine große Glättmaschine zum Appretieren von Stoffen, deren Walze mit Steinkästen beschwert war. Der Begriff wurde aufgrund der Ähnlichkeit übernommen von dem Namen einer mittelalterlichen, im Krieg gebrauchten Steinschleudermaschine, bei der das Geschoss durch niederfallende Steinkästen fortgeschleudert wurde (mittelhochdeutsch »mange«, von mittellateinisch »manga«, »manganum« = Hebelgeschütz, Wurfmaschine, aus gleichbedeutendem griechischem »manganon«).

Den Mantel/sein Mäntelchen nach dem Wind hängen

umgangssprachlich: *sich charakterlos der herrschenden Ansicht, dem herrschenden Regime anpassen:* Diese Redensart ist ein Beispiel dafür, wie ein ursprünglich positiver Ausdruck negative Bedeutung erhält. Konkret bedeutet die Wendung, sich mit dem Mantel bei stürmischem Wetter gegen den Wind schützen. Der nachfolgende übertragene Gebrauch (schon mittelhochdeutsch) war ebenfalls noch nicht tadelnd: Die Redensart bedeutete da nur »sich in die Zeit schicken«. Der seit dem 16. Jh. auftretende Nebensinnn des Charakterlosen wurde dann allmählich zur Hauptbedeutung.

Durch Mark und Bein/Pfennig gehen umgangssprachlich: von Tönen, Geräuschen o. Ä.: *als sehr unangenehm empfunden werden:* Das scherzhafte Missverstehen von »Mark« (= Knochenmark) als »Mark« (= Münzbezeichnung) führte zum Ersatz von »Bein« (= Knochen) durch »Pfennig« (wohl zuerst in Berlin).

Jemandem den Marsch blasen umgangssprachlich: *jemanden tadeln, zu besserem Verhalten mahnen:* Die ursprüngliche Bedeutung war »den rastenden Soldaten mit der Trompete das Zeichen zum Abmarsch geben«. Der heutige abschätzige Sinn entstand wohl aus der Vorstellung, dass man einen Menschen aus der Ruhe aufscheuchen muss, um ihn in Bewegung zu setzen.

Ein gerüttelt Maß von/an/voll etwas *sehr viel von etwas:* Eine Bibelstelle in der Übersetzung Luthers (Luk. 6, 38) hat diese Fügung fest werden lassen: »Gebt, so wird euch gegeben. Ein voll, gedrückt, gerüttelt und überflüssig Maß wird man in euren Schoß geben …« »Gerüttelt« ist das Messgefäß, wenn sein Inhalt gerüttelt wurde und glatt bis an den Rand reicht. Luther zählt hier die verschiedenen Füllungsarten auf: »voll«, »weniger voll« (gedrückt), »dicht voll« (gerüttelt) und »gehäuft voll« (überflüssig = überfließend). Daran schließen sich die Wendungen **das Maß ist voll** und **das Maß voll machen** an.

Mätzchen machen umgangssprachlich: *Ausflüchte machen, sich sträuben:* »Mätzchen« ist die Verkleinerungsform von »Matz«, die sich, über »Matt(h)es« aus dem Vornamen »Matthäus« entstanden, zur abschätzigen Gattungsbezeichnung entwickelt hat, als »dummer, einfältiger, närrischer Mensch«. Das Wort wechselte dann von der Person zur Sache.

Da(von) beißt die Maus keinen Faden ab umgangssprachlich: *das ist nicht zu ändern, dagegen kann man nichts machen;* auch umgekehrt üblich: **Da beißt keine Maus einen Faden ab,** mundartlich in doppelter Verneinung: **Da beißt kei Maus kein Fade ab.** Für die Entstehung der Redensart gibt es unterschiedliche Erklärungen.
Lutz Röhrich bringt die Wendung mit der Verehrung der heiligen Gertrud von Nivelles in Verbindung, deren Attribut die Maus ist. Sie ist Patronin der Früchte in Feld und Garten, deren Bestellung am 17. März, dem Tag der heiligen Gertrud, beginnt. »Wenn am Gertrudentag noch gesponnen wurde, so behauptete man, werde der Flachs von den Mäusen zerfressen oder der Faden abgebissen« (Röhrich). Wer das Gebot beachtet, dem beißt die Maus keinen Faden ab.
Die heilige Gertrud – so geht die Legende – verhinderte durch ihr Gebet eine Mäuse- und Rattenplage und vertrieb auch die Mäuse, die sie beim andächtigen Spinnen störten und versuchten, ihren Faden abzubeißen.
Andere erklären die Redensart mit der Versicherung des Schneiders, dass der Stoff des Kunden bei ihm so gut aufgehoben sei, dass selbst die Mäuse keinen Faden davon abbeißen würden.
Wieder andere ziehen die Fabel vom Löwen und der Maus heran: Die Maus, die einmal vom Löwen verschont wurde, befreit ihn, als er gefangen wird, aus Dankbarkeit, indem sie seine Stricke oder sein Netz zerbeißt. Von einem Faden oder von Fäden ist allerdings in der Überlieferung nicht die Rede.
Röhrich weist noch auf einen bestimmten Typ von Mausefallen hin, bei dem die Maus einen Faden abbeißen muss, um an den Köder zu gelangen. Hat sie ihn abgebissen, fällt die Falle zu.

Der Mensch lebt nicht vom Brot allein *der Mensch hat auch geistige Bedürfnisse:* In Matth. 4 wird erzählt, wie Jesus vom Satan versucht wird: »Und der Versucher trat zu ihm und sprach: Es stehet geschrieben: Der Mensch lebet nicht vom Brot allein, sondern von einem jeglichen Wort, das durch den Mund Gottes gehet.«

Gute Miene zum bösen Spiel machen *etwas wohl oder übel hinnehmen, sich den Ärger nicht anmerken lassen:* Die Wendung ist eine Lehnübersetzung des französischen »faire bonne mine à mauvais jeu«, das aus dem Bereich des Glücksspiels stammt.

Jemanden zur Minna machen umgangssprachlich: *jemanden scharf tadeln, heftig zurechtweisen:* »Minna« ist die Kurzform des Mädchennamens »Wilhelmine«, die es wegen ihrer Beliebtheit bis zur Gattungsbezeichnung (= Dienstmädchen) brachte. Die Dienstmädchen in der Zeit vor dem 1. Weltkrieg wurden oft zurechtgewiesen, oft schlecht behandelt, daher die Redensart.

Aus seinem Herzen keine Mördergrube machen *sich freimütig, offenherzig äußern:* »Mördergrube« war ursprünglich ein unterirdischer Schlupfwinkel von Mördern, eine Räuberhöhle, und in diesem Sinne gebrauchte es Luther (Jeremias 7, 11): »Haltet ihr denn dies Haus, das nach meinem Namen genannt ist, für eine Mördergrube?« Der heutige Sinn ist erst verhältnismäßig spät bezeugt; die Redensart ist durch Bismarck geflügelt geworden. Wer seine Meinungen und Ansichten in seinem Herzen wie in einer Räuberhöhle versteckt, ist unehrlich, nicht offen.

Morgenluft wittern *die Chance eines eventuellen Vorteils, einer günstigen Entwicklung sehen:* In Shakespeares »Hamlet« (I, 5) sagt der Geist von Hamlets ermordetem Vater: »Doch still! Mich dünkt, ich wittre Morgenluft« (in der Schlegel-Tieckschen Übersetzung von »But soft! Me thinks, I scent the morning air«). Ganz ähnlich hatte schon vorher im Jahre 1773 G. A. Bürger in seinem Gedicht »Lenore« dieses Motiv ausgedrückt. Der tote Bräutigam auf seinem Rappen ruft: »Mich dünkt, der Hahn schon ruft – bald wird der Sand verrinnen, rapp, rapp, ich wittre Morgenluft ...« Die positive Bedeutung kann aus dem Shakespeare-Text nicht herausgelesen werden: Der Geist muss ins Fegefeuer zurück und seine Sünden abbüßen. Konkret könnte diese Wendung aber bedeuten, dass das Vieh, besonders das Pferd, im Stall »Morgenluft wittert«.

In Morpheus' Armen ruhen *in ruhigem, ungestörtem Schlaf, in süßem Schlummer liegen:* Der römische Dichter Ovid schildert in seinen Verwandlungssagen, den »Metamorphosen«, eine Grotte in Kimmerien, eine Höhle der Träume, in der Hypnos, der Gott des Schlafes, mit seinen Söhnen Morpheus, Ikelos und Phantasos wohnt. Diese Traumgötter hatten keine kultische Bedeutung; vermutlich sind sie teils die eigene Erfindung Ovids, teils die seiner Vorgänger. »Morpheus« gehört zu dem griechischen Substantiv »morphe« = Gestalt, nach den vielen von Morpheus erzeugten Traumgestalten. Ovid deutete ihn als »kunstfertigen Nachahmer menschlicher Gestalt«.

Wissen, wo Barthel den Most holt Vergleiche »Barthel«.

(Keinen) Mumm haben umgangssprachlich: *(keine) Kraft, Energie für etwas aufbringen:* Die Redensart ist wohl studentischer Herkunft und hieß ursprünglich »keinen Animum haben« (lateinisch »animus« = Mut, Herzhaftigkeit). Die Endsilbe -mum verselbstständigte sich zu »Mumm«. Andere bringen das Wort mit jiddisch »momon« = Geld, Vermögen (vergleiche »Mammon«) in Verbindung.

Mumpitz sein/(keinen) Mumpitz reden umgangssprachlich: *Blödsinn sein/(keinen) Unsinn reden:* In der Berliner Börsensprache des 19. Jh.s bedeutet »Mumpitz« so viel wie »Schwindel, Unsinn«. Überliefert ist ein hessisches »Mombotz« = Schreckgestalt, Gespenst, zusammengesetzt aus »Mumme« = Maske und »Butz« (»Butzemann«) = Vogelscheuche, Popanz, also eigentlich ein Gerede, mit dem man Eindruck machen, einschüchtern, schrecken will. Das Wort ist in den Mundarten weit verbreitet, so auch im Südhessischen.

Jemanden mundtot machen *zum Schweigen bringen; jemandem die Möglichkeit nehmen, sich öffentlich zu äußern:* Der Bezug des Adjektivs auf das Sprechorgan Mund ist Volksetymologie. Ursprünglich gehörte es zu »Mund« = Schutz, Gewalt, Vormundschaft und war ein Rechtsausdruck des 17. Jh.s. mit der Bedeutung »nicht fähig, sich selbst zu verteidigen; unmündig«. Die anfängliche Bedeutung der Redensart war also »jemanden entmündigen«.

Etwas für bare Münze nehmen *jemandes scherzhaft gemeinte, in Wirklichkeit nicht zutreffende Behauptung, Äußerung, jemandes Lügen für zutreffend, glaubwürdig halten, nicht bezweifeln:* Gemeint ist wohl

»etwas als gängige Münze, als gültiges Geld, nicht als Falschgeld betrachten«. Die Bedeutung »etwas mit einem bestimmten sicheren Wert versehen« liegt auch der Redensart »Münzwert haben« zugrunde (z. B. von einer unglaubhaften Geschichte, die erzählt wird).

Etwas auf jemanden münzen *auf jemanden zielen, beziehen, anspielen, ohne ihn direkt mit Namen zu nennen:* »Dieser Satz in seiner Rede war auf den Bundeskanzler gemünzt.« Grimm (»Deutsches Wörterbuch«): »Eine Redensart, die vor dem 17. Jh. nicht nachzuweisen und aufgekommen zu sein scheint, nachdem man seit dem 16. Jh. allerlei Gedächtnismünzen mit allegorischem und sehr oft satirischem Bildwerk geprägt hatte, dessen versteckte Andeutungen Nachdenken und Witz herausforderten.« Die älteste Bedeutung von »münzen« ist »Metalle zu Münzen prägen, Münzen schlagen«. Daran schließt sich ein heute nicht mehr üblicher bildlicher Gebrauch im Sinne von »amtlich kenntlich machen« (wie ein Stück Metall durch einen Münzstempel). »Kann der Herzog Gesetze der Menschheit verdrehen oder Handlungen münzen wie seine Dreier?« (Schiller: »Kabale und Liebe«).

ABCDEFGHIJKLM **N** OPQRSTUVWXYZ

Nachtigall, ich hör' dir trapsen berlinisch: »Nachtijall, ick hör' dir trapsen«; umgangssprachlich, besonders berlinisch: *ich merke schon, worauf das hinausläuft:* vielleicht eine bewusste Vermischung von zwei Verszeilen eines Liedes aus der Volksliedersammlung »Des Knaben Wunderhorn«, die Achim von Arnim und Clemens Brentano 1806–08 gemeinsam herausgegeben hatten. Die eine Zeile lautet »Nachtigall, ich hör' dich singen«, die andere »Nachtigall, ich seh' dich laufen«.

Zu (in, bei) nachtschlafender Zeit *spät nachts; zu einer Zeit, in der man gewöhnlich schläft:* Der Ausdruck, der schon im Mittelhochdeutschen existiert (»bi nahtslafender zit«), ist ein Beispiel für eine (unlogische)

Sprachkühnheit. Die lange Fügung »zu einer Zeit in der Nacht, in der man schläft« wird irregulär verkürzt zu »zu nachtschlafender Zeit«, als ob nicht der Mensch, sondern die Zeit in der Nacht schliefe.

Etwas mit der heißen Nadel/mit heißer Nadel nähen, stricken

umgangssprachlich: *etwas eilig und ohne Sorgfalt ausführen:* Gemeint ist wohl, nicht abwarten können oder wollen, bis die Nadel kalt ist und man dann genügend Zeit und Ruhe hat, etwas zu nähen, oder auch: Wer mit einer heißen Nadel näht, muss schnell arbeiten, damit er sich nicht verbrennt.

Leichter (eher) geht ein Kamel durch ein Nadelöhr als …

etwas ist ganz unmöglich, wird mit Sicherheit nicht geschehen: In Matth. 19, 16 ff. wird die Begegnung Jesu mit einem reichen Jüngling geschildert. Jesus schlägt ihm als letztes Erfordernis für ein vollkommenes Leben den Verzicht auf seinen Reichtum vor, was den Jüngling betrübte, »denn er hatte viele Güter«. Jesus wendet sich darauf an die Jünger und stellt fest: »Es ist leichter, dass ein Kamel durch ein Nadelöhr gehe, denn dass ein Reicher ins Reich Gottes komme.«

Die Nennung eines Kamels in diesem Zusammenhang ist nicht einleuchtend, es sei denn, es handelt sich um eine falsche Lesart im griechischen Urtext: Nicht »kamelos« (= Kamel) sei gemeint, sondern das spätgriechische »kamilos« (= Ankertau, Schiffstau). Ein dickes Tau würde dem Sinn des Bildes besser entsprechen.

Der gelegentliche Hinweis, dass eine enge, kleine, nur von einem einzelnen Menschen passierbare Pforte in der alten Stadtmauer von Jerusalem zur Zeit Jesu »Nadelöhr« genannt wurde, ist ebenfalls bedenkenswert: Das griechische Wort für »Nadelöhr« (»trema rhaphidos« = Loch, Öhr der Nadel) müsste dann ein aramäisches Wort gleicher Bedeutung wiedergegeben haben, da die damalige Verkehrssprache des Vorderen Orients das Aramäische war (mit dem Hebräischen nicht verwandt, aber von ihm beeinflusst). Ein Zweig des Aramäischen, das Jüdisch-Palästinensische, war Jesu Muttersprache. Diese Deutung würde den Ausspruch von Jesus etwas abschwächen: nicht völlig unmöglich, aber höchst unwahrscheinlich.

Den Nagel auf den Kopf treffen umgangssprachlich: *in einer Äußerung das Wesentliche, den Kernpunkt einer Sache erfassen:* Hier ist ursprünglich nicht der Kopf des Nagels gemeint, den man mit dem Hammer treffen sollte (wie es bei der Redensart **Nägel mit Köpfen machen** der Fall ist); »Nagel« war in der alten Schützensprache die Mitte der Scheibe, die durch einen Nagel gekennzeichnet war.

Jemandem brennt etwas auf den Nägeln umgangssprachlich: *etwas ist sehr dringlich für jemanden:* Die Redensart ist weder auf eine mittelalterliche Folter noch auf die Sitte der Mönche zurückzuführen, sich Wachskerzen auf den Daumen zu kleben, um zur Frühmesse besser lesen zu können. Grundlage für die Entstehung der Wendung war die simple Vorstellung, eine brennende Kerze mit der bloßen Hand tragen zu müssen. Wenn die Kerze bis auf die Finger oder die Nägel niederzubrennen drohte, dann war Eile geboten. Kerzenleuchter und -ständer waren nicht überall und jederzeit zur Hand, sodass die Vorstellung, ohne sie auskommen zu müssen, keineswegs ungewöhnlich ist.

Die Nagelprobe machen *eine Sache so genau prüfen, dass sich erweisen muss, ob sie stimmt oder nicht:* Die Redensart bedeutete ursprünglich ein beim Zuprosten ausgetrunkenes Glas umzudrehen und über den linken Daumennagel zu halten, um festzustellen, ob das Glas wirklich geleert wurde. Ein Rest wäre auf den Daumennagel gefallen, und dann hätte jeder gesehen, dass die Trinksitte nicht erfüllt wurde (was sich nicht schickte).
Interessant ist, dass das mittelalterliche Latein den Germanismus »super nagulum« (= über den Nagel) bildete und dass dieser Ausdruck samt der Sitte auch zu den Franzosen und Engländern wanderte (z. B. englisch »to drink supernaculum«, 16. Jh.).

Aus dem Nähkästchen plaudern umgangssprachlich: *anderen Einblick in intime häusliche und andere Bereiche gewähren:* Das Nähkästchen, das (ältere) Nähkörbchen und der Nähtisch (bei den Bessergestellten) waren Gegenstände im Haushalt, die dem speziellen Gebrauch durch die Hausfrau vorbehalten waren. Wenn die Frauen gemeinsam nähten, wurden oft auch Intimitäten ausgetauscht. Der Nähkasten wurde überdies gern als Versteck genutzt, wenn etwas vor den Augen des gestrengen

Herrn Gemahls zu verbergen war. In Fontanes Roman »Effi Briest« (1895) stößt Herr von Innstetten durch Zufall auf die kompromittierenden Briefe von Major Crampas an seine Frau, die »ganz zuunterst« in einem Fach ihres Nähtisches gelegen hatten.
Eine ältere Parallelbildung des 16. Jh.s ist die Wendung »aus der Schule plaudern«. Hier ist unter »Schule« nicht die pädagogische Institution gemeint, sondern z. B. Ärzte- oder Philosophenschulen.

Blass/gelb/grün vor Neid sein/werden umgangssprachlich: *so neidisch sein, dass man es der betreffenden Person deutlich ansehen kann:* Die Farbzuschreibungen beziehen sich auf Körperreaktionen: Die Verengung der Blutgefäße verursacht hier die Blässe und der Gallenstau die gelbgrüne Färbung.

Etwas auf einen (gemeinsamen) Nenner bringen *in Übereinstimmung bringen:* In der Mathematik ist der »Nenner« die unter dem Bruchstrich stehende Zahl, die angibt, in wie viel Teile die Einheit zerlegt wird (Divisor). Ungleichnamige Brüche kann man auf einen gemeinsamen Nenner bringen.
Das Wort ist die spätmittelhochdeutsche Verdeutschung von mittellateinisch »denominator« und findet sich bereits 1483 in Petzensteiners »Rechenbuch«; im 18. Jh. setzte sich der Terminus durch Chr. Wolffs »Mathematisches Lexicon« (1716) endgültig durch. »Nenner« wurde in der alten Grammatik auch für Nominativ gebraucht.

(Ach) du grüne Neune umgangssprachlich: *um Himmels willen:* Die Herkunft der Wendung ist nicht eindeutig geklärt. Im 19. Jh. gab es in Berlin, Blumenstraße 9, Eingang »Am Grünen Weg«, ein Vergnügungslokal »Conventgarten«, das im Volksmund »die grüne Neune« hieß. Da das Lokal bald herunterkam und öfter die Polizei alarmiert werden musste, wurde der Ausdruck zum Schreckensruf, später – abgemildert – zum Ruf der Überraschung. Andere meinen, dass die »grüne Neune« eine schlechte Karte im Kartenspiel gewesen sei.

An die Nieren gehen umgangssprachlich: *jemanden sehr bewegen, hart treffen, ungemein aufregen:* Wie Herz, Leber und Lunge bezeichnen auch die Nieren seit alters den Sitz der Lebenskraft (und der Affekte): »Meine

Nieren sind froh, wenn deine Lippen reden, was recht ist«, heißt es in den Sprüchen Salomos (23, 16). Die Verbindung mit »Herz«, wie sie in der Redensart **jemanden auf Herz und Nieren prüfen** vorliegt, ist ebenfalls alt und stammt aus Psalm 7, 10: »Lass der Gottlosen Bosheit ein Ende werden, und fördere die Gerechten; denn du, gerechter Gott, prüfest Herzen und Nieren«, d. h. das verborgene Innere des Menschen. Oder Psalm 26, 2: »(Herr) läutere meine Nieren und mein Herz.«

Nolens volens bildungssprachlich: *wohl oder übel, wider Willen:* Hier sind die ersten Partizipien der beiden lateinischen Verben (Infinitive) »nolle« (= nicht wollen) und »velle« (= wollen) im Singular nebeneinander gestellt. Es gibt Belege aus dem 17. Jh., der Ausdruck ist aber vermutlich älter und gilt bereits als mittellateinisch (das Mittellatein endet etwa um 1500).
Hingewiesen wird auf eine Stelle in einem Werk des Kirchenvaters Augustinus (4./5. Jh. n. Chr.), in der die beiden Partizipien allerdings voneinander getrennt stehen. Lateinisch belegt, wenn auch als unklassisch, ist »volens« = absichtlich, mit Willen, gern. Voraus geht die klassische Form (bei Cicero): »velim nolim« = ich mag wollen oder nicht.

Nomen est omen bildungssprachlich: *schon der Name ist verräterisch und sagt manches über seinen Träger aus:* wörtlich übersetzt: Der Name ist Vorbedeutung (lateinisch »nomen« = Name, »est« = ist, »omen« = Vorbedeutung). Die zugrunde liegende Fügung bei dem römischen Komödiendichter Plautus (3./2. Jh. v. Chr.) lautet »nomen atque omen« = Name und zugleich Vorbedeutung. Heute wird die Stelle stets mit »est« zitiert.

Das Nonplusultra sein bildungssprachlich: *etwas sein, was nicht übertroffen werden kann:* »non plus ultra« = nicht darüber hinaus, eine neulateinische, dem klassischen Latein fremde Wortgruppe (»non« = nicht, »plus« = mehr, »ultra« = weiter, darüber hinaus).

Nullachtfünfzehn umgangssprachlich: *alltäglich, gänzlich unoriginell:* Diese Zahlenkombination kam durch den deutschen Schriftsteller Hans Helmut Kirst (1914–89) ins allgemeine Bewusstsein, nachdem dieser seiner Romantrilogie aus den Jahren 1954/55 den Titel »08/15« gegeben hatte. Zugrunde liegt die militärische Bezeichnung für ein Maschinengewehr aus dem Jahr 1908, das 1915 technisch verändert wurde und die Bezeichnung LMG 08/15 bekam. Die Zahlen wurden dann zunächst zu einer Metapher für den geistlosen militärischen Drill.

ABCDEFGHIJKLMN**O**PQRSTUVWXYZ

Das A und O von etwas sein Vergleiche »A«.

Die Oberhand haben/behalten/gewinnen *der Stärkere sein, sich als stärker erweisen:* Die Redensart wird meist auf die Ringersprache zurückgeführt: Sieger ist der, dessen Hand über seinem Gegner verbleiben und ihn niederhalten kann. Aber schon mittelhochdeutsch ist »oberhant« (»obere hant«) allgemein so viel wie Übermacht, Übergewicht, Oberherrschaft, Sieg. Die rechte Hand als siegreiche, herrschende Hand galt als Symbol des Besitzes und der Gewalt über eine Sache oder über Personen.

Oberwasser haben/bekommen/behalten umgangssprachlich: *im Vorteil sein, in Vorteil kommen:* eine Redensart, die aus dem Mühlenwesen stammt. Das Wasser des Mühlbachs oder Mühlgrabens wurde durch ein Wehr gestaut; das überfließende Wasser (Oberwasser) trieb dann das Mühlrad (oberschlächtig) an. Das unterhalb der Mühle abfließende Wasser heißt dementsprechend »Unterwasser«.

Seinen Obolus entrichten bildungssprachlich: *einen geringen finanziellen Beitrag für etwas leisten, spenden:* Lateinisch »obolus«, griechisch »obolos« war als sechster Teil der Drachme eine Münze von geringerem Wert. Die ursprüngliche Bedeutung des Wortes war »kleiner Spieß«; sechs von diesen Obolen füllten die Hand (»drachme«, eigentlich = Handvoll). Es handelt sich hier um eine alte Münzform, die später durch die runde Form abgelöst wurde.

Im griechischen Volksglauben war der Obolos der Lohn für den Fährmann Charon, der die Toten über die Ströme der Unterwelt an das Tor des Hades brachte. Voraussetzung für die Überfahrt waren die Bestattung auf der Oberwelt und die Entrichtung des Fährlohns, der in Gestalt eines Obolos dem Toten unter die Zunge oder zwischen die Zähne geschoben wurde. Häufig findet man die Falschschreibung »Obulus« statt des richtigen »Obolus«.

Die Ochsentour machen umgangssprachlich: *auf dem vorgeschriebenen, langen Dienstweg mühsam vorankommen* (meist von Beamten und Offizieren): Der Ochse ist ein ausgesprochen langsames Zugtier. »Ochsenpost« hieß früher eine extrem langsame, wie von Ochsen gezogene Post (ähnlich: Schneckenpost). Der übertragenen Redewendung liegt die ursprüngliche Bedeutung »eine übliche beschwerliche Reiseroute absolvieren« zugrunde. Auf die Trägheit und den schleppenden Gang des Ochsen spielt schon Homer in »Ilias« und »Odyssee« an.

Jemanden übers Ohr hauen umgangssprachlich: *jemanden betrügen, übervorteilen:* entstanden in einer Zeit, wo man noch mit Knüppeln, Schwertern oder Säbeln aufeinander losging. Wer den Gegner zuerst oberhalb der Ohren auf den Kopf traf, war im Vorteil. Die Redensart bedeutete also ursprünglich »jemandem einen Hieb auf den Kopf versetzen« bzw. »ihn ohrfeigen«.

Sich etwas hinter die Ohren schreiben umgangssprachlich: *sich etwas gut, sorgfältig merken, es nicht vergessen:* Die Redensart spiegelt einen alten Rechtsbrauch wider: Bei Abschluss eines Vertrages, besonders auch bei Grenzbegehungen und Setzungen von Grenzsteinen gab es im Mittelalter »testes per aures tracti« (lateinisch = an den Ohren gezogene Zeugen).
Das Kneifen in die Ohren, das Ziehen an den Ohren oder sogar das Ohrfeigengeben, eventuell verbunden mit Geschenken, sollte dazu beitragen, dass sich die Zeugen, vor allem Kinder und jüngere Leute, im Alter noch an die vereinbarten Rechtsbestimmungen erinnerten. Diese schriftlich niederzulegen und die Dokumente dann zu archivieren, war eine aufwendige Angelegenheit, die nicht überall und zu jeder Zeit zu realisieren war. Bei Rechtsstreitigkeiten oder rechtlichen Zweifelsfällen

wurden daher öfter ältere Leute befragt, wie in ihrer Jugend die Rechtslage gewesen sei.
Von alten abergläubischen Vorstellungen getragen ist die Erklärung in einem 1690 erschienenen Werk des deutschen Rechtsphilosophen Christian Thomasius (1655–1728), die Lutz Röhrich in seinem »Lexikon der sprichwörtlichen Redensarten« mitteilt: Thomasius bezieht sich hier auf die alte Schädel- und Säftelehre, die die Meinung vertrat, dass ein Aderlass hinter den Ohren unfruchtbar mache. Die Menschen, denen dies geschehen sei, würden sich zeitlebens daran erinnern, da es ihnen gleichsam hinter die Ohren geschrieben worden sei.

Noch nicht trocken hinter den Ohren sein umgangssprachlich: *zu unreif sein, um von der Sache etwas zu verstehen:* Die Redensart bezieht sich auf die Geburt des Menschen. Das neugeborene Kind ist vom Fruchtwasser noch feucht hinter den Ohren.

Es (faustdick) hinter den Ohren haben umgangssprachlich: *schlau, verschmitzt, verschlagen, durchtrieben sein, obwohl der Betreffende gar nicht danach aussieht:* Die Redensart ist gekürzt aus einer Vollform des 16. Jh.s: den Schalk, den Schelm, den Narren usw. hinter den Ohren (d. h. versteckt) haben, sodass er von anderen nicht sogleich bemerkt wird. »Der Schalck schläft offt hinter den Ohren; wenn er erwacht, so läst er sich erst sehen«, heißt es bei einem Schriftsteller des 17. Jh.s. »Faustdick« bezieht sich auf den alten Aberglauben, dass sich der Sitz der Verschlagenheit im Knochen hinter den Ohren befindet: je dicker die Wulst, desto größer die Verschlagenheit.

Bis über beide Ohren verliebt sein umgangssprachlich: *sehr, »rettungslos« verliebt sein:* Hier steht das Bild eines Ertrinkenden oder im Sumpf Versinkenden vor Augen, der nicht mehr zu retten ist, weil das Wasser bereits über den Ohren zusammenschlägt.

Öl auf die Wogen gießen *vermittelnd, ausgleichend, besänftigend (in eine Auseinandersetzung) eingreifen:* Die Wendung bezieht sich darauf, dass die Wellen des Meeres bei stürmischer See durch darauf gegossenes Öl geglättet werden können.

Wie ein Ölgötze (dastehen u. a.) umgangssprachlich: *stumm und steif, teilnahmslos, dumm, langweilig:* Das im 1. Drittel des 16. Jh.s zuerst bezeugte Wort »Ölgötze« bedeutete ursprünglich eine mit Ölfarbe angestrichene hölzerne Götzenfigur. Luther und seine Anhänger gebrauchten es als Schimpfwort für die mit dem heiligen Öl geweihten katholischen Priester, Bischöfe und Päpste sowie für die Heiligenstandbilder in den katholischen Kirchen einschließlich ihrer Anbeter.

Frech wie Oskar umgangssprachlich: *äußerst frech:* Die Herkunft ist ungeklärt, obwohl es Versuche gab, herauszubekommen, welcher Oskar dahinter stecken könnte, so z. B. der Kritiker Oskar Blumenthal (1852–1917), der freche Kritiken schrieb, oder der Leipziger Jahrmarktsverkäufer Oskar Seifert, der freche Ausdrücke gebrauchte. Auch das Jiddische kommt in Betracht (jiddisch »Ossoker« = Frecher). Die Wendung scheint von Berlin ausgegangen zu sein.

Otto Normalverbraucher umgangssprachlich: *der statistische Durchschnittsmensch, der Durchschnittskonsument:* Diese Bezeichnung wurde durch die gleichnamige Hauptfigur des Films »Berliner Ballade« aus dem Jahr 1948 bekannt und gebräuchlich. Der von Gert Fröbe gespielte Durchschnittsbürger erlebt in dem satirischen, auf ein Kabarettprogramm zurückgehenden Film die Nachkriegswirklichkeit in Deutschland.

ABCDEFGHIJKLMNO **P** QRSTUVWXYZ

Pantoffel Das Ende des 15. Jh.s aus dem Französischen (»pantoufle«) übernommene Substantiv »Pantoffel« ist – ebenso wie sein Oberbegriff »Schuh« (der den Fuß bekleidet) – ein spätmittelalterliches Symbol für Herrschaft und Macht. Der Pantoffel war früher die typische Bekleidung für den Fuß der (Haus)frau. Wer dem anderen auf den Fuß tritt, hat Gewalt über ihn (der Fuß gilt dabei als Pars pro toto, als Teil für das Ganze). Wer also bei der Trauung seinem Partner zuerst auf den Fuß tritt, wird

in der Ehe über ihn herrschen. Die Redensart **unter dem Pantoffel stehen** (umgangssprachlich: *von der Ehefrau beherrscht werden*) ist so zu erklären.
Weitere Wendungen beruhen auf dem gleichen Symbolgehalt: **den Pantoffel schwingen** (umgangssprachlich: *in der Ehe den Mann beherrschen; das Hausregiment führen*); **unter den Pantoffel kommen** u. a. Das heute veraltete Verb »pantoffeln« bedeutete »jemanden mit dem Pantoffel bearbeiten, schlagen«.

Nicht von Pappe sein umgangssprachlich: *stark, kräftig, nicht zu unterschätzen sein:* »Pappe« ist hier nicht der aus grobem Papierbrei hergestellte feste Werkstoff, Kartonpappe, sondern das umgangssprachliche und mundartliche Wort für den Kleinkinderbrei aus Mehl (Mehlpapps). Wer nicht mit diesem Brei, sondern mit kräftigem, nahrhaftem Essen ernährt wurde, war »nicht von Pappe«.

Seine Pappenheimer kennen umgangssprachlich: *die Leute, mit denen man zu tun hat, Leute dieses Schlages kennen; wissen, wie sie sich in bestimmten Situationen verhalten werden:* In Schillers Drama »Wallensteins Tod« (3, 15) sagt Wallenstein zu dem Gefreiten Mercy, der mit zehn Kürassieren des Reiterregiments unter dem Grafen Gottfried Heinrich zu Pappenheim (1594–1632) vor Wallenstein tritt und ihn trotz des Vorwurfs des Landesverrats seiner Treue versichert: »Daran erkenn' ich meine Pappenheimer.« Der Satz drückt lobende Anerkennung aus, was in der Redensart verloren gegangen und ins Gegenteil verkehrt worden ist. Pappenheims Truppen taten sich übrigens bei der Erstürmung Magdeburgs im Mai 1631 sehr unrühmlich hervor.

Ein Pappenstiel umgangssprachlich: *eine Kleinigkeit, Wertloses, wenig Geld* in den Wendungen **kein Pappenstiel sein, etwas für einen Pappenstiel bekommen, kaufen, hergeben** u. Ä. Die im 17. Jh. auftretende Zusammensetzung »Pappenstiel« ist vermutlich eine sogenannte Klammerform aus »Pappen(blumen)stiel«. Niederdeutsch »Papenblome« (eigentlich Pfaffenblume) ist der Löwenzahn. Sein Stängel ist Inbegriff des Wertlosen.
Andere meinen, dass das Wort aus »Pappelstiel« verderbt sei und ursprünglich einen Stiel aus Pappelholz bedeutet habe, der nichts wert sei,

weil Pappelholz weich sei und deshalb leicht breche. Eine »Pappenblume« gibt es schon bei Luther, aber mit der Bedeutung »Papierblume«. Das Bestimmungswort von »Papenblome« (Pfaffenblume) ist übrigens eine volksetymologische Umdeutung von lateinisch »pappus« = Samen-, Federkrone des Löwenzahns.

Jemandem/einer Sache Paroli bieten veraltend: *wirksam, energisch entgegentreten, Widerstand leisten:* »Paroli« stammt aus der Sprache des Kartenspiels (»Pharo«). Das Wort gelangte über französisch »paroli« zu uns, das wiederum aus dem Italienischen übernommen wurde. »Paroli« ist eigentlich der Plural von älter italienisch »parolo« = Verdoppelung des Einsatzes (wodurch im Spiel mit- oder gegengehalten wurde), zu »pari« = gleich (lateinisch »par«), also eigentlich = das Gleiche noch einmal.

Jemandem aus der Patsche helfen umgangssprachlich: *jemanden aus einer Notlage, Verlegenheit befreien:* Die »Patsche« heißt hier ursprünglich so viel wie »Matsch, aufgeweichte Straße« (in der man stecken bleibt).

Pech haben umgangssprachlich: *ein Hindernis, Missgeschick, Unglück, ein unglückliches Zusammentreffen erleben:* Grimm (»Deutsches Wörterbuch«): »Eine Menge von Redewendungen und sprichwörtlichen Ausdrücken knüpfen sich seit alter Zeit an das siedende, klebende Pech oder an die Farbe des Pechs.« Für unsere Vorfahren war das siedende oder brennende Pech ein unabdingbarer Bestandteil einer Höllenstrafe. Im vorliegenden Fall jedoch handelt es sich um das Pech (Leim), mit dem man Vögel fing. Der Vogel, der daran kleben blieb, war ein ganz konkreter Pechvogel. Die Redensart verbreitete sich im 18. Jh. in studentischen Kreisen und gelangte von da in die Umgangssprache.

Perlen vor die Säue werfen umgangssprachlich: *jemandem etwas Wertvolles geben, was dieser gar nicht zu würdigen weiß:* nach Matth. 7, 6. Dort heißt es: »Ihr sollt das Heiligtum nicht den Hunden geben, und eure Perlen sollt ihr nicht vor die Säue werfen, auf dass sie dieselbigen nicht zertreten mit ihren Füßen und sich wenden und euch zerreißen.« Luther hat die Redensart allerdings nicht erfunden, sie ist schon im 12. Jh. bezeugt.

Auch andere europäische Sprachen kennen sie: englisch »to cast pearls before swine«; französisch »jeter les perles devant les pourceaux«; italienisch »buttare perle ai porci«; dänisch »kaste perler for svin«; niederländisch »paarlen voor de zwijnen werpen«; im Latein der Vulgata: »mittere margaritas vestras ante porcos«.

Jemandem einen Persilschein ausstellen umgangssprachlich: *jemandem bescheinigen, dass er sich nichts hat zuschulden kommen lassen/* **einen Persilschein erhalten:** Die Redensart ist ein Produkt der deutschen Nachkriegsgeschichte. Durch die auf der Jalta-Konferenz 1945 beschlossene und im Potsdamer Abkommen zu einem Hauptziel der alliierten Besatzungspolitik erklärte sogenannte »Entnazifizierung« sollten alle Deutschen, die sich in nationalsozialistischen Organisationen betätigt hatten, überprüft werden, inwieweit sie an Menschenrechtsverletzungen beteiligt gewesen waren. Die Betroffenen sollten anhand einer 99 Fragepunkte umfassenden Liste in fünf Kategorien eingestuft werden: 1. Hauptschuldige, 2. Belastete (Aktivisten), 3. Minderbelastete, 4. Mitläufer, 5. Entlastete. Wer entlastet wurde, erhielt seinen »Persilschein«, d. h., er wurde durch diese Bescheinigung – wie schmutzige Wäsche durch das bekannte Waschmittel Persil – von aller Schuld »reingewaschen« und hatte nun eine weiße Weste. Der Name »Persil« ist aus den Anfangssilben zweier in ihm enthaltener Wirkstoffe (**Per**borat und **Sil**ikat) gebildet.

Etwas in petto haben Vergleiche »in«.

Etwas auf der Pfanne haben umgangssprachlich: *etwas Besonderes vorhaben, leisten können:* Hier ist es nicht die Bratpfanne, die in der umgangssprachlichen Redensart **jemanden in die Pfanne hauen** *(erledigen, vernichten)* gemeint ist, sondern die Pfanne der früheren Lunten- und Steinschlossgewehre, die kleine Mulde für das Zündpulver. Die Wendung bedeutete also ursprünglich »zum Schießen bereit sein« (und dadurch einem Gegner überlegen sein).

Pfeffer im Hintern haben salopp: *lebhaft, zappelig sein, nicht still sitzen können:* Die Wendung geht möglicherweise auf die frühere Gepflogenheit betrügerischer Pferdehändler zurück, den Pferden Pfeffer in den After zu reiben, um sie lebhafter, feuriger erscheinen zu lassen.

Wo der Pfeffer wächst umgangssprachlich: *sehr weit weg, der entlegenste Ort auf der Welt:* Der Pfeffer war das Hauptgewürz des Mittelalters und bei den damaligen Verkehrsverhältnissen entsprechend teuer. Eine ausführliche Darstellung der Ableitungen und Zusammensetzungen des Wortes mit den dazugehörigen Redensarten könnte ein kleines Büchlein füllen. Im Mittelalter galt Indien als weit entferntes Herkunftsland. Kolumbus wollte in das gewürzreiche Indien gelangen und entdeckte dabei Amerika. Die Redensart ist seit dem 16. Jh. bezeugt.

Mit jemandem Pferde stehlen können umgangssprachlich: *sich auf jemanden absolut verlassen können, mit jemandem alles Mögliche unternehmen können:* Die Wendung bezieht sich darauf, dass ein Pferdedieb sehr mutig und für seine Kumpane absolut zuverlässig sein musste, da Pferdediebstahl besonders in früherer Zeit sehr streng bestraft wurde.

Einen Pferdefuß haben umgangssprachlich: *einen verborgenen, bisher nicht sichtbaren Nachteil, einen Haken haben:* Da der Teufel die Menschen in allerlei wechselnden Gestalten versucht, wird auch sein Äußeres verschieden dargestellt. Meist hatte er Klauen, Vogel- oder Bocksfüße. Als ihm ein Pferdefuß verpasst wurde (was übrigens in der christlichen Kunst des westeuropäischen Mittelalters nicht allzu häufig ist), musste er auch hinken, was er zu verbergen trachtete. In Goethes »Faust« sagt eine Hexe zu Mephisto: »O Herr, verzeiht den rohen Gruß! Seh ich doch keinen Pferdefuß.«
Der Aberglaube des Volkes sah den Teufel in vielerlei Gestalten lauern: als Affe, Bock, Rabe, Kuckuck, Drache, Hummel, Mücke. Er erscheint als graues, schwarzes Männchen, alter Mann, schöne Frau, als wilder Jäger oder Freischütz, der auf die Hostie und das Kruzifix schießt. Da sein wirklicher Name tabu ist, erfindet das Volk eine Fülle von Decknamen (Gottseibeiuns, der Leibhaftige, der Böse, der Schwarze, der Unreine, Hämmerlein u. a.). Im 16. Jh. erreichte die Teufelsmotivik einen gewissen Höhepunkt; Verfehlungen und Laster verband man gern mit dem Teufel, vom Spiel- und Tanzteufel bis zum Ehe- und Zauberteufel.
Auch Luther war vom Teufelsglauben stark beeinflusst. Doch tröstete er seine Anhänger: »Und wenn die Welt voll Teufel wär und wollt uns gar verschlingen, so fürchten wir uns nicht so sehr, es soll uns doch gelingen.« Berühmt ist Dürers Kupferstich »Ritter, Tod und Teufel« von 1513.

Vielleicht hat er dazu beigetragen, den Pferdefuß in Redensarten zu verankern. **Da zeigt sich der Pferdefuß/da schaut, guckt der Pferdefuß heraus** sind weitere Beispiele sprachlicher Verwendung.

Keinen Pfifferling wert sein umgangssprachlich: *gar nichts wert sein:* Der nach seinem pfefferähnlichen Geschmack benannte Pilz (mittelhochdeutsch »pfefferlink«) ist ein gutes Beispiel dafür, dass Wörter oder Redensarten nicht mehr »stimmen«, weil sich die ihnen zugrunde liegenden Verhältnisse geändert haben. Der früher in Massen auftretende Pilz ist heute durch die Umweltzerstörung zu einer teuren Rarität geworden.

Zu den Wörtern und Wendungen, die nicht mehr zu ihrem Ursprung passen, gehören z. B. Papier (nicht mehr aus Papyrus), Brille (ihre Gläser sind nicht mehr aus Beryll), Bleistift (heute nicht mehr aus Blei, sondern aus Grafit), zur Feder greifen (die Vogelfeder zu diesem Zweck hat ausgedient) und viele andere.

Geschmückt wie ein Pfingstochse umgangssprachlich: *übertrieben, geschmacklos herausgeputzt, aufgedonnert:* Dieser Wendung liegt ein alter Brauch besonders der süddeutschen Weidewirtschaft zugrunde. Zur Pfingstzeit wurde das Vieh wieder auf die Sommerweiden getrieben. Das erste Tier (meist ein Ochse), bekränzt und mit Bändern und Blumen geschmückt, eröffnete den Zug der Weidetiere. Vielleicht ist der Brauch auf der Grundlage einer uralten rituellen Opferhandlung entstanden, die mit einer Schlachtung verbunden war.

Mit seinen (anvertrauten) Pfunden wuchern gehoben: *seine Fähigkeiten, Talente, Anlagen, die man mitbekommen oder sich erworben hat, gut anwenden, nutzen:* In dieser zwar auf der Bibel (Lukas 19, 11–28; abgewandelt Matth. 25, 14–30) beruhenden, aber im Text so nicht enthaltenen Redensart handelt es sich in Jesu Gleichnis ursprünglich um Geld, das früher gewogen wurde; daher die Ausdrücke »Pfund« (Lukas) und »Zentner« (Matth.).

In der Lukas-Darstellung erzählt Jesus ein Gleichnis: Die zehn Knechte, denen von dem abwesenden Herrn (einem Edlen) je ein Pfund anvertraut worden war, nutzen dieses ganz unterschiedlich. Als der Edle zurückkehrt, hat der eine Knecht mit seinem Pfund deren zehn erhandelt,

ein anderer fünf (wofür sie gelobt und beschenkt werden), ein Dritter aber hat sein Pfund nicht genutzt, sondern es aus Furcht, es zu verlieren, im Schweißtuch versteckt.
Der Edle tadelt ihn heftig: »Warum hast du denn mein Geld nicht in die Wechselbank gegeben? Und wenn ich kommen wäre, hätte ich's mit Wucher (= Zinsen) erfordert.« Zu den Umstehenden sagt der Edle dann: »Nehmet das Pfund von ihm und gebet's dem, der zehn Pfund hat.« Das Gleichnis beendet Jesus mit den bekannten Worten: »Wer da hat, dem wird gegeben werden, von dem aber, der nicht hat, wird auch das genommen werden, das er hat.«
Das wirkliche Ideal von Jesus ist die Armut, d. h. keine Anhäufung von Reichtum, von irdischen Schätzen und Gütern, wie aus der Erzählung »Vom reichen Jüngling« hervorgeht (Matth. 19, 16): »Willst du vollkommen sein, so gehe hin, verkaufe, was du hast, und gib's den Armen, so wirst du einen Schatz im Himmel haben … Ein Reicher wird schwer ins Himmelreich kommen.«
Aber wer kann vollkommen sein? Auch Jesus muss zugestehen: »Bei den Menschen ist's unmöglich.«

Wie ein Phönix aus der Asche steigen/sich wie ein Phönix aus der Asche erheben bildungssprachlich: *sich aus einer Niederlage, einem völligen Zusammenbruch, einer scheinbaren Vernichtung neu belebt erheben:* nach dem Wundervogel einer orientalischen (arabischen oder indischen?) Sage, der sich alle 500 (1000) Jahre durch Selbstverbrennung erneuerte. Aus seiner Asche wuchs ein neuer junger Vogel Phönix hervor. Der Ursprung ist in der ägyptischen Götter- und Tierwelt zu suchen, während die spätere Legende von der Selbstverbrennung nicht auf den ägyptischen Sonnenvogel zurückgeht. Er symbolisierte bereits die Ewigkeit Roms und erscheint auf kaiserlichen Münzen; in der altchristlichen Kunst wurde er zum Symbol der Auferstehung, auch von Jesus selbst. Schon früh dringt die Sage über das Französische (»phénix«) in den deutschen Sprachraum (seit dem 12. Jh., mittelhochdeutsch »fenix«). Der Name (zu griechisch »phoinos« = rot, purpurrot, nach dem Gefieder) wurde früher auch übertragen gebraucht für etwas Seltenes und Einzigartiges: »O Haydn, Phönix der Instrumentalmusik!«, heißt es einmal bei dem Schriftsteller J. J. W. Heinse Ende des 18. Jh.s. Heute ist diese Verwendungsweise nicht mehr üblich.

Zu mancherlei geografischen Namen hat der Wundervogel beigetragen: Die Hauptstadt Arizonas heißt Phoenix; zwei Dörfer in Illinois und New York tragen den gleichen Namen, ebenso eines der acht Atolle der Phönix-Inseln im Stillen Ozean. 1720 nannten deutsche »refugees« den Ort in Pennsylvanien, an dem sie sich niedergelassen hatten, Phoenixville. Ein Sternbild des südlichen Himmels trägt den Namen des Vogels. Ein elegantes japanisches Zierhuhn mit langen Rückenfedern und bis zu drei Meter langen, besonders gepflegten Schwanzfedern nennt sich »Phönixhuhn«. Und schließlich heißt auch noch eine Palmengattung »Phönix«, die bekannte Dattelpalme, der Charakterbaum Nordafrikas. Ihr Name hat jedoch nichts mit dem Vogel zu tun; die Griechen nannten den Baum so, weil sie ihn durch die Phöniker (= Purpurhändler, zu griechisch »phoinos« = rot) kennenlernten. Die Namen stammen allerdings aus der gleichen Sprachwurzel.

Von der Pike auf dienen ursprünglich *als gemeiner Soldat von der untersten Stufe an dienen;* dann auch auf andere Dienstverhältnisse übertragen.

Etwas von der Pike auf lernen Die »Pike« ist der Spieß des Infanteristen, bereits im 15. Jh. aus dem gleichbedeutenden französischen »pique« entlehnt. In einem Leichengedicht von Mühlpforth (gest. 1681) auf einen gefallenen Soldaten heißt es: »Bist von der Picken an zum Hauptmannsstab gestiegen.«

Von Pontius zu Pilatus laufen Vergleiche »Pontius«.

Auf den Plan treten *auftreten, erscheinen*/**jemanden auf den Plan rufen** *(jemanden herausfordern, zu erscheinen und tätig zu werden):* Dieses »Plan« ist nicht verwandt mit dem gleichlautenden »Plan« = Vorhaben, Absicht; im Mittelhochdeutschen »plan« = freier Platz, Ebene, Wiese, Turnier-, Kampfplatz. Die Redensart bedeutet also eigentlich »auf dem Kampfplatz erscheinen; jemanden herausfordern, auf dem Kampfplatz zu erscheinen«. Das Substantiv geht über französischen Einfluss (mittelfranzösisch »plan«) zurück auf mittellateinisch »planum« = Ebene, Fläche zu lateinisch »planus« = eben, flach.

Platonische Liebe *rein geistige, von Sexualität freie Liebe:* In dem Werk »Das Gastmahl« (»Symposion«) des griechischen Philosophen Platon (427–347 v. Chr.) unterhalten sich einige Teilnehmer über die verschiedenen Formen und Funktionen der Liebe (des Eros). Platon preist allerdings in seinem um 380 v. Chr. verfassten philosophischen Dialog keineswegs die nicht sexuelle Liebe zwischen Mann und Frau, sondern durch den Mund des Sokrates die zwischen Männern und Jünglingen, die er aus dem sinnlichen in den geistig-seelischen und metaphysischen Bereich erhebt.

Schon Pausanias, einer der Gesprächsteilnehmer, hatte in seiner Lobrede auf den Gott Eros dessen zwei Seiten geschildert: den himmlischen Eros (den Eros uranios, der mehr der Seele als dem Leibe zugetan sei und mehr dem männlichen Geschlecht, weil dieses verständiger sei) und den irdischen, den Eros pandemos (den Allerweltseros, der nur der sinnlichen Lust fröne).

Die Möglichkeit einer nicht sexuell bestimmten Liebe wurde schon früh angezweifelt, z. B. meinte Samuel Richardson, ein englischer Schriftsteller, in seinem Briefroman »Pamela« von 1740: »I am convinced, and always was, that Platonic Love is Platonic nonsense« (Ich bin überzeugt – und war es immer –, dass platonische Liebe platonischer Unsinn ist).

Platte In einigen umgangssprachlichen Redensarten steht »Platte« kurz für »Schallplatte«: **die Platte kennen** *(wissen, wie sich etwas verhält, worauf etwas hinausläuft; etwas schon gehört haben);* **die alte Platte auflegen/spielen/laufen lassen** *(etwas längst Bekanntes erzählen).* Diese heute noch leicht verständlichen Redensarten werden in einigen Jahrzehnten nicht mehr so leicht zu verstehen sein, weil die alte Schallplatte ausstirbt. In anderen umgangssprachlichen Wendungen bedeutet »Platte« die ehemalige fotografische Platte: **jemanden auf die Platte bannen** *(jemanden fotografieren);* **nicht auf die Platte kommen** *(nicht infrage, in Betracht kommen).* **Die Platte putzen** (umgangssprachlich: *verschwinden, sich davonmachen*) hat nichts mit einer im Haushalt verwendeten Platte (Servierplatte o. Ä.) zu tun, sondern stammt vermutlich aus der Gaunersprache: jiddisch »p'lat« = Flucht und »puz« = auseinandergehen. Die neueren Wendungen **auf der Platte** (von Nichtsesshaften gesagt: Leben ohne Wohnung) und **Platte machen** (im Freien auf der Straße nächtigen) könnten vom Schlafen auf der platten Erde hergeleitet sein.

Pleite machen/pleitegehen umgangssprachlich: *bankrott werden:* im 19. Jh. aus der Berliner Gaunersprache in die Umgangssprache gelangte Wendungen. Zugrunde liegt hebräisch »peleta« (jiddisch »pleto«) = Entrinnen, Rettung, Flucht, aus der Vorstellung heraus, dass sich der Zahlungsunfähige der Schuldhaft nur durch die Flucht entziehen konnte. Der »Pleitegeier« war ursprünglich der »Pleitegeher«. Die Bedeutungsverschiebung ist verständlich: Der aasfressende Vogel lebt von toten Tieren, vom Pleitegeher profitieren seine Konkurrenten.

Der ruhende Pol *jemand, der immer ruhig bleibt, die Übersicht behält, um den sich gleichsam alles dreht:* Die Fügung ist durch Schillers Gedicht »Der Spaziergang« sprichwörtlich geworden. Die 134. Zeile lautet: (Der Weise) »sucht den ruhenden Pol in der Erscheinungen Flucht«. Die Fügung ist übertragen der unverrückbare Endpunkt der Achse, um die sich die Erde, der Himmel, eine Kugel dreht.

Noch ist Polen nicht verloren umgangssprachlich: *die Lage ist noch nicht so verzweifelt, dass man aufgeben müsste:* Der polnische General Jan Henryk Dombrowski kämpfte unter Napoleon I. 1799 für die Wiederherstellung Polens, das 1795 eine 3. Teilung zwischen Russland, Österreich und Preußen hatte über sich ergehen lassen müssen. Für seine Legion entstand ein Marschlied, dessen Anfangsworte in deutscher Übersetzung »Noch ist Polen nicht verloren« lauten und das später polnische Nationalhymne wurde. Es legte Widerspruch ein gegen eine angebliche Äußerung des im Nordamerikanischen Unabhängigkeitskrieg bis zum General aufgestiegenen polnischen Offiziers Tadeusz Kosciuzko, der nach seiner Niederlage gegen die russisch-preußische Übermacht bei Warschau ausgerufen haben soll: »Finis regni Poloniae!« (= das Ende Polens!). Kosciuzko bestritt später diesen Ausruf.
Mit Polen verbinden sich noch andere Wendungen: **jetzt/dann ist Polen offen** (umgangssprachlich: *alles mögliche Schlimme, Zügellose kann jetzt passieren*): Der Zusammenhang ist ungeklärt; **eine polnische Wirtschaft** (umgangssprachlich: *eine große Unordnung, Schlamperei*) ist eines der vielen Beispiele in der Sprache, in denen man negative Erscheinungen gern anderen, besonders den benachbarten Völkern in die Schuhe schiebt.

Von Pontius zu Pilatus laufen umgangssprachlich: *mit einem Anliegen von einer Stelle zur anderen laufen, besonders bei Ämtern, Behörden/* **jemanden von Pontius zu Pilatus schicken:** Die Redensart ist vermutlich im Bereich der Passionsspiele entstanden, die sich allmählich aus der Oster- und Weihnachtsliturgie lösten, sich seit dem 12. Jh. verselbstständigten, aus der Kirche ins Freie verlegt und bald auch in deutscher Sprache aufgeführt wurden. Der römische Präfekt von Judäa, Pontius Pilatus (Amtszeit: 26–36 n. Chr.), schickte Jesus zu dessen Landesherrn, dem König Herodes Antipas; von dort wurde Jesus wieder zu Pontius Pilatus geschickt (vergleiche Luk. 23, 11).
Den zweiteiligen Namen einer Person zu zwei verschiedenen Personen zu machen, ist als scherzhaftes, stabreimendes Wortspiel aufzufassen. Landschaftlich ist der korrekte Sachverhalt ebenfalls belegt: jemanden von Herodes zu Pilatus schicken. Die alten literarischen Belege zeigen oft die lateinische Beugung des Namens: von Pontio zu (nach) Pilato.

Der Popanz für jemanden, jemandes Popanz sein/sich zum Popanz machen lassen u. Ä. *sich willenlos in starke Abhängigkeit von anderen begeben:* »Popanz« ist seit dem 16. Jh. im Ostmitteldeutschen bezeugt (»popenz«, »popenze«) und bedeutete ursprünglich »Schreckgespenst, vermummte, Kindern und Vögeln Schrecken einjagende Gestalt, auch Trugbild«. Das Wort könnte vielleicht aus »Puppe« und »Hans« (= als Puppe vermummter Hans) zusammengezogen worden sein: »Pop-hans« wurde zu »Popans«, dann zu »Popanz«. Heute nimmt man slawische Herkunft an (vergleiche tschechisch »bubák« = Schreckgestalt).

Possen reißen veraltend: *Unsinn machen, treiben:* Frühneuhochdeutsch »posse«, »bosse«, spätmittelhochdeutsch »posse« (aus französisch »bosse«) hieß schmückendes Beiwerk in der Form verschnörkelter, komischer, grotesker Figuren an Bauten, Brunnen, Kunstdenkmälern. Übertragen nahm dann das Substantiv die Bedeutung »Narretei, Unfug« an. Wie jede andere Bildhauerarbeit musste die »Posse« auf dem Reißbrett entworfen werden; hier ist »reißen« im Sinne von »zeichnen« zu verstehen.

Potemkinsche Dörfer errichten, aufbauen *eine bloße, glanzvolle Fassade von etwas errichten, die über schlechte Verhältnisse hinwegtäuschen soll; etwas vorspiegeln:* nach dem russischen Feldherrn und Politiker

Grigori Alexandrowitsch Fürst Potjomkin (1739–91), dem nachgesagt wurde, er habe der Zarin Katharina II., als sie 1787 Südrussland und die Krim bereiste, durch theatermäßig aufgebaute Dörfer ein blühendes Landleben vorgetäuscht. In Wahrheit hat er vorhandene Dörfer verschönern lassen. »Potemkin« ist die transliterierte Form des russischen Namens.

Jemanden an den Pranger stellen *öffentlich beschuldigen, bloßstellen:* Der »Pranger« (mittelhochdeutsch »pranger«) war im Mittelalter ein Rechtswahrzeichen, ein hölzerner Pfahl oder ein Pfeiler aus Stein, an den Delinquenten mit einem Halseisen geschlossen und der Öffentlichkeit zur Schau gestellt wurden. Erst im 19. Jh. verlor sich dieser Brauch. Die Prangerstrafe war eine Ehrenstrafe. Sie verbreitete sich seit etwa 1200 in mehreren europäischen Ländern, in Deutschland seit 1400. Das Substantiv gehört zu mittelniederdeutsch »prangen« = klemmen, drücken, hat aber mit »prangen« = in vollem Schmuck, Prunk glänzen nichts zu tun. Ein altes, von ihm abgeleitetes Verb »prangern« wurde im 19. Jh. durch »anprangern« ersetzt.

So schnell schießen die Preußen nicht umgangssprachlich: *so schnell geht das nicht, kann das nicht gemacht, fertiggestellt werden:* Die Erklärung, dass die Redensart nach der Einführung des Zündnadelgewehrs in der preußischen Armee, das sehr viel schneller als andere schoss, entstanden sei, ist höchst unwahrscheinlich. Viel näher liegt die Deutung als beruhigende Parole vor drohendem Kriegsausbruch, deren Urheber bisher allerdings noch nicht nachgewiesen werden konnte. Man hat u. a. an Bismarck gedacht.
In Hessen waren die Preußen beim Volk nicht beliebt, wie die vielen herabsetzenden Zusammensetzungen (»Sau-, Scheiß-, Schnaps-, Stinkbrais«) und Attribute (»stinkige Braise«) zeigen.

Drum prüfe, wer sich ewig bindet *wer heiraten will, sollte sich das gut überlegen:* Diese Redensart ist ein Zitat aus Schillers »Lied von der Glocke«; sie rät zur Besonnenheit bei der Wahl des Lebensgefährten oder der Lebensgefährtin. Wie viele Verse dieses Gedichts wird sie heute gelegentlich in scherzhaft abgewandelter Form gebraucht, etwa erweitert um den Zusatz »ob sich nicht noch was Bessres findet«.

Das ist des Pudels Kern Vergleiche »Kern«.

Punkt **Ein dunkler Punkt** (in jemandes Vergangenheit) = *ein zweifelhafter, verdächtiger, dubioser Sachverhalt in jemandes Leben.* Vielleicht beeinflusst durch die Vorstellung, dass jemandes Ehre dunkle Flecken bekommen kann. Napoleon III. sprach einmal von dunklen oder schwarzen Flecken (»points noirs«), die seinen Horizont umwölkt hätten. Es ist möglich, dass diese Aussage zu der festen Attribuierung beigetragen hat; **der springende Punkt** *(entscheidender Umstand, das Wichtigste)* ist eine Lehnübersetzung des lateinischen »punctum saliens«. Älter ist »der hüpfende Punkt« in der gleichen Bedeutung. Die lateinische, von den Humanisten geprägte Wortgruppe »punctum saliens« gibt eine Stelle aus der »Tiergeschichte« (»Historia animalium«) des griechischen Philosophen Aristoteles (384–322 v. Chr.) wieder, der dort schildert, wie sich bei der Entwicklung des Vogeleis als Erstes das Herz zeige »so groß wie ein Punkt, blutfarben im Weißen«. Dieser Punkt (griechisch »semeion« = Kennzeichen) springe und bewege sich wie ein lebendiges Wesen. Die Fügung wurde im Sinne von »Punkt, von dem das Leben ausgeht«, dann allgemeiner als »entscheidender, wichtigster Punkt« gebräuchlich; **der tote Punkt** *(ein Umstand, der verhindert, dass eine Sache weitergeht, fortschreitet):* ein Bild aus der Technik: Wenn Kurbel und Pleuelstange der Dampfmaschine eine gerade Linie bilden, befindet sich die Pleuelstange auf dem toten Punkt, sie bewegt sich dann weder vor noch zurück; **der wunde Punkt** *(jemandes empfindliche Stelle, die wie eine Wunde geheilt werden müsste).*

Bis in die Puppen umgangssprachlich: *sehr lange, bis in den Morgen:* Die Herkunft dieser ursprünglich berlinischen Wendung ist nicht sicher geklärt. Eine mögliche Erklärung: Der Große Stern im Berliner Tiergarten (ein Platz mit französischen Hecken und acht einmündenden Alleen) erhielt zur Zeit Friedrichs II. durch den Architekten Freiherr Georg von Knobelsdorff Statuen aus der antiken Götterwelt, die die spöttischen Berliner »Puppen« nannten. Der Platz war damals noch weit entfernt, daher bedeutete die Redensart »bis in die Puppen gehen« einen ziemlich weiten Spaziergang. Die räumliche Bedeutung »sehr weit« wurde dann ins Zeitliche übertragen: sehr lange. Andere haben wenig überzeugend auf die »Puppe« = Getreidegarbe auf dem Feld verwiesen.

Einen Pyrrhussieg erringen/sich als Pyrrhussieg herausstellen

bildungssprachlich: *einen sehr verlustreichen, zu teuer erkauften, einer Niederlage ähnlichen Sieg erringen; einen Erfolg zu teuer erkaufen:* vermutlich nach dem Sieg des Pyrrhos (319–272 v. Chr.), des Königs von Epirus in Thessalien, über die Römer im Jahre 279 bei Ausculum (Apulien) entstanden. Dieser Sieg war so verlustreich, dass Pyrrhos gesagt haben soll: »Noch ein solcher Sieg, und wir sind verloren (geschlagen).« Pyrrhos bedurfte allerdings noch zwei weiterer solcher Siege, um dazu bewogen zu werden, Süditalien zu räumen.
Andere bringen die Redensart mit Pyrrhos' Sieg über den römischen Konsul Valerius Laevinus ein Jahr vorher (280) bei Herakleia in der Nähe von Tarent in Verbindung. Einen dritten verlustreichen Sieg über die Römer erstritt Pyrrhos 275 bei den Arusinischen Feldern in Lukanien. Es ist offenbar nicht geklärt, nach welcher Schlacht Pyrrhos seinen berühmten Ausspruch getan hat; die meisten nennen die Schlacht von Ausculum 279.
In der Antike ist der »Pyrrhussieg« nicht belegt; man weiß nicht, wann das Wort bei uns aufkam, möglicherweise in der Humanistenzeit, wahrscheinlich sogar erst im 19. Jh. Der Ausdruck ist auch in anderen europäischen Sprachen bekannt: englisch »Pyrrhic victory«; italienisch »vittoria di Pirro«; niederländisch »Pyrrusoverwinning«; russisch »Pirrowa pobeda«; serbokroatisch »Pirova pobeda« u. a.

ABCDEFGHIJKLMNOPQRSTUVWXYZ

Mit jemandem quitt sein

umgangssprachlich: *mit jemandem durch keine Verpflichtung oder Verbindlichkeit mehr verbunden sein, gegenüber jemandem frei und ledig sein,* verschärfend: *bis zum Bruch:* Das Wort ist alt; mittelhochdeutsch »quit« kommt über das Niederländische aus dem französischen »quite« und weiter über das mittellateinische »quitus«, »quietus« aus dem lateinischen »quietus« = ruhig, ungestört, frei, losgelöst.

Quod erat demonstrandum bildungssprachlich: *was zu beweisen war:* Die alten Philosophen pflegten diese lateinische Fügung (»quod«: was, »erat«: war, »demonstrandum«: zu beweisen) an den Schluss ihrer Beweisführungen zu setzen. Sie kommt in der Humanistenzeit auf und findet sich zuerst bei dem Italiener Zamberti in dessen lateinischer Übersetzung der »Elemente« des griechischen »Mathematiklehrers« Euklid (um 300 v. Chr.), in der sie den griechischen Text wiedergibt. Euklid bringt in seinem Buch u. a. Lehrsätze (Theoremata), stellt Behauptungen dazu auf und beweist dann, dass sie wahr sind. Seine Formel lautet: »Was zu zeigen war.«

Quod licet Iovi, non licet bovi bildungssprachlich: *Was den sogenannten Oberen erlaubt ist, ist ihren Untergebenen noch lange nicht erlaubt.* Es gibt Sprüche, deren Wahrheitsgehalt sich durch Jahrhunderte, ja Jahrtausende menschlicher Erfahrung hindurch unverändert erhält. Zu ihnen gehört auch der Bibelspruch »Wer da hat, dem wird gegeben werden, von dem aber, der nicht hat, wird auch das genommen werden, das er hat« (vergleiche »Pfund«). Wörtlich lautet o. g. Spruch: Was (dem Gott) Jupiter erlaubt ist, ist nicht dem Ochsen erlaubt. Das ist drastisch und bedarf keiner weiteren Erklärung.
Der Sage nach soll Zeus (Jupiter) Europa, die Tochter des phönizischen Königs Agenor, als Stier auf seinem Rücken entführt haben. Der witzige lateinische Spruch ist wegen des Reimes sicher erst im Mittelalter entstanden, aber der Gedanke als solcher ist alt. Schon der römische Dichter Terenz (2. Jh. v. Chr.) meinte in seiner Komödie »Heautontimorumenos«: »Aliis si licet, tibi non licet« = Wenn es anderen erlaubt ist, ist es (deswegen noch lange) nicht dir erlaubt. Dies mag dem mittelalterlichen Urheber des Spruches vorgeschwebt haben. Von Terenz stammt auch die Allerweltsweisheit: »Wenn zwei dasselbe tun, ist es nicht dasselbe.«

ABCDEFGHIJKLMNOPQ**R**STUVWXYZ

Rädern/sich wie gerädert fühlen *sehr ermüdet, erschöpft sein:* Dieser Wendung liegt die griechisch-römische und mittelalterliche Hinrichtungsart des Räderns zugrunde (mittelhochdeutsch »rederen«). Sie wurde bei Raub und Mord angewandt. In der griechischen Mythologie wird Ixion, König der thessalischen Lapithen, zur Strafe für ein Vergehen auf ein feuriges Rad geflochten, auf dem er ewig durch die Lüfte wirbeln und den Satz ausstoßen muss: »Seid dankbar euren Wohltätern!« (so berichtet Pindar). Caspar Stieler verzeichnet in seinem Wörterbuch Ende des 17. Jh.s »von unden auf rädern« = Arme und Beine brechen und »von oben hinab rädern« = das Genick brechen. Der noch Lebende wurde dann in das Rad »geflochten«. Eine Variante war »auf das Rad« mit Feuer oder spitzen Eisen darunter. Der barbarische Vorgang ist verschiedentlich auch bildlich dargestellt worden. In Preußen wurde das Rädern offiziell erst 1811 abgeschafft.

Außer Rand und Band geraten/sein umgangssprachlich: *ausgelassen, übermütig, fast zügellos werden/sein,* oft von Kindern: Hier werden Begriffe aus der Sprache der Böttcher für eine Redensart verwendet. »Rand« ist die Umfassung aller schmalen Bretter (Dauben) eines Fasses, die sich an den Boden schließen. Eiserne Bänder (Reifen) halten das Fass zusammen. Ein Fass, dessen Dauben aus dem Rand und aus den Reifen gekommen sind, fällt demnach zusammen.

Mit etwas/mit jemandem zurande (auch: zu Rande) kommen umgangssprachlich: *etwas bewältigen, zustande bringen/mit jemandem auskommen:* Eine alte, ausgestorbene Redensart führt zur Erklärung dieser Wendung: »Zu Rand und Land kommen« sagte man vom Schiff, das glücklich am Ufer anlegen konnte (älter neuhochdeutsch »rand« = Ufer). Auch »Rand« allein wurde dann in diesem Sinne gebraucht. Der deutsche Dichter Martin Opitz (gest. 1639) dichtete einmal: »Ich walle wie ein Schiff, das durch das wilde Meer, von Wellen umbgejagt, nicht kann zurande finden.« Ohne den Zusatz »Land« geriet die ursprüngliche

Bedeutung von »Rand« im Laufe der Zeit in Vergessenheit, und so kam es zur heutigen Redensart.

Jemandem den Rang ablaufen *jemanden übertreffen:* Dieser »Rang« hat nichts mit der Bedeutung »bestimmte gesellschaftliche Stellung« zu tun, sondern ist das alte Wort »Rank« = Wegkrümmung (vergleiche »verrenken«). Die ursprüngliche Bedeutung der Wendung war also »jemandem auf einem geraden, abschneidenden Weg zuvorkommen«. Zu dem alten Substantiv gehört der Plural »Ränke«. »Rank« bedeutete übertragen auch »Kunstgriff, List« (umgangssprachlich »krumme Tour«), erhalten in der Redensart **Ränke schmieden.**

Ränke schmieden Vergleiche »Rang«.

Jemanden zur Räson bringen veraltend: *jemanden dazu bewegen, wieder vernünftig, einsichtig, realistisch zu denken oder zu handeln:* Das aus dem französischen »raison« = Vernunft übernommene Substantiv »Räson« kommt fast nur noch in dieser und ähnlichen Wendungen vor: **Räson annehmen** u. a. Zugrunde liegt lateinisch »ratio« = Vernunft. Als geläufiges Gebrauchswort ist es aus dem deutschen Wortschatz verschwunden. Man kann also nicht mehr sagen: Er hat keine Räson.

Die eiserne Ration angreifen meist militärisch: *den nur für den Notfall bestimmten Proviant zur Verpflegung verwenden:* »Eisern« wird hier vermutlich im Sinne von fest, beständig, bleibend, immerwährend verwendet, ein beständig vorhandener Kernbestand an Proviant.

(Nur) recht und billig sein *in jeder Weise angemessen und gerecht sein:* »Billig« hat hier nichts mit dem heutigen »preiswert, niedrig im Preis« zu tun. In der Wendung zeigt sich noch die ursprüngliche Bedeutung des Adjektivs, nämlich »gerecht, berechtigt«. Anfänglich waren die Bedeutungen der zwei Adjektive, die heute als synonym gelten, verschieden: »Recht« war hier so viel wie »richtig, nicht falsch«, »billig« (entsprechend der Ableitung von dem heute veralteten Substantiv »Bill« = Recht, Gesetz) war so viel wie »dem Rechtsempfinden gemäß, nach dem Recht, gerecht«. Vergleiche noch »Was dem einen recht ist, ist dem andern billig«.

Jemandem Rede und Antwort stehen *sich gegenüber jemandem rechtfertigen müssen:* Auf den ersten Blick ist das Verb »stehen« in dieser Redensart unverständlich. Es stammt aus der alten Gerichtssprache: Die Reden vor dem Richter wurden stehend vorgetragen. Ähnlich: **jemanden zur Rede stellen** *(von jemandem verlangen, sich zu rechtfertigen)* bedeutete ursprünglich = jemanden festnehmen und vor den Richter (hin)stellen.

Nach allen Regeln der Kunst *den Vorschriften entsprechend verfahren, die für eine Kunst oder ein Sachgebiet gelten:* Man muss bei dieser Fügung nicht unbedingt auf die alte Tabulatur zurückgehen, auf die Tafel, auf der im späten Mittelalter die Regeln des Meistergesangs, der Singkunst verzeichnet waren. Der Plural »Regeln« steht besonders seit dem vorigen Jahrhundert, aber auch schon früher als Begleitwort bei »Künsten« jeder Art, z. B. die allgemeinen Regeln der Poesie, die Regeln der Sprache, der Grammatik, des Verses. Hier fügt sich der Ausspruch Friedrichs II. ein, den er vor der Schlacht bei Leuthen 1757 vor seinen Offizieren getan haben soll: »Ich werde gegen alle Regeln der Kunst (d. h. der militärischen Strategie) die beinahe dreimal stärkere Armee des Prinzen Karl angreifen.«

Vom Regen in die Traufe kommen umgangssprachlich: *aus einer schlimmen Lage in eine noch schlimmere geraten:* Diese Redewendung bedeutete ursprünglich, dass der vor dem Regen unter ein Dach Flüchtende, wenn er nicht aufpasste, in das gesammelte Wasser der Dachtraufe geraten konnte (was noch schlimmer ist als der Regen). Die Wendung soll vom Orient beeinflusst sein, zumindest verwenden die Araber schon früh das gleiche Bild; andere europäische Sprachen kennen es ebenfalls. Mittelhochdeutsch (noch ohne »Regen«): »in die troufe komen« (bildlich). Älter sind ähnliche Formulierungen wie »Wer offt dem regen will entlauffen, im grossen wasser thut ersauffen« (Burkhard Waldis: »Esopus«, 1548). Auch Luther verbindet »Regen« mit »Wasser«: »Wenn man dem Regen entleuft, so kompt man mitten ins Wasser.«

Alle Register ziehen *alle verfügbaren Mittel einsetzen:* Hier ist das Register der Orgel gemeint. Das »Register« war ursprünglich die als Merkzeichen in ein Buch eingelegte Zugschnur; das Wort wurde dann übertragen auf das Zugseil der Glocke und von hier auf eine Schiebevorrichtung der Orgel, die durch eine Zugschnur in Bewegung gesetzt wurde, wodurch eine Pfeifenreihe in Gebrauch genommen werden konnte.

(Seinen) Reibach machen umgangssprachlich: *unverhältnismäßig hohen Gewinn bei etwas machen:* Das gaunersprachliche »Rebbach« = Gewinn, Verdienst, Nutzen, Zins ist seit dem 19. Jh. besonders von Berlin aus in die Umgangssprache eingedrungen. Zugrunde liegt jiddisch »rewach«, »rewech« = Profit, Reingewinn, Zins, dies aus dem Hebräischen.

Jemandem/einer Sache den Rest geben umgangssprachlich: *völlig zugrunde richten, vernichten, zerstören:* wahrscheinlich ursprünglich ein Ausdruck der Zechersprache (= jemanden völlig betrunken machen). Im 17. Jh. dringt er »über weites deutsches Sprachgebiet« (Grimm, »Deutsches Wörterbuch«) in die Umgangssprache ein. Die Übertragung der Bedeutung verläuft ähnlich wie bei der Redensart »jemandem den Garaus machen«. Auch die Wendung **sich den Rest holen** (umgangssprachlich: *nach anfänglich leichterer Krankheit schwer erkranken*) geht von dem letzten Glas aus, das einen bei einer Zecherei völlig niederstreckt.

Der Rest ist Schweigen *darüber spricht man am besten nicht:* Hamlets letzte Worte in Shakespeares Drama »Hamlet« (um 1600) lauten »The rest is silence«.

Etwas Revue passieren lassen *etwas in Gedanken oder Worten in seinem Ablauf an sich vorbeiziehen lassen, in Erinnerung rufen:* französisch »revue« = Durchsicht, Musterung, Überblick; eigentlich = das Wieder(an)sehen, das Wiederbetrachten, zu »revoir« = wiedersehen. Im 17. Jh. wurde das französische Substantiv auch als »Truppenmusterung, Parade« gebraucht, eine Bedeutung, die sich verloren hat, aber Ursprung der Redensart ist.

Sich am Riemen reißen umgangssprachlich: *sich zusammennehmen und anstrengen, um eine übernommene Aufgabe zu erfüllen:* Die Tatsache, dass ein Mann gern die Hose hochzieht und den Gürtel fester schnallt, bevor er an eine Arbeit geht, ist wohl der Anlass für die Wendung. Vielleicht war ursprünglich das Koppel des Soldaten gemeint.

Rien ne va plus bildungssprachlich: *nichts geht mehr; es ist Schluss, es ist nichts mehr zu machen:* französischer Ausruf des Croupiers beim Roulette, der ankündigt, dass nicht mehr gesetzt werden kann.

Nach Adam Riese umgangssprachlich scherzhaft: *wenn richtig gerechnet wird:* nach dem deutschen »Rechenmeister« und Bergschreiber Adam Riese (Ries, Rys), der von 1492 bis 1559 lebte und dessen (damals zum ersten Mal) in Deutsch abgefasste Rechenbücher an den Schulen weit verbreitet und fast 200 Jahre in Gebrauch waren.

Ritter Das Wort bedeutete ursprünglich nur »Reiter« (und nicht »Retter«, wie Luther annahm: »Ich acht, das Ritter von Retten herkomme und aus dem Wort ›Retter‹ hernach ›Ritter‹ worden sey, ein rechter feiner Name für die Fürsten und Herrn.«). Mittelhochdeutsch »rit(t)er« wurde beeinflusst von mittelniederländisch »riddere«, das Lehnübertragung von altfranzösisch »chevalier« ist. Dies spiegelt die große Bedeutung des flandrischen Ritterwesens im 12. Jh. wider.
Allmählich gingen dann Ritterschaft und Adel ineinander über. Bedeutungsübertragungen sind in der folgenden Zeit zahlreich: **ein Ritter ohne Furcht und Tadel** *(ein mutiger, charaktervoller Mann):* Lehnübersetzung des Ehrentitels, den sich der französische Heerführer Pierre du Terrail, Seigneur de Bayard (1476–1524), durch seine Verdienste im Krieg erwarb: »Chevalier sans peur et sans reproche«; **ein Ritter von der traurigen Gestalt** *(ein jämmerlicher, bemitleidenswert aussehender Mann).* So (»el caballero de la triste figura«) nennt der Diener Sancho Panza seinen Herrn Don Quijote in dem Roman »El ingenioso hidalgo Don Quijote de la Mancha« des spanischen Schriftstellers Miguel de Cervantes Saavedra (erschienen 1605 und 1615 in zwei Teilen). Don Quijote ist ganz zufrieden mit dieser Bezeichnung und antwortet seinem Schildknappen: »Damit der Name umso besser auf mich passe, bin ich willens, sobald Gelegenheit sich bietet, mir auf den Schild eine sehr traurige Gestalt malen zu lassen.« **Ein Ritter von der Feder** *(ein versierter Romanschreiber);* **Ritter vom Geist** *(ein idealistischer Intellektueller mit hochgesteckten religiösen, politischen u. a. Zielen)* – nach dem Roman in

neun Büchern »Die Ritter vom Geiste« des deutschen Schriftstellers Karl Gutzkow (erschienen 1850/51). In ihm schildert der Autor einen idealistischen Bund religiöser und politischer Erneuerer der Nation, die den Machtmissbrauch des korrupten Adels ablehnen.

Schimpfen wie ein Rohrspatz umgangssprachlich: *laut, aufgebracht und lange schimpfen:* Der Drosselrohrsänger heißt im Volk »Rohrspatz«. Die Ornithologen sprechen zwar vom »Gesang« dieses Vogels (er gehört zur Familie der Sänger), »sanft flötende Töne sind unserem Sänger allerdings fremd: Das ganze Lied ist nichts anderes als ein Geknarr oder ein Quieken« (Brehm). Der Vogel »singt« vom frühen Morgen bis zum späten Abend. Älter ist die Redensart »schimpfen wie ein Rohrsperling«.

Von der Rolle sein umgangssprachlich: *den Anschluss verpasst haben; in einer unglücklichen Lage sein:* Diese Wendung stammt aus dem Radsport. Beim Steherrennen kommt es für den Radfahrer darauf an, möglichst ohne Unterbrechung mit seinem Vorderrad die an dem vor ihm fahrenden Motorrad angebrachte Rolle zu berühren, um so die günstigste Position im Windschatten zu haben.

(K)eine Rolle spielen *für jemanden (nicht) wichtig, (nicht) von Bedeutung sein:* Diese Redensart ist aus der Bühnensprache übernommen. Ursprünglich (seit dem 16. Jh.) wurde der dem Schauspieler zugewiesene Text auf handliche Schriftrollen geschrieben, die der Schauspieler bei den Proben bereithielt, wenn die Reihe an ihn kam. Man verstand unter »Rolle« nicht nur den Text, sondern auch den Part, den der Schauspieler darzustellen hatte. Von da wurde der Begriff in mannigfacher Anwendung auf das Leben übertragen: eine aktive, passive Rolle spielen; eine undankbare Rolle übernehmen; die Rollen tauschen usw.

Rot Das Adjektiv »rot« spielt in vielen Fügungen eine nicht auf den ersten Blick erklärbare Rolle: **der rote Faden** *(das leitende Motiv von etwas):* nach einer Stelle in dem Roman »Wahlverwandtschaften« von Goethe, worin gesagt wird, dass bei der englischen Marine alle Taue durch einen durchlaufenden roten Faden als Eigentum der englischen Krone gekennzeichnet seien. »Ebenso zieht sich durch Ottiliens Tagebuch ein Faden der Neigung und Anhänglichkeit, der alles verbindet und das Ganze bezeichnet«; **der rote Hahn** (Sinnbild des flackernden Feuers beim Brand eines Hauses): Grimm (»Deutsches Wörterbuch«) vermutet, dass der rote Hahn, der im Mittelalter so häufig als Zins an die Geistlichkeit erscheint, ursprünglich wohl Opfergabe gewesen sei, und meint, dass die Beziehung des Hahns zu alten Feuergottheiten der Grund für das Bild des auf das Dach fliegenden roten Hahnes sei; zum **roten Heller** vergleiche »Heller«; **die rote Laterne** (Sport: *letzter Tabellenplatz*): nach den roten Schlusslichtern eines Fahrzeugs; **(wie) ein rotes Tuch** *(ein zum Zorn, zur Aggression reizender Umstand):* Der Stierkämpfer, der den Stier zum Kampf herausfordert, schwingt vor ihm ein rotes Tuch, um ihn zu reizen (den Stier reizt allerdings nur die Bewegung, da er Farben nicht erkennen kann); **rote Zahlen** *(finanzielle Verluste):* In der kaufmännischen Bilanz wurden die Zahlen eines Defizits rot, die eines Gewinns schwarz geschrieben; **den Rotstift ansetzen** *(aus Gründen der Sparsamkeit geplante Ausgaben wieder streichen);* **dem Rotstift zum Opfer fallen:** Ein Stift mit roter Mine kennzeichnet oft, besonders in der Schule, Korrekturen in einem Schriftstück.

Wie Kraut und Rüben Vergleiche »Kraut«.

Den Rubikon überschreiten bildungssprachlich: *einen für alles Spätere entscheidenden Schritt tun:* »Rubico(n)« hieß der im Jahre 49 v. Chr. von Cäsar überschrittene Grenzfluss zwischen Gallia Cisalpina (dem Po-Land) und dem eigentlichen Italien. Die Überquerung löste einen Bürgerkrieg aus, in dessen Folge Cäsar an die Macht kam. Der Fluss soll damals anders verlaufen sein als der heutige nördlich von Ravenna in die Adria mündende Fiumicino, der seit 1932 offiziell Rubicone heißt. Im 15. Jh. führten Rimini und Cesena sogar einen Prozess um die Ehre, den berühmten Fluss auf ihrem Gebiet zu besitzen.

Besser als sein (ihr) Ruf sein *besser sein, als der eigene schlechte Ruf es vermuten lässt:* Seit der römische Dichter Ovid (43 v. Chr. bis 18 n. Chr.) in seinen »Briefen vom Schwarzen Meer« (»Epistulae ex Ponto«) dies von der Römerin Claudia Quinta lateinisch (»ipsa sua melior fama«) schrieb, ist die Wendung auch in anderen Sprachen nachgeahmt worden, z. B. im Deutschen von Schiller: Maria Stuart sagt von sich: »Das Ärgste weiß die Welt von mir und ich kann sagen, ich bin besser als mein Ruf«; französisch »elle vaut mieux que sa réputation« = sie ist besser als ihr Ruf.

Über die Runden kommen umgangssprachlich: *auftretende Schwierigkeiten meistern, etwas ganz gut hinter sich bringen:* ein Ausdruck der Boxsprache: Die Runde ist ein bestimmter Zeitabschnitt eines Boxkampfes, in dem gekämpft wird (bei Erwachsenen 3 Minuten). Wer über die Runden gekommen ist, ohne k. o. geschlagen zu werden, hat den Kampf relativ gut bestanden.

ABCDEFGHIJKLMNOPQR**S**TUVWXYZ

In Sack und Asche gehen *trauern, tief bereuen, Buße tun:* nach dem im Alten Testament oft (z. B. Esther 4, 1) berichteten altorientalischen Brauch, sich bei Trauer in Säcke (d. h. grobe Sackleinwand) zu kleiden und Asche aufs Haupt zu streuen: »Da Mardochai erfuhr alles, was geschehen war, zerriss er seine Kleider und legte einen Sack an und Asche … und schrie laut und kläglich.« »Sack« (althochdeutsch, mittelhochdeutsch »sac«) geht über das Lateinische, Griechische, Hebräisch-Phönizische bis auf das Assyrische zurück. Wie viele andere biblische Redensarten findet sich auch diese in anderen europäischen Sprachen, z. B. englisch »to wear sackcloth and ashes«; französisch »faire pénitence avec le sac et la cendre«. Die Italiener gehen nicht im Sack, sondern im Büßerhemd: »far penitenza in cenere ed in cilico«.

Zur Salzsäule erstarren *vor Entsetzen bewegungslos werden, kein Glied mehr rühren können:* Die Redensart hat ihren Ursprung in der Bibel (1. Mose 19, 26). Bei der Zerstörung von Sodom und Gomorra fliehen Lot und seine Familie, die nicht hinter sich sehen sollten, aber »sein Weib sah hinter sich und ward zur Salzsäule«. Vielleicht haben menschenähnliche Salzstöcke, wie sie am Toten Meer zu beobachten sind, zu diesem

Motiv beigetragen. Ein solcher Salzstock am Westufer des Sees wird noch heute als Lots Frau gedeutet.

Sancta simplicitas! »Heilige Einfalt!«, ironischer Kommentar nach dummen oder naiven Äußerungen, bei jemandes Begriffsstutzigkeit: Die lateinische Fügung wurde schon von dem Kirchenvater Hieronymus gebraucht, bezeichnete aber die »heilige Einfachheit« der Apostel, deren schlichte Sprache Hieronymus verteidigt. Eine Hus-Legende zeigt dann schon deutlich den Bezug auf Dummheit und Naivität: Der 1415 auf dem Konstanzer Konzil als Ketzer verurteilte und verbrannte tschechische Reformator Hus soll auf seinem Scheiterhaufen »O sancta simplicitas!« gerufen haben, als er ein altes Weiblein in frommem Eifer Brennholz herbeischleppen sah. »Sancta simplicitas!« ruft auch Mephisto in Goethes »Faust«, als Faust meint, man müsse erst nach Padua reisen, um den Totenschein für Marthes Mann zu bekommen. Mephisto tadelt ihn wegen dieser Ehrlichkeit und seiner Weigerung, falsches Zeugnis abzulegen.

Jemandem Sand in die Augen streuen *jemanden täuschen, hinters Licht führen:* Beim Fechten versuchte man, den Gegner dadurch außer Gefecht zu setzen, dass man ihm Sand in die Augen warf. Oder man stellte sich so, dass dem Gegner der aufgewirbelte Staub in die Augen geriet.
Müden Kindern, die sich die Augen reiben, sagt man, dass der Sandmann (das Sandmännchen, -männlein) kommt und ihnen Sand in die Augen streut. Als Sandmann bezeichnete man auch jemanden, der Sand verkaufte: Der rote Sandmann brachte roten, der weiße weißen Sand.

Auf Sand gebaut haben *sich auf Ungewisses, Unsicheres stützen, verlassen:* Diese Redensart ist biblischen Ursprungs (Matth. 7, 26 f.): Jesus predigt: »Und wer diese meine Rede höret (d. h. verständig ist und sein Haus auf Felsen baute) und tut sie nicht, der ist einem törichten Manne gleich, der sein Haus auf den Sand baute.« Und Jesus fügt hinzu: »Da nun ein Platzregen fiel und kam ein Gewässer und weheten die Winde und stießen an das Haus, da fiel es und tat einen großen Fall.«

Loser Sand ist bekanntlich ein schlechter Baugrund; vergleiche auch den Kirchenliedvers »Wer Gott dem Allerhöchsten traut, der hat auf keinen Sand gebaut.« Er stammt aus Georg Neumarks (1621–81) Büchlein »Fortgepflanzter musikalisch-poetischer Lustwald« von 1657.
Der Vergleich **wie Sand am Meer** ist ebenfalls schon alt und wird in der Bibel häufig gebraucht, z. B. Jeremia 33, 22: »Wie man des Himmels Heer nicht zählen, noch den Sand am Meer nicht messen kann …«, oder Psalm 78, 27: »Und ließ Fleisch auf sie regnen wie Staub und Vögel wie Sand am Meer.«

Den Kopf in den Sand stecken Vergleiche »Kopf«.

Im Sande verlaufen *allmählich aufhören, aufgegeben werden:* nach einem im Sand versiegenden Wasserlauf.

Der Sandmann kommt Vergleiche »jemandem Sand in die Augen streuen«.

Ohne Sang und Klang / sang- und klanglos umgangssprachlich: *ohne Aufsehen, ohne Aufhebens, ohne Feierlichkeit, unbeachtet, unrühmlich:* Die Fügung drückte ursprünglich bei schlichten Begräbnissen die Art und Weise der Bestattung aus, sie geschah ohne Trauerlieder und ohne Glockenläuten.

… wie eine gesengte Sau umgangssprachlich: *sehr rasch und rücksichtslos,* auch: *sehr schlecht:* Die häufigste Erklärung bezieht den Vergleich auf das Wildschwein, dem ein Schuss die Schwarte versengt und das wild davonrennt. Andere führen den Vergleich auf das Hausschwein zurück, dem nach dem Schlachten die Borsten abgesengt werden; aber da das Tier beim Sengen bereits tot ist, fehlt dieser Erklärung die logische Verknüpfung. Wieder andere meinen, dass eigentlich das Verb »senken« = kastrieren gemeint ist: Nach dieser schmerzhaften Operation rennen die Schweine wie irr davon.

Unter aller Sau umgangssprachlich: *überaus schlecht:* vielleicht nach dem Preis in Gestalt einer Sau für den schlechtesten Wettbewerbsteilnehmer, um ihn damit zu verspotten. Möglich ist auch eine Verbindung zu der alten Bedeutung »Fehler«, die »Sau« entwickelt hat, bzw. zum

Adjektiv »säuisch« = sehr schlecht. Röhrich stellt das Wort dagegen zu jiddisch »seo« = Maßstab, was die Präposition »unter« am besten erklären würde: unter allem Maßstab. Ähnlich entstellt ist das Synonym »unter aller Kanone«, bei dem lateinisch »canon« = Bewertungsmaßstab zugrunde liegt (vergleiche dort).

Perlen vor die Säue werfen Vergleiche »Perlen«.

Aus einem Saulus ein/zu einem/zum Paulus werden *aus dem Gegner einer Sache zu deren eifrigem Förderer werden:* Zugrunde liegt die Bekehrung des Christenverfolgers Saulus zum überzeugten Christen Paulus, wie sie in der Apostelgeschichte berichtet wird (9. Kap.). Im 22. Kapitel erzählt Paulus den Juden von Jerusalem ausführlich die Geschichte seiner Bekehrung: wie Ananias in Damaskus ihn von seiner erlittenen Blindheit geheilt und ihn getauft habe. Dass er seitdem »Paulus« heißt, steht eher nebenbei in Kap. 13, 9: »Saulus aber, der auch Paulus heißet, voll heiliges Geistes, sah ihn an …« Zu bemerken ist, dass der Bekehrte den hebräischen Namen »Saulus« mit dem römischen Namen »Paulus« tauschte.

In Saus und Braus leben umgangssprachlich: *verschwenderisch, auf großem Fuß leben:* Ursprünglich bedeutet »Saus« so viel wie Sausen (von Wind oder Geschossen), Rauschen, Pfeifen (mittelhochdeutsch »sus«), »Braus« so viel wie Brausen (von Meer und Wasser), Tosen (mittelhochdeutsch »brus«). In den Übertragungen herrschte anfänglich noch das Lärmende, Geräuschvolle vor, von dem der Weingenuss oft begleitet ist, erst später entwickelt sich die Bedeutung »verschwenderisches Wohlleben«. Die Verbindung »Saus und Braus« kommt erst im 17. Jh. auf, vorher galt »Saus und Schmaus« (= Trinken und Essen). Vergleiche das umgangssprachliche »Sause« = Feier mit großem Alkoholkonsum.

Jemandem einen Schabernack spielen/mit jemandem Schabernack treiben *jemandem einen mutwilligen, neckischen, lustigen Streich spielen:* Die ältesten Bedeutungen von »Schabernack« sind Flur- bzw. Weinbergsnamen, dann folgt die Bezeichnung für einen Winterhut aus grobem Tuch (der den Nacken schabt) und für einen guten italienischen Wein bzw. den Ort, wo er gewachsen ist. Auch als hessischer

(Frankfurter) Familienname tritt das Substantiv auf. Seit dem 14. Jh. findet sich die Bedeutung »Schimpf, Schande, Hohn« (mittelhochdeutsch »schavernac«, »schabernac«, »schabirnack«), seit dem 16. Jh. gemildert zu »Fopperei, Streich, Neckerei«.
Grimm (»Deutsches Wörterbuch«) schreibt: »Die Herkunft des Wortes ist unsicher; unter der Menge der Erklärungsversuche mag der von Frisch, der an das Scheren des Nackens zum Schimpf denkt, immer noch das Meiste für sich haben … Abscheren des Haupthaares war im altdeutschen Staats- und Rechtsleben Symbol der Absetzung und Strafe, wirkte beschimpfend … erst später mildert sich die Bedeutung zu ›Neckerei‹ … Der Weinname ist vielleicht volksetymologische Umdeutung eines ähnlich klingenden italienischen Namens.«

Ein schwarzes Schaf *jemand, der innerhalb der Familie, Gruppe unangenehm auffällt; missratene Person, Schandfleck:* In alten Zeiten wurden die Schafherden meist wegen ihrer weißen Wolle gehalten (die jede beliebige Farbe beim Färben annimmt), schwarze Schafe waren nicht erwünscht. In 1. Mose 30, 32 wird das Aussondern von Schafen beschrieben: »Ich (= Jakob) will heute durch alle deine (= sein Onkel Laban, bei dem Jakob diente) Herden gehen und aussondern alle gefleckte und bunte Schafe und alle schwarze Schafe und die bunten und gefleckten Ziegen. Was nun bunt und gefleckt fallen wird, das soll mein Lohn sein.«

Sein Schäfchen ins Trockene bringen umgangssprachlich: *sich materiell sichern, etwas mühsam seinen Gewinn, Profit sichern:* vielleicht, weil Schafe auf trockenen Weideplätzen besser gedeihen als auf feuchten. Weniger wahrscheinlich ist die Erklärung, die annimmt, dass »Schäfchen« ein entstelltes niederdeutsches »Schepken« = Schiffchen sei. Besonders bei Sturmwarnung zog früher der Fischer sein Boot aufs trockene Land.

Sich in Schale werfen umgangssprachlich: *sich festlich kleiden:* Die »Schale« als äußere Hülle besonders bei pflanzlichen und tierischen Produkten wird in dieser Wendung übertragen auf die Kleidung des Menschen. Wenig wahrscheinlich scheint die Erklärung als sogenannte Lehnübersetzung von rotwelsch »Kluft« = Kleidung, dessen hebräisches Ausgangswort »Schale« bedeutet.

Jemandem sitzt der Schalk im Nacken/hinter den Ohren

Bei der Erklärung der Redensart »es (faustdick) hinter den Ohren haben« (vergleiche dort) wurde bereits auf den »Schalk« hingewiesen. Der Schalk wird als ein vom Handelnden gesondertes Wesen, als eine Art Kobold aufgefasst, der ihn treibt und leitet. Die betreffende Person hält ihren Schalk oft im Nacken, hinter den Ohren verborgen, sodass er von anderen nicht sogleich bemerkt wird.

Schatten

Während eine ganze Reihe von Redensarten mit »Schatten« sich von selbst erklärt, z. B. **etwas/jemanden in den Schatten stellen** *(weit übertreffen);* **in jemandes Schatten stehen** *(neben jemand anderem nicht beachtet, nicht anerkannt werden);* **einen Schatten auf jemanden/etwas werfen** *(nicht ohne Tadel erscheinen lassen)* gibt es einige andere, die näherer Erläuterung bedürfen, z. B. **(nur noch) ein Schatten seiner selbst sein** (besonders von Kranken, die ihre frühere Lebenskraft eingebüßt haben und auffallend schlecht aussehen):
Zugrunde liegt eine später abgewandelte Stelle in der »Pharsalia« des römischen Epikers Lucanus (39–65 n. Chr.), ein Werk, das den Bürgerkrieg zwischen Cäsar und Pompeius behandelt, von der Überschreitung des Rubicon durch Cäsar bis zur Schlacht von Pharsalos, in der Cäsar Pompeius besiegte.
Auf der Flucht nach Ägypten wurde Pompeius, der auch den Beinamen »Magnus« (der Große) trug, ermordet, und von ihm heißt es bei Lucanus: »Stat magni nominis umbra« = nur der Schatten seines großen Namens steht noch da. **Nicht über seinen Schatten springen können** *(seine Natur, seinen Charakter, seine Überzeugung nicht verleugnen können),* **über seinen (eigenen) Schatten springen** *(etwas tun, was jemandes Wesen und Natur völlig widerspricht):* Der menschliche Schatten spielte im Volksglauben (Symbol der Seele) und im alten Recht eine große Rolle, was sich auch literarisch und künstlerisch niederschlug. Der Schatten, den ein Mensch wirft, ist unlösbar mit seinem Körper verbunden. Wer über ihn springen könnte, vollbrächte damit eigentlich etwas Unmögliches. Deshalb ist er auch zu einem beliebten Märchenmotiv geworden. In einer griechischen Legende hofft ein Mädchen, seinen scheidenden Geliebten bei sich behalten zu können, indem es seinen Schatten an einer Wand fixiert.

Bei Chamisso verkauft Peter Schlemihl seinen Schatten an den »Mann im grauen Rock«, den Teufel, was sein Leben radikal verändert und ihm gesellschaftliche Ächtung einbringt. E. T. A. Hoffmann (»Geschichte vom verlorenen Spiegelbilde«), S. W. Schiessler (»Der Mann ohne Schatten«) und H. Chr. Andersen (»Skyggen«) wandeln das Thema ab, ebenso Lenau (»Anna«) und schließlich Hugo von Hofmannsthal (»Die Frau ohne Schatten«, auch als Oper von Richard Strauss). **Seine Schatten vorauswerfen** *(sich durch etwas nicht so Bedeutungsvolles ankündigen),* oft in der Form **große (künftige) Ereignisse werfen ihre Schatten voraus:** 1819 wählte Lord Byron als Motto für seine Verserzählung »The prophecy of Dante« zwei Zeilen aus »Lochiels Warning«, einem Gedicht von Thomas Campbell, dessen zweite Zeile lautet: »Coming events cast their shadows before.«

»Schatten« in der Bedeutung »nur gedachtes, schwaches, kümmerliches, ohnmächtiges, auch unzulässiges Abbild von etwas« kehrt wieder in den Zusammensetzungen Schattenboxen, -dasein, -fechten, -haushalt, -kabinett, -regierung, -reich, -seite, -wirtschaft u. a.

Sein Licht (nicht) unter den Scheffel stellen Vergleiche »Licht«.

Am Scheideweg stehen gehoben: *vor einer grundsätzlichen Entscheidung [stehen]:* Das sprachliche Bild ist eine Anspielung auf die von dem altgriechischen Geschichtsschreiber und Schriftsteller Xenophon überlieferte Erzählung von »Herkules am Scheidewege«, in der dem jungen Herkules an einer Wegscheide zwei »Lust« und »Tugend« verkörpernde Frauengestalten begegnen – jede von ihnen bemüht, den Halbgott in ihre Richtung zu locken. Beide schildern ihm ihre Vorzüge und die Fehler der anderen. Vor die Wahl gestellt, sich für ein leichtes Leben des Genusses oder ein mühevolles Leben der Tugend zu entscheiden, wählt der Sagenheld den Weg der Tugend als Voraussetzung für das Erreichen der wahren Lebensgüter.

Jemandem sitzt der Schelm im Nacken/hinter den Ohren
Vergleiche »Schalk«.

Nach Schema F umgangssprachlich: *bürokratisch-routinemäßig, mechanisch, gedankenlos:* nach den Vordrucken für die im preußischen Heer seit 1861 vorgeschriebenen sogenannten Frontrapporte = Berichte über den Bestandsnachweis der vollen Kriegsstärke, die nach einem bestimmten Schema ausgefüllt werden mussten.

Ein Scherbengericht veranstalten/abhalten bildungssprachlich: *mit jemandem überaus streng ins Gericht gehen, jemanden hart verurteilen:* In den Jahren 508/507 bis 417/416 v. Chr. gab es in dem griechischen Stadtstaat Athen ein sogenanntes Scherbengericht (»Ostrakismos«), eine politische Maßnahme, die durchgeführt wurde, um einen Politiker, der im Verdacht stand, nach der »Tyrannis« (Diktatur) zu streben, ohne Einbuße der bürgerlichen Ehren und des Vermögens für 10 Jahre in die Verbannung zu schicken. Jeder Stimmberechtigte musste den Namen dessen, den er verbannt wissen wollte, auf eine Scherbe (griechisch »ostrakon«) schreiben. Viele dieser Scherben sind erhalten geblieben; sie enthalten die Namen fast aller bekannten politischen Führer in dieser Periode. Für die Verbannung einer Person wurden jeweils 6000 Scherben benötigt.

Sein Scherflein zu etwas beitragen *einen kleinen, bescheidenen, finanziellen Beitrag für etwas leisten:* In Markus 12, 41–44 wird vom Scherflein der armen Witwe berichtet, das Jesus höher bewertet als das viele Geld, das die Reichen in den Gotteskasten einlegen: »… denn sie haben alle von ihrem Übrigen eingelegt; diese aber hat von ihrer Armut alles, was sie hatte, ihre ganze Nahrung, eingelegt.« Mittelhochdeutsch »scherf«, althochdeutsch »scerf« ist der Name einer vorzugsweise in Norddeutschland bezeugten Scheidemünze aus Silber im Wert von einem halben Pfennig. Anfänglich relativ selten, wurde sie im 16. Jh. in Kupfer häufiger geprägt (daher kannte sie Luther). Der Name gehört zu althochdeutsch »scarbon« = einschneiden. Die dünnen Münzen wurden oft zerschnitten. Möglich wäre auch der Bezug auf den gezähnten Rand spätrömischer Kleinmünzen.

Zum Schießen sein umgangssprachlich: *sehr komisch, zum Totlachen sein:* Hier liegt vermutlich die Vorstellung zugrunde, dass man vor lauter Lachen einen Purzelbaum schießen möchte. Gewiss ist jedoch, dass die Grundbedeutung von »schießen« = sich schnell, heftig bewegen eine Rolle spielt. Es gibt auch andere Mutmaßungen: Lutz Röhrich meint, dass sich die Redensart von »schießen« in der Bedeutung »hervorwachsen« herleite; so wie wir sagen »der Salat schießt«: »Beim Lachenden, der sich krümmt, wächst gleichsam ein Buckel hervor, vgl. sich bucklig lachen.«

Aufpassen wie ein Schießhund umgangssprachlich: *scharf achtgeben auf etwas, was vielleicht eintreten oder sich zeigen könnte:* Der »Schießhund« war in der alten Weidmannssprache ein abgerichteter Hund, der das (an)geschossene Wild verfolgen bzw. holen musste. Eine einleuchtende Variante bietet Lutz Röhrich: »Der Hund wartet gespannt, bis der schussfertige Jäger ihm das Zeichen zum Aufscheuchen des Wildgeflügels gibt.« Eher unwahrscheinlich ist die Vorstellung, »Schießhund« sei von »Schießhahn« abgeleitet, ein lebender Hahn, nach dem auf Schützenfesten geschossen wurde und der den Schüssen durch Aufflattern zu entgehen suchte.

Mit allen Schikanen umgangssprachlich: *mit allem Zubehör, mit allen dazugehörigen zweckdienlichen Hilfsmitteln, Erleichterungen, neuzeitlichen Errungenschaften, Raffinessen, Feinheiten:* Das im 17. Jh. aus französisch »chicane« übernommene Wort bedeutete »Rechtsverdrehung, Spitzfindigkeit, Kniff« und gelangte über »Hindernis, Schwierigkeit« zur jetzigen stark gemilderten Bedeutung.

Etwas im Schilde führen *etwas Unrechtes, Böses gegen jemanden planen:* nach dem Wappenbild, das der Ritter in seinem Schild führte (mittelhochdeutsch »an dem schilde vüeren«). Es ließ erkennen, ob jemand Freund oder Feind bzw. Gutes oder Böses von ihm zu erwarten war.

Mit Schimpf und Schande *unter entehrenden Bedingungen*/**jemandem einen Schimpf antun** *(jemanden in seiner Ehre kränken):* »Schimpf« hat in dieser alliterierenden Formel und der folgenden Wendung nichts mit dem heutigen Sinn von »schimpfen« = schelten zu tun. Hier hat sich eine alte Bedeutung »Spott, Hohn« erhalten, die sich aus einer noch älteren, nämlich »Scherz, Kurzweil, (Kampf)spiel« entwickelte. »Schimpf und Ernst« (d. h. Scherz und Ernst) hieß eine Schwanksammlung des Schriftstellers Johannes Pauli aus dem Jahre 1522.

Schimpfen wie ein Rohrspatz Vergleiche »Rohrspatz«.

Schindluder treiben/spielen mit jemandem umgangssprachlich: *mit jemandem übel, rücksichtslos, gemein umgehen; auf verächtliche Weise behandeln:* »Luder« war das Fleisch von gefallenen Tieren, die vom Schinder (= Abdecker) geschunden (enthäutet) worden waren. Es wurde besonders als Lockspeise bei der Falkenjagd gebraucht. Schon im Mittelhochdeutschen bedeutete das Wort auch »Aas«. Der ursprüngliche Sinn der Redensart war also »wie Aas behandeln«.

Jemanden auf die Schippe nehmen umgangssprachlich: *necken, verulken, veralbern, zum Narren halten:* Die Herkunft der Wendung ist ungeklärt. Vielleicht ist die Kehrichtschaufel gemeint, mit der Schmutz gesammelt wird; die betreffende Person würde damit sozusagen als »Dreck« behandelt. Eine andere Erklärung zieht die Gaunersprache heran: »Jemanden auf die Hippe (od. Schippe) nehmen« bedeutete, »bei Vernehmungen die ›süße Tour‹ anwenden, d. h. dem Täter mit gespielter Liebenswürdigkeit Versprechungen machen, an deren Erfüllung gar nicht gedacht ist«, zu jiddisch »chiba« = Liebe. Auch auf die Schaufel wurde hingewiesen, die im bäuerlichen Lebensbereich als Symbol für die Abweisung eines Freiers aufgestellt wurde.

Mit Schislaweng Vergleiche »Zislaweng«.

Wie ein Lamm zur Schlachtbank geführt werden Vergleiche »Lamm«.

Jemanden am/beim Schlafittchen, (auch:) Schlafittich nehmen/packen umgangssprachlich: *jemanden beim Kragen packen;* übertragen: *jemanden zurechtweisen:* Gemeint ist nicht der Kragen, sondern der Rockzipfel, der lange Schoßteil des Gehrockes, der mit dem Gansflügel (Schlagfittich = Schwungfeder des Vogels) verglichen wird. Die betroffene Person wird also mit der Gans gleichgesetzt, die am Flügel gepackt wird. »Schlafittchen« ist ursprünglich keine Verkleinerung, sondern der Dativ Plural, der dann, als das grammatische Verständnis schwand, als Verkleinerung aufgefasst wurde.

Schlamassel umgangssprachlich: *unangenehme, verfahrene, unglückliche Situation, die jemanden in Verlegenheit oder Bedrängnis bringt:* **Da haben wir den Schlamassel!; in den Schlamassel geraten; im Schlamassel stecken; aus dem Schlamassel herauskommen/herausreißen** usw. Zwei Wörter sind hier eine Verbindung eingegangen: das neuhochdeutsche Adjektiv »schlimm« und das jiddische Substantiv »Massel« = Gestirn, (Glücks)stern, Glück, Schicksal, noch deutlich in der älteren Form »Schlimassel«. Das jiddische Wort stammt aus dem Hebräischen (»masol«).

Eine Schlange am Busen nähren gehoben: *jemandem uneingeschränkt vertrauen und Gutes erweisen, von dem sich später herausstellt, dass er ein Feind oder Verräter war:* Die Redensart war schon in der Antike bekannt, sie geht auf eine Fabel Äsops (6. Jh. v. Chr.) zurück. Diese berichtet von einem Bauern (Wanderer), der eine vor Frost erstarrte Schlange aus Mitleid an seiner Brust erwärmt und dann von dieser gebissen wird. Das Motiv wird auch in der deutschen Literatur immer wieder aufgegriffen.

Jemandem auf die Schliche kommen umgangssprachlich: *jemandes [unlautere] Absichten durchschauen, jemandes heimliches Tun entdecken:* Das Wort »Schlich« bedeutete ursprünglich so viel wie »Schleichweg«, dann übertragen »Kniff, Trick«. Die Wendung stammt vermutlich aus dem Jagdwesen; der Jäger macht sich mit den Wildwechseln, den Schleichwegen des Wildes vertraut.

Jemandem auf den Schlips treten umgangssprachlich: *jemandem zu nahe treten; jemanden kränken, beleidigen:* Mit »Schlips« war in dieser Wendung ursprünglich der Rockschoß gemeint, der in norddeutscher Mundart »Slip« heißt.

Wie ein Schlosshund heulen umgangssprachlich: *vor Kummer oder Schmerzen herzzerreißend weinen:* Obwohl öfter die Auffassung vertreten wird, dass es sich um den angeschlossenen (angeketteten) Hund handelt, der heult, ist die bei Grimm (»Deutsches Wörterbuch«, 1899) angegebene Erklärung wahrscheinlicher: »Schlosshund = Hund auf einem Schlosse, dem Schlossbesitzer gehöriger Hund: aussehen wie ein Schlosshund … sprichwörtlich auch: er heult wie ein Schlosshund.«

Der bildliche Vergleich bezieht sich auf die von der Anhöhe des Schlosses weithin hörbaren, lang gezogenen Laute eines heulenden Hundes.

Da (dort) ist Schmalhans Küchenmeister umgangssprachlich, mundartlich: *dort gibt es aus Armut und Dürftigkeit nur wenig zu essen:* »Schmalhans« ist ein ersonnener Name für jemanden, bei dem es »schmal« (= karg, knapp, nicht reichlich) zugeht. Diese Bedeutung von »schmal« entwickelte sich aus der von »klein«, ursprünglich bezogen auf Menschen, Tiere und Pflanzen. Der Vorname »Hans«, gekürzt über »Hannes« aus »Johannes« (hebräisch = Jahwe ist gnädig), ist seit Beginn des 14. Jh.s einer der häufigsten deutschen Vornamen und teilte rasch, zusammen mit anderen wie Hinz, Kunz, Liese, Trine, das Schicksal, zum Appellativum, zu einer allgemeinen Bezeichnung zu werden (vergleiche Hansdampf, Hansnarr, Hanswurst u. a.). Küchenmeister (mittelhochdeutsch »Kuchenmeister«) ist Schmalhans seit dem 17. Jh. Von einem schlanken, dünnen Koch (so könnte »Schmalhans« auch gedeutet werden) schloss man auf eine schlechte, ärmliche Küche.

Schmiere stehen umgangssprachlich: *bei ungesetzlichen, verbotenen Unternehmungen aufpassen, ob jemand kommt:* Diese im 18. Jh. aufgekommene Wendung stammt aus der Gaunersprache. Jiddisch »schtejn schmire«, zu »schmire«, »schmiro« = Wache. Vergleiche neuhebräisch »semira« = Bewachung.

Sich freuen wie ein Schneekönig umgangssprachlich: *sich sehr freuen:* »Schneekönig« war einer der volkstümlichen Namen für den Zaunkönig. Grimm (»Deutsches Wörterbuch«) beschränkt noch die Verbreitung der Redensart auf Thüringen und Sachsen; dies gilt heute nicht mehr. Den Namen trägt der Zaunkönig wohl deshalb, weil er auch in Schnee und Eis munter und vergnügt singt, zumindest nach dem Empfinden der Menschen, die ihm zuhörten.

Schneiden **Da hast du dich (aber) geschnitten!** (umgangssprachlich: *Da verrechnest, täuschst du dich sehr!*): verkürzt aus »sich mit dem Messer schneiden«; **jemanden schneiden** (umgangssprachlich: *in der Öffentlichkeit absichtlich nicht beachten, übersehen; vermeiden, jemandem zu begegnen*): Die Wendung scheint eine Lehnübersetzung des englischen »to cut a person« zu sein, die in der 2. Hälfte des 19. Jh.s aufkommt. Im Englischen unterscheidet man vier Arten des Schneidens: 1. »to cut direct« (direkt schneiden) = einem Bekannten ins Gesicht sehen und vorgeben, ihn nicht zu kennen, 2. »to cut indirect« (indirekt schneiden) = woanders hinsehen und vorgeben, ihn nicht zu kennen, 3. »to cut sublime« (sublimiert schneiden) = die Spitze irgendeines großen Gebäudes oder die Wolken am Himmel bewundern, bis der Bekannte vorbeigegangen ist, 4. »to cut infernal« (auf sehr unschöne Weise schneiden) = sich bücken und seine Schuhe in Ordnung bringen, bis der Bekannte vorbeigegangen ist (entnommen »Brewer's Dictionary of Phrase and Fable«).

Herein, wenn's kein Schneider ist umgangssprachlich scherzhaft: so ruft man, wenn es an die Tür klopft. Vielleicht war der seine Forderungen eintreibende Schneider der Anlass zu diesem Ausruf. Schneiderrechnungen waren nicht beliebt. Krüger-Lorenzen zitieren aus einem Brief Bismarcks an seine Braut vom 7. März 1847: »Wie entrüstet bin ich als Student über Schneider und Schuster gewesen, wenn sie ihre Rechnung bezahlt verlangten; es schien mir die empörendste Zumutung, anstatt dass ich dankbar für den gewährten Credit gewesen wäre.«

Aus dem Schneider sein umgangssprachlich: 1. *aus den schlimmsten Schwierigkeiten, Geldverlegenheiten, Schulden u. Ä. heraus sein.* 2. *über 30 Jahre alt sein:* Die Wendung stammt aus der Sprache der Kartenspieler: Beim Skat besitzt man mit 30 Punkten bereits die Hälfte der zum Gewinn benötigten Anzahl. »Schneider« deshalb, weil man den meist schmächtigen, dünnen Schneidern nur 30 Lot Gewicht zubilligte.

Jemandem ein Schnippchen schlagen umgangssprachlich: *sich auf geschickte, unerwartete, auch drollige Weise jemandes Verfolgung entziehen, seine Absichten vereiteln, jemandem einen Streich spielen:* Das »Schnippchen« ist ein Schnalzer mit Daumen und Mittelfinger als Ausdruck der Geringschätzung oder der freudigen Befriedigung über ein gelungenes Unternehmen. Das Wort ist die Verkleinerung des veralteten lautmalenden Substantivs »Schnipp«. Die heutige Bedeutung ist aus dem Ausdruck der Geringschätzung, des Spottes hervorgegangen.

Einen Schnitt (bei etwas) machen umgangssprachlich: *auf listige Weise einen Gewinn, Vorteil erzielen:* Die Redensart wird meist auf den Schnitt einer guten Getreideernte bezogen. Möglich wäre allerdings auch der Schnitt als Ergebnis einer »Beutelschneiderei«.

Einen Schnitzer machen/begehen umgangssprachlich: *einen Fehler machen, besonders beim Schreiben:* Obwohl »Schnitzer« als »Schnitt in einen Gegenstand, der verunstaltet«, in den Wörterbüchern nicht belegt ist, muss man wohl doch von der Vorstellung eines Schnittes ausgehen, der einen Gegenstand verunziert oder entstellt.

Wie am Schnürchen (gehen/laufen/klappen/hersagen u. a.) umgangssprachlich: *flott, ohne Stockung, reibungslos:* Gemeint ist vermutlich die Schnur des Rosenkranzes. Dessen einzelne Gebete werden an einer in einem Kreuz endenden Schnur durchgezählt, auf der sechs größere Perlen (für das Vaterunser) und 53 kleinere (für das Ave-Maria) aufgereiht sind. Der Benutzer kennt diese Gebete, die für ihn »wie am Schnürchen« aufeinanderfolgen. Aber auch die Schnüre könnten in Betracht gezogen werden, mit denen im Puppentheater die Puppen bewegt werden (deutlicher in der veralteten Wendung »jemanden am Schnürchen haben« = es erreicht haben, dass er gehorsam ist).

Mein lieber Scholli! mundartliche, umgangssprachliche Anrede, die eine Verwunderung, eine Drohung oder eine Ermahnung ausdrückt: Da diese Anrede in den Frankreich benachbarten Gebieten der Rheinlande, Rhein- und Südhessens beheimatet ist, ist die Herkunft von französisch »joli« = hübsch (also eigentlich ironisch: mein Hübscher!) sehr wahrscheinlich.
Lutz Röhrich bezieht die Wendung auf eine Person, die es wirklich gegeben hat, einen Ferdinand Joly (1765–1823), aus einer französischen Hugenottenfamilie stammend, der durch Jahrzehnte ein unstetes Vagantenleben führte. Das ist eher unwahrscheinlich, weil dieser »Aussteiger« einen allzu begrenzten Wirkungsbereich hatte, der zudem mit den Gebieten, in denen die Anrede heimisch ist, nicht übereinstimmt.

Ein Ende mit Schrecken nehmen Vergleiche »Ende«.

Der letzte/neueste Schrei *die allerneueste Mode:* aus gleichbedeutendem französischem »dernier cri« (vgl. d., eigentlich = letzter Schrei) lehnübersetzt. Der Ursprung ist ungeklärt.

Jemanden (ordentlich, gehörig) schröpfen *jemanden finanziell »zur Ader lassen«, ausnehmen, jemandem viel Geld aus der Tasche locken:* übertragen vom medizinischen Schröpfen und seit dem 17. Jh. gebräuchlich. In der Medizin dient das unblutige Schröpfen dazu, das Blut im menschlichen Körper umzuverteilen; das blutige Schröpfen entzieht Blut durch das Ritzen der Haut. In der Übertragung wird das Blut, der Lebenssaft, zum Geld, dem anderen Lebenssaft des Menschen, umgedeutet; es herrscht die Vorstellung des blutigen Schröpfens.

(Ein Mann) von echtem (altem) Schrot und Korn *von unverfälschter, guter Art; ein verlässlicher, aufrechter, anständiger Mann:* Nach dem »Schrot« (= Bruttogewicht) und »Korn« (= Gewicht des edlen Metalls, Feingehalt) mittelalterlicher Münzen. Wenn beides den Vorschriften entsprach, waren sie echt, unverfälscht. »Schrot« war ursprünglich das zum Prägen benötigte abgeschnittene Stück Metall; das Wort gehört zu mittelhochdeutsch »schroten« = hauen, (ab)schneiden. »Korn« bedeutete anfänglich die mineralische Struktur des Edelmetalls, die aus winzigen Körnern zu bestehen scheint.

Umgekehrt wird ein Schuh draus umgangssprachlich: sagt man zu jemandem, der eine Sache gerade verkehrt herum anfängt. Der Ursprung ist nicht sicher; man vermutet, dass er mit einem alten Arbeitsvorgang im Schuhmacherhandwerk zusammenhängt: Nach dem Nähen der für das Schuhinnere bestimmten Nähte von außen musste das Leder gewendet werden, damit der Schuh entstehen konnte. In einem Brief des Fürsten Hermann v. Pückler-Muskau (gest. 1871) wird die Redensart dem Schuhmacher Jakob Böhme zugeschrieben. Eine ältere Form war: »Kehr's um, so wird ein Schuh daraus!«

Wissen, wo jemanden der Schuh drückt umgangssprachlich: *wo jemand von Schwierigkeiten, Sorgen oder Kummer bedrängt wird:* »Nemo scit praeter me, ubi me soccus premat«, sagten schon die alten Römer. »Niemand außer mir weiß, wo mich der Schuh drückt.« Diesen Satz zitiert der griechische Schriftsteller Plutarch (gest. um 120 n. Chr.) in seiner Schrift »Coniugalia praecepta« (= Vorschriften für die Ehe), einem Merkbüchlein für junge Eheleute. Er lässt ihn von dem Römer Paulus Aemilius aussprechen, der gefragt worden war, warum er sich von seiner edlen, reichen und schönen Frau habe scheiden lassen. Dieser zeigte auf seinen Schuh mit den Worten: »Auch er ist schön, neu und kostbar, doch keiner weiß, wo er mich drückt.«

Einem etwas in die Schuhe schieben umgangssprachlich: *jemandem die Schuld an etwas geben, das eigene Vergehen einem anderen zur Last legen:* wohl nach dem listigen Verhalten von Landstreichern und fahrenden Leuten, die in der gemeinsamen Nachtherberge vor einer drohenden Kontrolle entwendete Sachen rasch in die Schuhe eines anderen schoben, um jeden Verdacht von sich abzulenken.

Jemandem die kalte Schulter zeigen *jemanden abweisen, nicht beachten, seine Nichtachtung zeigen:* offenbar eine Lehnübersetzung des englischen »to give somebody the cold shoulder«.

Wie Schuppen von den Augen fallen *etwas plötzlich begreifen, einsehen, den wirklichen Zusammenhang erkennen:* Die Blindheit (den Star) stellte man sich früher als die Augen bedeckende Schuppen vor (schon im Mittelhochdeutschen). »Und alsobald fiel es von seinen Augen wie Schuppen, und er ward wieder sehend.« Die Rede ist von Paulus, der, als er vor Damaskus vom Pferd stürzte, blind geworden war und von Ananias durch Handauflegen geheilt und zum Christentum bekehrt wurde. Die gleichen oder ähnliche Wendungen gibt es im Englischen, Französischen, Italienischen und Niederländischen.

Schuss Die militärische Bedeutung von »Schuss« hat einige übertragene Wendungen hervorgebracht, z. B. **jemandem einen Schuss vor den Bug geben** (umgangssprachlich: *jemanden eindringlich warnen*)/**einen Schuss vor den Bug bekommen, erhalten:** In der Kriegführung zur See war es üblich, ein fremdes oder feindliches Schiff mit einem Kanonenschuss vor den Bug aufzufordern, abzudrehen oder sich zu ergeben; **keinen Schuss Pulver wert sein** (umgangssprachlich: *gar nichts wert sein*): Wer sich als Soldat etwas besonders Unehrenhaftes zuschulden kommen ließ, wurde nicht erschossen, sondern gehängt; **in/im Schuss** (umgangssprachlich: *in Ordnung, nicht defekt, heil, ganz*): meist erklärt mit dem Ausrichten und Laden des Geschützes, das fertig zum Abschuss ist. Andere denken an den Schuss in der Weberei, die Querfäden eines Gewebes, mit denen es fertiggestellt wird. Eine mögliche Vorstellung ist auch das »schießende« Wasser der Mühle, das sie in Funktion erhält; **weit (ab) vom Schuss** (umgangssprachlich: *in sicherer Entfernung, außerhalb der Gefahr*): schon im 16. Jh. bei Johann Fischart in seinem »Podagrammisch Trostbüchlein«: »Phormion die best kriegßkunst wust/ nämlich, das gut sey, weit vom schuss«; **zum Schuss kommen** (umgangssprachlich: *zu dem Ziel gelangen, das man sich vorgenommen hat; zum Ziel kommen, aktiv werden können*): seit es Schusswaffen gibt, (also schon mittelhochdeutsch) belegt; die Wendung ist gleichermaßen gültig für Soldaten und für Jäger, denen der Feind bzw. das Wild so vor Augen kommen sollen, dass sie schießen können. Die Zeit des übertragenen Gebrauchs ist nicht bekannt. Daran schließt sich die Schusslinie an, die Richtung, in der ein abgegebener Schuss fliegt. Der übertragene Gebrauch erscheint in verschiedenen neueren Wendungen: **in die Schusslinie geraten/sich begeben** *(heftig kritisiert werden);* **jemanden aus der Schusslinie nehmen/bringen** *(jemanden heftiger Kritik entziehen);* **aus der Schusslinie bleiben/sich aus der Schusslinie zurückziehen** *(sich einer Kritik nicht stellen).*

Schuster, bleib bei deinem Leisten! umgangssprachlich: *Mische dich nicht ohne Sachverstand in alles ein!; Befasse dich nicht mit Dingen, die du nicht verstehst!:* Möglicherweise hat die Geschichte, die der römische Schriftsteller Plinius d. Ä. (gest. 79 n. Chr.) von dem berühmten griechischen Maler Apelles und einem Schuhmacher berichtet, der eine von Apelles gemalte Sandale kritisiert hatte, zur Entstehung der Redensart beigetragen. Als der Schuhmacher noch anderes (den gemalten Schenkel) kritisierte, soll Apelles erwidert haben: »Ne sutor supra crepidam« = Schuster, nicht weiter als die Sandale! Alexander der Große wollte nur von Apelles gemalt werden. Der Ruhm des Künstlers strahlt durch die Jahrhunderte bis in die Gegenwart, aber keines seiner Werke ist der Nachwelt erhalten geblieben.

Es regnet Schusterjungen umgangssprachlich: *es regnet anhaltend heftig:* Diese ursprünglich berlinerische, nicht überall bekannt gewordene Redensart ist ein Beispiel für die manchmal ausgefallen-skurrile Fantasie, der die Berliner nicht nur hier, sondern auch in zahlreichen anderen Wendungen Ausdruck verleihen konnten.
Weil es früher viele Schusterjungen gab (entsprechend den vielen Betrieben des Schuhmacherhandwerks), verglich man deren Zahl mit den vielen fallenden Regentropfen. Von Grimm (»Deutsches Wörterbuch«) als sprichwörtlich notiert mit einem Zitat aus Karl v. Holteis 1860 erschienenem Roman »Die Eselsfresser«: »Von Konradel geh' ich nu schon nicht weg, und wenn's Schusterjungen regnet.«
Im 18. Jh. stieg die Zahl der Meister überproportional an, ihre Lehrjungen verrichteten meist Flickarbeit und trugen Schuhe aus. Die Gasse, in der viele von ihnen wohnten, hieß die Schuhgasse.

Auf Schusters Rappen umgangssprachlich: *zu Fuß:* Schwarze Schuhe, früher die häufigste Schuhfarbe, wurden scherzhaft zu Rappen (schwarzen Pferden) umgedeutet.

Eine Schwalbe macht noch keinen Sommer *ein einzelnes positives Anzeichen, ein hoffnungsvoller Einzelfall lässt noch nicht auf eine endgültige Besserung der Situation schließen:* Dieses Sprichwort geht auf eine Fabel Äsops zurück, in der ein junger Mann, als er im Frühling eine Schwalbe sieht, seinen Mantel versetzt und sich dann von der inzwischen erfrorenen Schwalbe betrogen sieht, weil es weiterhin winterlich kalt bleibt.

Mein lieber Schwan! beliebte Anrede als Ausdruck der Überraschung, der Ermahnung, auch der Drohung: weitverbreitet in Umgangssprache und Mundart.
Im Gegensatz zu »Mein lieber Spitz!« ist die Herkunft geklärt: Die Anrede stammt aus Richard Wagners 1847 geschriebener Oper »Lohengrin«: »Nun sei bedankt, mein lieber Schwan!« Diese Worte spricht Lohengrin im 1. Akt als Abschiedsgruß zu dem Schwan, der ihn in einem Nachen an den Ort des Gotteskampfes gezogen hat. Der Ritter mit dem Schwan war eine im Mittelalter verbreitete Sage, die Wagner in seiner Oper aufgriff. Schon in der germanischen Mythologie spielte der Schwan eine große Rolle.

Im Schwange sein *sehr üblich, gebräuchlich, in Umlauf, in Mode sein:* Mittelhochdeutsch »swanc« bedeutete »schwingende Bewegung (im Gegensatz zu etwas Ruhendem, Statischem), das Schwingen«, dann Dinge, die mit Schwung ausgeführt werden: »Schlag, Hieb, Wurf, Streich«. Das seit dem 17. Jh. übertragen gebrauchte Wort bezeichnete Vorgänge, die gegenüber Beharrendem, Sich-nicht-Veränderndem in Bewegung sind, sich verbreiten und eine Zeit lang herrschen. Von den zahlreichen Verben in Verbindung mit »Schwang« (im Schwange gehen, in den Schwang kommen, im Schwange bleiben u. a.) hat sich nur »sein« erhalten: »im Schwange sein«.

Schwarz Das Adjektiv »schwarz« spielt in vielen Fügungen eine oft nicht so rasch erklärbare Rolle: **schwarz auf weiß** *(schriftlich oder gedruckt):* Was mit schwarzer Tinte auf weißes Papier geschrieben oder mit schwarzer Druckfarbe auf ebensolches Papier gedruckt wurde, gilt mehr als das flüchtige gesprochene Wort, das vergessen oder verfälscht werden kann. Allgemein bekannt geworden ist die Fügung durch eine Stelle in Goethes »Faust« (I, Vers 1966 f.): »Denn, was man schwarz auf weiß besitzt, kann man getrost nach Hause tragen.« Der Gedanke bewegte schon die alten Römer: »Quod scriptura capit, firmum manet« = was schriftlich festgehalten wird, bleibt sicher. Der Buchdruck wurde früher als »Schwarze Kunst« bezeichnet (vgl. aber »die Schwarze Kunst« im Folgenden); **die Schwarze Kunst** *(Zauberei, Magie):* Das Fremdwort »Nekromantie« (lateinisch »necromantia«, griechisch »nekromanteia« = Totenbeschwörung) wurde mittellateinisch zu »negromantia« bzw. »nigromantia« und mit lateinisch »niger« = schwarz in Verbindung gebracht, was die Übersetzung in »Schwarze Kunst« hervorrief (mittelhochdeutsch »swarze kunst«); **schwarze Liste** *(von bestimmten Kreisen aufgestellte Liste missliebiger oder verdächtiger Personen, die man bei günstiger Gelegenheit zur Rechenschaft ziehen möchte):* Vorläufer des erst in jüngerer Zeit aufgetretenen Ausdrucks sind Verbindungen von Substantiven wie »Buch«, »Register«, »Tafel« u. a. mit dem Adjektiv »schwarz«: Das »schwarze Buch« war ein Gerichts- bzw. Strafenbuch, in dem Strafen und Bußen verzeichnet waren, ebenso »schwarzes Register, schwarze Tafel«. Grimm (»Deutsches Wörterbuch«): »Möglicherweise geht das zunächst auf den Einband, aber die Farbe des Einbands hat dann eine symbolische Bedeutung …, die schwarze die des Unheilvollen.«

Mittelhochdeutsch war »swarzes buoch« ein Zauberbuch, in dem die Schwarze Kunst gelehrt wurde; **schwarz** *(umgangssprachlich illegal, gesetzwidrig):* »schwarze« Geschäfte; »er ist schwarz über die Grenze«; **Schwarze Messe** *(Teufelsmesse, der katholischen Messe nachgebildete Feier zur Verehrung des Teufels);* **ein schwarzes Schaf:** vergleiche »Schaf«; **der Schwarze Tod** *(Beulenpest):* heute meist erklärt mit den dunklen Flecken, die die Haut der Pestkranken bedeckten. Grimm (»Deutsches Wörterbuch«) betont, dass man diesem Ausdruck in gleichzeitig erschienenen deutschen Quellen nicht zu begegnen scheint, und stellt »schwarz« zu der übertragenen Bedeutung »unheilvoll, böse, schlimm«; **schwarze Witwe** *(Frau, die einen meistens älteren reichen Mann heiratet und ihn dann umbringt, um an sein Vermögen zu gelangen);* nach englisch »black widow«, dem volkstümlichen Namen einer giftigen, schwarzen Kugelspinne, deren Weibchen die Männchen nach der Begattung auffressen; **schwarze Zahlen schreiben:** Vergleiche »rot«.

Alter Schwede salopp: gemütliche, scherzhafte Anrede an einen guten Bekannten, einen Kumpel: Besonders durch ihre Teilnahme am Dreißigjährigen Krieg haben die Schweden in Deutschland meist böse Erinnerungen hinterlassen. Die »Schwedenzeit« ist im Bewusstsein noch lange haften geblieben. Der Ruf »Die Schweden kommen!« war ein Schreckensruf. Marodierende entlassene Soldaten, kaiserliche Truppen, Räuber hießen »Schweden«.
Die Anrede »alter Schwede« weckt allerdings keine solchen unguten Erinnerungen. Der preußische Historiker und Universitätsprofessor Heinrich von Treitschke gab 1879 in einer Vorlesung über die Geschichte Preußens folgende Erklärung: Friedrich Wilhelm, der Große Kurfürst (1640–88), der überzeugt war, sich nur behaupten zu können, wenn er über ein einsatzbereites Heer verfüge, arbeitete besonders nach dem Westfälischen Frieden an der Aufstellung eines stehenden Heeres.
Um seine Rekruten gut zu drillen, veranlasste er altgediente schwedische Soldaten, als Unteroffiziere in seine Dienste zu treten. Diese Soldaten wurden »alte Schweden« genannt. Eine andere Deutung geht davon aus, dass sich der Ausdruck über »Schwietje« aus der in Studentenkreisen üblichen französierenden Bildung »suitier« = Draufgänger, lustiger Bruder (zu französisch »suite« = Posse, Streich) gebildet habe.

Jemanden hinter schwedische Gardinen bringen
Vergleiche »Gardinen«.

Schweigen im Walde umgangssprachlich: ironische Bemerkung, die die ratlose Stille kennzeichnen will, weil niemand mehr spricht, keiner eine Antwort weiß: 1885/86 malte Arnold Böcklin zwei Ausführungen eines Bildes mit dem Titel »Schweigen im Walde« I und II. 1899 veröffentlichte Ludwig Ganghofer seinen Roman »Das Schweigen im Walde«. Beide haben vermutlich zum allgemeinen Gebrauch der Fügung beigetragen. Goethes »die Vögelein schweigen im Walde« (aus Wanderers Nachtlied: Ein Gleiches) war sicher ohne Einfluss auf die Verbreitung.

Der Rest ist Schweigen Vergleiche »Rest«.

Schwein haben umgangssprachlich: *unverdientes Glück haben:* Es gibt verschiedene Deutungen: 1. Auf alten deutschen Spielkarten ist auf dem Trumpfass ein Schwein abgebildet. Da das Ass jede andere Karte sticht, hat sein Besitzer das Glück, die höchste Karte im Spiel zu besitzen. 2. »Schwein« ist das feinere Wort für »Sau«, das in Zusammensetzungen als bloße Verstärkung dient (»saugrob«, »Sauglück« u. a.). Das entsprechende »Schweineglück« wurde dann zu »Schwein« verkürzt. 3. Ein alter Brauch bei Schützenfesten war es, dem schlechtesten Schützen als Trostpreis ein Schwein zu überreichen. Der Empfänger hatte dann neben dem Spott der anderen Teilnehmer doch noch, wenn auch unverdientes Glück gehabt. Dies ist wohl die wahrscheinlichste Erklärung. Im alten Volksglauben galten wühlende Schweine als Entdecker wunderbarer Schätze.

Im Schweiße deines Angesichts scherzhaft: *mühselig, unter großen Anstrengungen:* Wieder einmal ist die Bibel Quelle: In 1. Mose 3, 19 spricht Gott nach dem Sündenfall zu Adam: »Im Schweiß deines Angesichts sollst du dein Brot essen, bis dass du wieder zu Erde werdest, davon du genommen bist.«

Schwer von Kapee sein Vergleiche »Kapee«.

Ein Schwerenöter sein/(gern) den Schwerenöter spielen

umgangssprachlich: *ein Frauenheld sein, sich als solcher aufspielen:* Schwingt hier – wenn auch widerstrebend – noch eine gewisse Anerkennung mit, so war die ursprüngliche Bedeutung des Wortes eine bei Weitem schlechtere. Mittelhochdeutsch »swaere not« war allgemein jede »beschwerende Not, Drangsal«, besonders aber »(durch Behexung erworbene) Epilepsie, Fallsucht«.
Der Schwerenöter war anfänglich ein Kerl, dem man die »schwere Not« an den Hals wünschte. Die ursprüngliche Bedeutung war also etwa »nichtswürdiger, gerissener, durchtriebener Kerl, Teufelskerl«, halb im Ernst, halb im Scherz, dann »jemand, dem man trotz aller Charaktermängel einen gewissen Charme nicht absprechen kann«. Der Grund des Wandels zum Positiveren ist der Umstand, dass die ursprüngliche Bedeutung von »schwere Not« verblasste und allmählich in Vergessenheit geriet.
»Schwerenot!« wurde in der Folge auch zum Ausruf der Verwünschung, der Überraschung oder Beteuerung, verstärkt: »kreuzschwerenot«, »schockschwerenot«, »tausend schwerenot« u. a.

In Schwulitäten geraten

umgangssprachlich: *in Verlegenheit, in Bedrängnis kommen:* Die Redensart ging in der 2. Hälfte des 19. Jh.s aus der Studentensprache in die allgemeine Umgangssprache über. Die nicht umgelautete Form »schwul« des Adjektivs »schwül« in der veralteten Bedeutung »bänglich, ängstlich, beklemmend« wurde mit der aus dem Lateinischen stammenden Fremdwortendung -ität (lateinisch »-itas«) versehen. Voran ging »in Schwulibus« mit der ebenfalls lateinischen Dativ-Plural-Endung »-ibus«. Die Bedeutung ist die gleiche. Eine Verbindung beider Formen gibt es in einem alten Studentenlied:

Wer nur den lieben Gott lässt walten
und hofft auf ihn bei Bier und Kuss,
den thut er wundersam erhalten
in allen Schwulitatibus.
Zwischen Scylla und Charybdis. *(Vergleiche auch »Skylla«)*

Eine durstige Seele sein

umgangssprachlich scherzhaft: *ein Mensch sein, der gerne Alkohol trinkt:* Auch diese Wendung hat biblischen Ursprung. Psalm 107, 9 fordert die Menschen auf, dem Herrn zu danken,

»dass er sättiget die durstige Seele und füllet die hungrige Seele mit Gutem«. Die Stelle bezieht sich nicht auf den Alkohol, sondern auf den Durst nach geistlicher Erbauung. Im biblischen Sprachgebrauch bezeichnet »Seele« oft den Menschen selbst, was bis heute in der Umgangssprache lebendig geblieben ist: »Es war keine (Menschen)seele (= niemand) zu sehen.« Die Einwohnerzahl von Orten wurde früher in »Seelen« angegeben.

Nun hat die liebe Seele Ruh scherzhafte oder ironische Bemerkung, wenn jemandes lange gehegter, dringender Wunsch endlich erfüllt wird oder der andere eine Erfahrung endlich selbst gemacht hat: In Lukas 12, 19 sagt ein reicher Mann, nachdem er eine große Ernte eingebracht hat, zu sich selbst: »Liebe Seele, du hast einen großen Vorrat auf viel Jahre; habe nun Ruhe, iss, trink und habe guten Mut.« Vielfach wird statt »liebe Seele« auch »arme Seele« gesagt. Dies hat aber einen anderen Ursprung und bezieht sich auf die Seele im Fegefeuer, die nach katholischer Auffassung durch Gebet und Opfer Lebender zur Ruhe findet.

Zwei Seelen und ein Gedanke Bemerkung der Person, die geschwiegen hat, wenn ihr Gesprächspartner das ausspricht, woran auch er gerade gedacht hat: Dies ist ein Zitat aus dem 2. Akt des Dramas »Der Sohn der Wildnis«, das der österreichische Dichter Friedrich Halm (Pseudonym für Eligius Franz Joseph Freiherr v. Münch-Bellinghausen) 1842 veröffentlichte. Dort heißt es: »Zwei Seelen und ein Gedanke/zwei Herzen und ein Schlag.« Der Autor wollte damit die völlige Übereinstimmung zwischen zwei Liebenden zum Ausdruck bringen.

Die Segel streichen umgangssprachlich veraltend: *ein Vorhaben, einen Widerstand aufgeben; resignieren, kapitulieren, sich überwunden geben:* ein Ausdruck der alten Seemannssprache: »Die Segel streichen« bedeutete 1. die Segel fallen lassen, herunterlassen, einziehen. Das konnte aus verschiedenen Gründen geschehen: als bloßes seemännisches Manöver, besonders bei Sturm (dies schon mittelhochdeutsch »die segele hiet he striken neder van den maste«, Heinrich von Veldeke, »Eneit«, 12. Jh.), 2. ein Zeichen der Begrüßung (»Die andern unsere Schiffe lieffen alle mit Freuden ein und strichen ihre Segel und Fahnen vor den Admiral«, Aldenburg, »Westindische Reiße«, 1627) und 3. im Seekrieg als Zeichen, dass sich das Schiff ergeben wolle (»als wir … von den beyden Schiffen, so Algierer waren, eingehohlet worden, und uns zugeruffen wurde: die Seegel zu streichen und uns zu ergeben«, Autobiografie eines Göttinger Studenten, 1744/48). Aus dieser letzten Bedeutung hat sich die Wendung entwickelt. Auch die Engländer kennen sie: »to strike sail«, und selbst das Lateinische: »vela contrahere« (Cicero).

Jemandem zur Seite springen *jemandem helfen, jemanden unterstützen:* Die Wendung geht auf einen alten Rechtsbrauch zurück: Wer vor Gericht zugunsten eines Angeklagten sprechen wollte, musste sich an dessen Seite stellen.

Nun/jetzt ist (aber) Sense! umgangssprachlich: *ist Schluss damit, bin ich es leid, habe ich genug:* Die Vorstellung, die dieser Redensart zugrunde liegt, ist ungeklärt. Vielleicht nach dem Zuruf des Schnitters an die Mähenden, die Sense wegzulegen, weil Pause oder Feierabend angesagt sind. Rheinisch belegt ist: »Es iss midd de Arwed Sense« = Schluss mit der Arbeit.

Seine Siebensachen packen umgangssprachlich: *seine wenigen Habseligkeiten packen:* Der Zahl »sieben« kam schon immer eine besondere Bedeutung zu. Sie existiert im Aberglauben und in den Sagen der ganzen Welt, bereits in der Antike, im Guten wie im Bösen. Darüber könnte man ein ganzes Buch schreiben, was übrigens schon im 12. Jh. ein Priester namens Arnold in die Tat umsetzte: Gedicht von der Siebenzahl: »Nu will ich iu sagen zu aller erist/von einer zahle, die vil her ist.« Die »hehre« (= heilige, erhabene) Zahl bezeichnet in der vorliegenden Redensart »eine nur geringe Menge, wenige«.

Sich wie im siebten Himmel fühlen Vergleiche »Himmel«.

Ein Buch mit sieben Siegeln Vergleiche »Buch«.

Unter dem Siegel der Verschwiegenheit
Vergleiche »Verschwiegenheit«.

Einen Silberstreifen am Horizont sehen *in einer schlimmen wirtschaftlichen oder politischen Lage schwache Zeichen der Besserung entdecken:* Im Februar 1924 berichtete der damalige Außenminister Gustav Stresemann auf einem Parteitag der Deutschen Volkspartei in Elberfeld zu den laufenden Reparationsverhandlungen mit den Siegermächten des 1. Weltkriegs, dass der Verhandlungsführer Staatssekretär Bergmann geäußert habe, er sehe zum ersten Mal einen Silberstreifen an dem sonst düsteren Horizont.

Einen sechsten Sinn für etwas haben/entwickeln *einen Instinkt besitzen, das zukünftig Eintretende vorauszusehen:* Beim Menschen werden gewöhnlich fünf Sinne gezählt: »ein voller mensch vünf sinne hat … sehen, hoeren, grifen, riechen, smecken, sus sint si genant« (Reinmar von Zweter, mittelhochdeutscher Dichter, 13. Jh.). Häufig finden sich jedoch in der Literatur scherzhafte oder ernst gemeinte Abänderungen, indem anstelle der Fünfzahl eine größere oder kleinere erscheint. Zur ersten Gruppe gehört der »sechste« Sinn, der im 18. Jh. als »unnennbare Empfindung, feines Gefühl« geschildert wird, als eine Art »Fledermaussinn«. Seit dieser Zeit wird häufig auch der Geschlechtstrieb als sechster Sinn bezeichnet. Das Erkennen einer zukünftigen Entwicklung ist wohl erst im 20. Jh. aufgekommen.

Nach uns die Sintflut! *es ist uns gleichgültig, welche Folgen unser jetziges Verhalten für die Menschheit hat:* Diese verantwortungslose Devise ist die Übersetzung eines französischen Ausspruchs der Marquise von Pompadour, der Mätresse des französischen Königs Ludwig XV., nach der Schlacht bei Roßbach 1757, in der Friedrich II. von Preußen ein Heer aus Franzosen und Reichstruppen besiegt hatte: »Après nous le déluge!« soll sie nicht als Leitspruch, sondern als bange Vorahnung gesagt haben. Der Gedanke ist aus der Antike überliefert. Ein Epigramm des griechischen Schriftstellers Straton lautet: »Trinke und liebe! Nach meinem Tode soll Deukalion meine Knochen überspülen.« Straton spielt hier auf die Sage von der sogenannten deukalionischen Flut an, die zu den auch bei anderen Völkern überlieferten Sintflutsagen gehört (Sumerer, Babyloner, Israeliten u. a.). Als Zeus plante, wegen der Verderbnis der Menschen Griechenland zu überschwemmen, baute Deukalion eine Arche und trieb dann mit seiner Frau Pyrrha neun Tage auf den Fluten umher.

Eine (wahre) Sisyphusarbeit sein bildungssprachlich: *eine besonders mühselige, kaum leistbare und meist immer wieder vergebliche Arbeit sein:* nach dem sagenhaften korinthischen König Sisyphos, der zur Strafe für seine Frevel in der Unterwelt einen Felsblock einen Berg hinaufwälzen musste, von dem dieser kurz vor Erreichen des Gipfels immer wieder hinabrollte. Die Redensart ist auch in anderen europäischen Sprachen verbreitet: englisch »a labour of Sisyphus«, »Sisyphean toil«; französisch »travail de Sisyphe«; italienisch »fatica di Sisifo«; niederländisch »een Sisyphusarbeid«.

Einen sitzen haben umgangssprachlich: *betrunken sein:* Die Wendung ist eine Verkürzung von »einen Affen sitzen haben« (19. Jh.). Wie »Affe« zu der Bedeutung »Rausch« (18. Jh.) gekommen ist, bleibt unklar. Man hat auf den Gleichklang von tschechisch »opice« (= Affe) und »opit se« (= sich betrinken) hingewiesen, was möglicherweise auf das Deutsche Einfluss genommen hat. Auch in anderen Sprachen bedeutet »Affe« so viel wie »Rausch«, z. B. italienisch »scimmia« oder spanisch »mona«. Narren und Gaukler trugen früher oft ein Äffchen auf ihrer Schulter. Vielleicht besteht hier eine Verbindung.

Sich zwischen Skylla (Scylla, Szylla) und Charybdis befinden bildungssprachlich: *sich ausweglos zwischen zwei gleich großen Unannehmlichkeiten, Übeln oder Gefahren befinden:* In seiner »Odyssee« (XII, 85–110 und 234–260) schildert der griechische Dichter Homer (8. Jh. v. Chr.), wie Odysseus auf seiner zehnjährigen Irrfahrt mit seinem Schiff zwischen Skylla und Charybdis hindurchgelangt. Skylla war in der griechischen Mythologie ein sechsköpfiges und zwölffüßiges Meeresungeheuer mit je drei Zahnreihen in der Straße von Messina (?), das in einem Felsenriff auf Opfer lauerte, gegenüber der Charybdis, einem gefräßigen Weib, das Wasser eines Meeresstrudels dreimal am Tag einschlürfte und wieder ausspie. Odysseus verlor sechs seiner Genossen an Skylla, gelangte aber glücklich an Charybdis vorbei. In einem von Zeus gesandten Sturm gingen alle seine Genossen über Bord, weil sie heilige Kühe geschlachtet und davon gegessen hatten. Odysseus überlebte und musste noch einmal zwischen Skylla und Charybdis hindurch, was ihm wie durch ein Wunder gelang. – Die Übertragung ist schon in der Antike geläufig und lebt über das Mittelalter bis heute fort.

Es hat nicht sollen sein *das Schicksal hat jemandes Plan, heißen Wunsch nicht erfüllt:* In dieser Wortstellung (üblich ist: »Es hat nicht sein sollen«) geht der Ausspruch auf eine Stelle in Victor v. Scheffels Versepos »Der Trompeter von Säckingen« (1854) zurück, wo es im 2. Stück heißt: »Behüt' dich Gott! Es wär' zu schön gewesen / Behüt' dich Gott! Es hat nicht sollen sein.«

Jemandem spanisch vorkommen umgangssprachlich: *verdächtig, merkwürdig, seltsam erscheinen:* Seitdem der spanische König Karl als Karl V. Römischer Kaiser geworden war (1519), nahm der spanische Einfluss mehr und mehr zu. Alles Spanische erregte als etwas Ausländisches erst einmal Befremden. Spanische Naturprodukte (Pfeffer, Tabak, Wein, Flieder, Rohr), spanische Gebrauchsgegenstände (Wand, Klinge, Perücke), spanische Kriegführung (Reiter, Pech, Trunk) und die spanische Inquisition (Stiefel, Bock) verbreiteten sich in den folgenden Jahrzehnten in Deutschland. »Ein spanisches Gesicht machen« (= stolz, hochmütig, abweisend aussehen), eine damalige Redewendung, mag zu dem Befremden beigetragen haben.
Das Adjektiv »spanisch« findet sich oft in Sprichwort und Redensart jener Zeit. Statt der geläufigeren »böhmischen Dörfer« (vergleiche »böhmisch«) sprach man jetzt auch von »spanischen Dörfern«, wenn man Vorgänge oder Dinge nicht verstand. Vergleiche auch die Ähnlichkeit zwischen einer französischen und einer südhessischen Feststellung in Bezug auf das Stichwort »spanisch«: Dem französischen »vous parlez français comme une vache espagnole« (= Ihr sprecht Französisch wie eine spanische Kuh) ähnelt das südhessische »Der kann (versteht) Franzesisch wie die Kuh Spanisch«.

Wer zu spät kommt, den bestraft das Leben eine Mahnung, die am 7. 10. 1989 der damalige sowjetische Staatspräsident Michail Gorbatschow in einer Rede zum 40. Jahrestag der Gründung der DDR an den Staatsratsvorsitzenden Erich Honecker richtete. Der Ausspruch wurde seitdem zum geflügelten Wort. Im russischen Original ist der Gedanke etwas anders ausgedrückt: dass es gefährlich für denjenigen wird, der nicht auf das Leben reagiert.

Den Spieß umkehren Vergleiche »umkehren«.

Spießruten laufen *bei einem Gang durch Zuschauerreihen, an Leuten vorbei kritisch-spöttisch beobachtet werden, sich bloßgestellt sehen und sich dadurch peinlich berührt fühlen; von anderen durchgehechelt werden:* Das Bestimmungswort von »Spießrute« gehört zu »Spieß« in der Bedeutung »Splitter, Span«. Die Zusammensetzung bedeutet also eigentlich »spitze Rute« und ist Ende des 16. Jh.s zuerst belegt. Das Wort ist als soldatisches Strafwerkzeug bekannt geworden. Das Spießrutenlaufen (17. Jh.) des straffällig gewordenen Soldaten bestand darin, dass der Übeltäter zwischen zwei Reihen seiner Kameraden langsam hindurchgehen musste. Diese waren gehalten, mit Spießruten auf ihn einzuschlagen oder einzustechen.

Jemandem spinnefeind sein umgangssprachlich: *mit jemanden sehr verfeindet sein, sich mit jemandem sehr verfeinden:* Der Wortbildung liegt die Beobachtung zugrunde, dass bestimmte Spinnen zum Kannibalismus neigen.

Spiritus Rector von etwas sein bildungssprachlich: *die treibende Kraft bei einer Unternehmung sein:* lateinisch »spiritus« = Geist, Seele; »rector« = Lenker, Leiter. Wörtlich: der Geist als Lenker.

Etwas spitzbekommen, -kriegen umgangssprachlich: *etwas bemerken, herausbekommen:* Die Redensart stammt vermutlich aus dem Niederdeutschen. Die Vorstellung, die dahintersteht, ist wohl die, dass man etwas spitz machen, zuspitzen müsse, um leichter durch etwas hindurchdringen zu können. Die Übertragung richtet sich dann auf das geistige Wahrnehmen, Erfassen von etwas.

Jemandem die Spitze bieten *sich jemandem widersetzen, jemandem beherzt entgegentreten:* Zugrunde liegt die Degenspitze: jemandem die Degenspitze entgegenhalten (so noch ganz konkret im 17. Jh. als Herausforderung zum Duell). Die Übertragung folgt noch im 17. Jh.; **einer Sache die Spitze abbrechen/nehmen** *(ihr das Verletzende, Gefährliche nehmen):* Auch hier liegt die Vorstellung des stechenden Endes einer Waffe zugrunde; **etwas auf die Spitze treiben** *(bis zum Äußersten gehen):* eigentlich etwas so weit treiben, bis die Degenspitze erreicht ist (der Degen entscheiden muss); **auf Spitze und Knopf stehen** *(kurz vor der*

Entscheidung, auf Messers Schneide stehen): Wieder ist »Spitze« hier die Schwertspitze, »Knopf« = (Schwert)knauf, das Hauptteil des Griffes. Gemeint sind also die Schwertspitze, mit der man angriff, und der Knauf, mit dem man abwehrte, d. h., die Entscheidung ist jetzt nur noch im Kampf möglich.

Einen Spleen haben *Überspanntheit auf einem bestimmten Gebiet zeigen; eine fixe Idee, Marotte, Schrulle, einen Tick haben:* Dem englischen Wort »spleen« liegt lateinisch-griechisch »splen« = Milz zugrunde. Man glaubte, dass Missstimmungen, üble Launen, Melancholie und Hypochondrie durch eine Erkrankung der Milz hervorgerufen würden, und dies schon bei den antiken Ärzten. Grimm (»Deutsches Wörterbuch«): »Dies Wort scheint im 18. Jh. durch die reisenden Engländer auf dem Continent in Aufnahme gekommen zu sein.« Es bezog sich bei uns in Deutschland auch ursprünglich auf merkwürdig anmutende Eigenarten der Engländer.

Sich seine/die ersten Sporen verdienen *erste Erfolge, erste Anerkennung erringen:* Sporen zum Antreiben des Pferdes sind schon in der Antike bekannt. Im Mittelalter gehörten sie zur Ausrüstung des berittenen Kriegers. Goldene Sporen waren Zeichen der Ritterwürde, die sich der Ritter verdiente, wenn er den Stand des Knappen verließ und durch Schwertleite oder Ritterschlag zum Ritter gekürt wurde mit all dessen Rechten und Pflichten. So wird die Wendung vermutlich zunächst mit dem Adjektiv »golden« gebildet worden sein: »sich die goldenen Sporen verdienen« = die Ritterwürde erwerben, d. h., eine höhere gesellschaftliche Position einnehmen als zuvor.

Zum Spott/Gespött der Leute werden *sich lächerlich machen und deshalb verspottet werden:* In Psalm 22 werden die Leiden des Gerechten beschrieben: In 22, 7 beklagt sich der von Gott verlassen Fühlende: »Ich aber bin ein Wurm und kein Mensch, ein Spott der Leute und Verachtung des Volks.« Der Spottende aber sitzt auf der Bank der Spötter: Psalm 1, 1 preist die Seligkeit der Frommen: »Wohl dem, der nicht wandelt im Rat der Gottlosen, noch tritt auf den Weg der Sünder, noch sitzt, da die Spötter sitzen.« Die »Bank« kommt später hinzu. Der **Spottvogel** *(jemand, der sich gern über andere lustig macht)* hat jedoch nichts mit der Bibel zu tun. Das im 15. Jh. zuerst bezeugte Wort geht auf die Beobachtung zurück, dass es manche Vögel gibt, die den Gesang anderer nachahmen (z. B. der Häher oder die Grasmücke) und diese dadurch zu verspotten scheinen.

Wie die Spreu im Wind *plötzlich, schnell weg, verschwunden, ohne eine Spur zu hinterlassen:* Ähnliche Wendungen tauchen häufig in der Bibel auf. Hiob (21, 17–18): »Wie oft geschieht's denn …, dass sie (= die Gottlosen) werden wie Stoppeln vor dem Winde und wie Spreu, die der Sturmwind wegführet?«, oder Psalm 1, 4: »Aber so sind die Gottlosen nicht, sondern wie Spreu, die der Wind verstreuet«; Jesaja 29, 5: »die Menge der Tyrannen (soll werden) wie wehende Spreu«; Hosea 13, 3: »wie die Spreu, die von der Tenne verweht wird«; **die Spreu vom Weizen trennen / sondern** *(Wertloses, Unbrauchbares vom Wertvollen, Brauchbaren trennen):* In Matth. 3, 12 spricht Johannes der Täufer, der Vorläufer Jesu, von dem, der nach ihm kommen wird: »Er hat seine Worfschaufel in der Hand; er wird seine Tenne fegen und den Weizen in seine Scheune sammeln, aber die Spreu wird er verbrennen mit ewigem Feuer.« Johannes meint hier die Frommen und die Gottlosen, die Guten und die Bösen. Dieser religiöse Aspekt ist heute »säkularisiert«.

Etwas springen lassen umgangssprachlich: *etwas spendieren:* Früher war es üblich, beim Bezahlen die Münzen auf einem Tisch oder einer Platte aufspringen zu lassen, um zu zeigen, dass sie echt seien. Wer sie springen ließ und die damit gekauften Dinge spendierte, war freigiebig.

Hinter/auf jemandes Sprünge kommen umgangssprachlich: *seine List, seine Tricks durchschauen:* vermutlich aus der Jägersprache in bildlicher Verwendung übernommen, in der »Sprung« so viel wie »Spur, Fährte eines Wildes« bedeutete.

Mit etwas (viel) Staat machen umgangssprachlich: *besonderen Aufwand treiben,* häufiger verneint: **mit etwas oder jemandem nicht viel/ keinen (großen) Staat machen können** (umgangssprachlich: *nicht beeindrucken, imponieren können*): Hier liegt eine von der üblichen abweichende umgangssprachliche Bedeutung von »Staat« vor, nämlich »Aufwand, Lebensführung, Haushaltung« (spätmittelhochdeutsch »stat«

= Lebensweise, Stand, Zustand). Dem seit dem 15. Jh. bezeugten Substantiv liegt das (mittel)lateinische »status« zugrunde. Dazu gehört auch sich **in Staat werfen** (umgangssprachlich: *den besten Anzug, das beste Kleid anziehen*).

Eine Staatsaktion aus etwas machen

Vergleiche »Haupt- und Staatsaktion«.

Den Stab über jemanden/etwas brechen

verurteilen, verdammen: Hier liegt ein alter Rechtsbrauch zugrunde. Der Stab war Symbol der Herrschaft und der richterlichen Gewalt, der sich vermutlich aus dem Hirtenstab entwickelte (vergleiche »Bischofsstab« (Krummstab), »Herrscherstab« (Zepter), »Marschallstab«). Der mittelalterliche Richter saß mit einem Stab zu Gericht. Grimm (»Deutsches Wörterbuch«): »Ein Brauch, der sich bis nahe an die Gegenwart gehalten hat, ist das Brechen des Stabes bei Todesurteilen. Es wird, ursprünglich über dem Haupte des Verurteilten, ein (weißer) Stab gebrochen und ihm vor die Füße geworfen … Die Belege für diesen Brauch reichen nicht über das 16. Jh. zurück.« Die übertragene Verwendung ist ab dem 18. Jh. üblich.

Eine Standpauke halten

umgangssprachlich: *eine kurze, kräftige, ins Gewissen dringende Strafpredigt, Rede, Ansprache halten, um etwas zu rügen, anzuprangern:* In der Sprache der Studenten vergröbert aus der heute kaum mehr gebräuchlichen »Standrede«; dies, weil beide Partner während des Vorgangs zu stehen pflegten. »Pauke« bedeutete eine (sozusagen von dröhnenden Paukenschlägen begleitete) Strafrede.

Jemandem die Stange halten

umgangssprachlich: 1. *jemanden in Schutz nehmen, verteidigen:* nach einem mittelalterlichen Brauch, bei dem in gerichtlichen Zweikämpfen der Kampfaufseher (Grieswart) den Unterliegenden durch Davorhalten einer Stange schützen konnte; 2. *es jemandem gleichtun, es mit jemandem aufnehmen, jemandem gewachsen sein:* Diese Bedeutung geht ebenfalls vom Bild des Kampfes aus. Die Landsknechte der ersten Glieder hielten die (Spieß)stangen gegen den Gegner und konnten es dadurch mit ihm aufnehmen; **bei der Stange bleiben** (umgangssprachlich: *nicht aufgeben, gestellten Anforderungen gleichbleibend nachkommen*): vermutlich auch vom Kampf mit Spießen, bei dem man, um den Angriff des Gegners zu parieren, mit der eigenen (Spieß)stange möglichst nahe an dem Spieß des Gegners blieb. Wenig wahrscheinlich ist der Hinweis auf die Deichselstange, bei der das Zugpferd zu bleiben hat. Eine dritte Erklärung deutet »Stange« als Fahnenstange, als Feldzeichen der kämpfenden Landsknechte, bei der man sich immer wieder sammelte. So zu erklären wäre dann auch die Wendung **jemanden bei der Stange halten** (umgangssprachlich: *jemanden dazu bringen, nicht aufzugeben*).

Stante pede bildungssprachlich: *sofort, ohne zu zögern:* Die lateinische Fügung (»stare« = stehen, »pes« – Ablativ: »pede« = Fuß) heißt wörtlich »stehenden Fußes« (das auch im Deutschen fest geworden ist), d. h., ohne dass man durch Weggehen Zeit verliert. Sie ist kein klassisches Latein; die deutsche Übertragung erfolgte kaum vor dem 18. Jh.

Es jemandem stecken umgangssprachlich: *jemandem deutlich, unverblümt die Meinung sagen, jemanden tadeln:* entwickelt aus der Bedeutung »jemandem etwas zur Kenntnis bringen, hinterbringen, heimlich, andeutungsweise zu verstehen geben«, z. B.: »Ich muss es noch meinen Eltern (irgendwie) stecken, dass ich Schulden gemacht habe.« Diese noch heute gängige Bedeutung vergröberte sich bei der vorliegenden Wendung ins ausschließlich Negative: jemandem etwas kundtun, was ihm missfallen, unangenehm sein wird. Andere meinen, dass die Redensart ihren Ursprung in dem Pflock habe, den man jemandem in den Weg steckte. Sie verweisen auf die alte Wendung »jemandem etwas in den Weg stecken« = jemandem Hindernisse in den Weg legen.

Sich etwas an den Hut stecken können meist in der Form: Das kannst du dir an den Hut stecken!; umgangssprachlich: *das kannst du behalten, für mich ist das wertlos:* An den Hut steckt man sich im Allgemeinen keine kostbaren Dinge, sondern weniger wertvolle wie eine Feder, eine Blume, ein buntes Band oder dergleichen.

Ein Steckenpferd haben/reiten *einer außerberuflichen Lieblingsbeschäftigung nachgehen, sich einer Liebhaberei widmen:* Das Steckenpferd als Kinderspielzeug erscheint im 17. Jh. anfänglich als bloßer Stecken, dann mit einem Pferdekopf an einem Ende und den Pferdevorderbeinen ausgestattet. Im 18. Jh. folgt die Übertragung, beeinflusst durch den Roman »Tristram Shandy« des englischen Schriftstellers Laurence Sterne. Englisch »to ride a hobby-horse« war das Vorbild für die Wendung.

Aus dem Stegreif *ohne Vorlage, unvorbereitet, improvisiert:* »Stegreif« (mittelhochdeutsch »stegereif«, althochdeutsch »stegareif«) ist eine bis ins 18. Jh. gebrauchte Bezeichnung für unseren heutigen »Steigbügel«. Das Bestimmungswort »Steg-« gehört zu althochdeutsch »stegon«, mittelhochdeutsch »stegen« = aufsteigen; das Grundwort »-reif« (mittelhochdeutsch »reif«) bedeutete ursprünglich im Althochdeutschen »Seil, Strick«. Der Stegreif war also anfänglich eine Schlinge am Sattel für den Fuß zum leichteren Hinaufsteigen auf das Pferd. Die alte Verbindung mit »im« (im Stegreif) verdeutlicht noch besser, was gemeint ist: während der Fuß noch im Stegreif ist, also: ohne vom Pferd zu steigen.

Stein **Ein Stein des Anstoßes** *(Ursache eines Ärgernisses):* ein Bild der Bibel, heute in dieser Form gebräuchlich. Luther verdeutschte Jes. 8, 14: »Stein des Anstoßens und ein Fels des Ärgernisses«, ebenso 1. Petr. 2, 8. An anderer Stelle gebraucht er »Stein des Anlaufens« (Röm. 9, 32/33). Mit ihm ist Jesus gemeint in Bezug auf die Juden, die nicht an ihn glauben; **Stein der Weisen** *(die Lösung aller Probleme, Schwierigkeiten, Rätsel):* Seit der Spätantike und durch arabische Vermittlung bis zum Mittelalter (Paracelsus!) glaubte man, dass eine winzige Menge dieser Materie (mittellateinisch »materia prima«) alles unedle Metall in Gold und Silber verwandeln und allgemein alle von den Alchimisten erträumten Wunder tun könne.
Das Verwandlungsmittel stellte man sich in Form und Härte eines Steines vor. Die Alchimisten bezeichneten ihn als »lapis philosophorum«, als »Philosophenstein«, woraus man ersieht, dass sie sich zu den Philosophen zählten. Aber schon Goethe hatte seine Zweifel: »Wenn sie den Stein der Weisen hätten, der Weise mangelte dem Stein« (Faust); **da bleibt kein Stein auf dem anderen** *(etwas wird völlig zerstört):* In Matth. 24, 2 sagt Jesus die Zerstörung des Jerusalemer Tempels voraus. Zu seinen Jüngern, die ihn auf den Tempel hinweisen, sagt er: »Wahrlich, ich sage euch: Es wird hier nicht ein Stein auf dem andern bleiben.« In Lukas 19, 41ff. weint Jesus über Jerusalem: »Und werden dich schleifen und keinen Stein auf dem anderen lassen …«; **den ersten Stein (auf**

jemanden) werfen *(als erster Anklage gegen jemanden erheben):* In Joh. 8, 1–11 wird berichtet, wie die Schriftgelehrten und Pharisäer eine ertappte Ehebrecherin zu Jesus bringen und ihn fragen: »Was sagest du?« Sie wollen Jesus prüfen, ob er sich an das Gesetz von Moses halte, der geboten hatte, eine Ehebrecherin zu steinigen. Da anwortet Jesus mit den berühmt gewordenen Worten: »Wer unter euch ohne Sünde ist, der werfe den ersten Stein auf sie.«
Als sich die Schriftgelehrten aufgrund ihres schlechten Gewissens ohne Verdammungsurteil betreten davonschleichen, spricht Jesus zu der Frau: »So verdamme ich dich auch nicht; gehe hin und sündige hinfort nicht mehr!« Die Strafe der Steinigung war früher weitverbreitet, rechtlich geordnet oder als Lynchjustiz (im Alten Orient, in Antike und Mittelalter). Für die Israeliten war sie in einem geordneten Verfahren die Todesstrafe schlechthin.
Zur Steinigung in der Bibel vergleiche noch 2. Mose 8, 22; 2. Mose 17, 4; 5. Mose 13, 11; Matth. 21, 35 und 23, 37; Joh. 10, 31; die Steinigung des Stephanus Apg. 7, 56 und 14, 19.
(Wenn Menschen schweigen) werden die Steine schreien (bildungssprachlich: *die Wahrheit wird auf jeden Fall ans Tageslicht kommen):* In Lukas 19, 40 antwortet Jesus beim Einzug in Jerusalem den Pharisäern, die von ihm fordern, dass er seinen Jüngern ihren lauten Jubel verbiete (wegen der Römer!): »Wo diese werden schweigen, so werden die Steine schreien« (Vulgata: »lapides clamabunt«); **bei jemandem einen Stein im Brett haben** (umgangssprachlich: *bei jemandem gut angeschrieben sein, jemandem sehr sympathisch sein):* Die im 16. Jh. aufgekommene Redensart bezieht sich auf eine Figur in einem Brettspiel. »Stein« heißt die Figur, weil sie früher aus Stein, Kristall oder einem ähnlichen harten Stoff hergestellt wurde. Die alte Bezeichnung wurde dann auch bei Figuren aus Holz o. a. bewahrt. »Einen guten oder großen Stein in jemandes Brett haben« bedeutete »so wichtig für den Spieler sein wie der große Stein in seinem Brettspiel«, einen (wichtigen) Gönner haben. »Ich hab den besten Stein in meiner Liebsten Brett«, dichtete Christian Hofmann von Hofmannswaldau im 17. Jh. Von dieser Bedeutung war es dann nur ein kleiner Schritt zur heutigen (auch wenn jetzt das attributive Adjektiv – gut, groß, beste – fehlt). Wer ein solcher Stein unter jemandes Spielfiguren ist, kann mit Beliebtheit und Sympathie rechnen; **Stein und Bein frieren** bedeutete ursprünglich »so kalt sein, dass selbst

Steine (= Totes) und Bein (= Knochen, Lebendiges) frieren«. Die reimende Zwillingsformel diente dann in übertragenen Wendungen als bloße Verstärkung: **Stein und Bein schwören** (zuerst im 16. Jh. bei Hans Sachs). Andere erklären die letztere Redensart damit, dass der Eidleistende beim Sprechen des Eides die steinerne Altarplatte oder/und eine die Gebeine eines Heiligen enthaltende Reliquie berühren musste.

Stellung Die Redensarten **die Stellung halten** (umgangssprachlich scherzhaft: *als Letzter irgendwo bleiben*), **Stellung nehmen/beziehen** *(seine Meinung äußern),* **etwas in Stellung bringen** *(für einen Einsatz aufstellen)* stammen ursprünglich aus dem militärischen Bereich. »Stellung« ist ein befestigter, der Verteidigung dienender Platz.

Stempeln gehen umgangssprachlich: *Arbeitslosenunterstützung erhalten, arbeitslos sein:* Die Wendung geht darauf zurück, dass früher bei Auszahlung des Arbeitslosengeldes zur Kontrolle das Datum in die Papiere des Arbeitsuchenden gestempelt wurde.

Kein / nicht ein Sterbenswort / Sterbenswörtchen sagen

umgangssprachlich: *gar nichts sagen:* ursprünglich (17. Jh.) = Wort eines Sterbenden, dann so viel wie »leises, verlöschendes Wort«. Heute ist die Redensart nur noch verneint üblich. Voraus ging eine Partizipialform »sterbendes Wort«, die die Zusammensetzung »Sterbenswort« vorbereitete. Die Basis »Wort« wurde variiert, z. B. Sterbenslaut, Sterbenssilbe. Auch in den Dialekten ist die Wendung allgemein üblich geworden, wobei die Süddeutschen statt »Sterbenswörtchen« »Sterbenswörtlein« sagen.

Stern Uralt ist der Versuch des Menschen, sein Schicksal mit den Sternen, ihrem Lauf, ihrer Stellung und ihrer Einwirkung zu verbinden. Wie die Menschen der vorgeschichtlichen Zeit die Gestirne in ihr Leben einbezogen, ist nicht bekannt. Die ältesten geschichtlichen Überlieferungen stammen aus einer der Quellen der europäischen Kultur, aus Mesopotamien, und sind über 4000 Jahre alt.
Verständlich, dass sich ein den Menschen in dieser Weise beeinflussender Glaube auch sprachlich niedergeschlagen hat und Bilder und Vergleiche, die sich auf die Sterne beziehen, sich in allen Literatursprachen

finden. Grimm (»Deutsches Wörterbuch«) erörtert ausführlich die Geschichte des Wortes »Stern«; sein Kapitel 5 behandelt den Stern in der Astrologie, und er schreibt dazu: »Der Glaube an Vorbedeutung und Macht der Gestirne ist dem allgemeinen Bewusstsein geschwunden, nur die Sprache, namentlich die poetisch-gelehrte, bekennt sich noch zu ihm. Der folgende Querschnitt zeigt jedoch, wie sehr die einst lebendige Vorstellungswelt bereits verblasst ist und ›Stern‹ mehr und mehr zum abstrakten Begriff ›Schicksal, Glück‹ wird.«
Weitverbreitet war die Vorstellung, dass das Geschick eines jeden Menschen durch einen bestimmten Stern beeinflusst wird, der bei der Geburt aufgeht und beim Tod erlischt: **unter einem guten/glücklichen/günstigen Stern geboren sein** *(Glück im Leben haben);* **unter einem schlechten/ungünstigen Stern stehen** *(keine Aussicht auf ein Gelingen, einen Erfolg haben);* wenn der Stern den Menschen vor Schaden und Unglück bewahrt hat, ist es **ein guter Stern** *(ein Glücksstern);* **jemandes Stern sinkt** *(jemandes Bekanntheit, Beliebtheit, Ruhm, Macht nimmt ab);* **jemandes Stern geht auf** *(jemandes Bekanntheit usw. nimmt zu);* Heinrich Heine klagt in dem Gedicht »Jetzt wohin?«:

Traurig schau ich in die Höh
wo viel Tausend Sterne nicken,
aber meinen eignen Stern
kann ich nirgends dort erblicken.

Den Glauben an die Sterndeutung spiegelt die Redensart **in den Sternen (geschrieben) stehen** *(ganz ungewiss sein);* in Schillers »Wallensteins Tod« sagt Terzky vorwurfsvoll zu dem sternengläubigen Wallenstein: »Hätt man mir geglaubt! Da siehst du's, wie die Sterne dir gelogen!« Aber Wallenstein antwortet ihm: **»Die Sterne lügen nicht.«** Dass dies nicht immer der Wahrheit entspricht, zeigt die Prophezeiung des Pfarrers Eelko Alta, die besagte, dass am 8. Mai 1774 die Erde untergehen würde, weil die Planeten Merkur, Venus, Mars und Jupiter gleichzeitig im Sonnenzeichen des Widders stünden. Unmögliches, Unerreichbares symbolisieren die weit entfernten Sterne: **jemandem versprechen, für ihn die Sterne vom Himmel zu holen** *(alles für ihn zu tun);* **die Sterne vom Himmel holen wollen/nach den Sternen greifen** *(versuchen, Unerreichbares zu erreichen);* die Wendung **Sterne sehen** hat nichts mit Astrologie zu tun: Man sieht sternförmige, sprühende Funken, wenn man einen heftigen, betäubenden Schlag auf den Kopf bekommt.

Stiefel **Seinen (alten) Stiefel weitermachen:** (umgangssprachlich: *etwas unentwegt, ununterbrochen unkritisch fortsetzen*): Die Wendung entstand in Fortführung und Erweiterung der alten Redensart »seinen Stiefel gehen«, die der konkreten Bedeutung von »Stiefel« noch näher steht; **einen Stiefel zusammenschreiben/zusammenreden** (umgangssprachlich: *dummes, unsinniges, unkorrektes Zeug schreiben/reden*): Das Schuhmacherhandwerk, das nichts anderes als Stiefel fertigte, galt als geistlos. Abschätzig meint ein altes Sprichwort: Wenn der Schuster von Rom kommt, macht er Schuhe wie zuvor; **einen Stiefel vertragen (können)** (umgangssprachlich: *viel Alkohol vertragen*): Die Redensart spielt auf den Stiefel als Trinkgefäß an (zuerst 16. Jh.), von da übertragen für »eine Menge, sehr viel«: **sich einen Stiefel einbilden.**

Stielaugen machen umgangssprachlich: *begehrlich,* auch: *verblüfft blicken:* Ausgangspunkt ist das auf Stielen sitzende Auge bestimmter Tiere (Krebse, Schnecken u. a.). Danach heißen auch (krankhaft) hervortretende Augen von Menschen »Stielaugen«.

Die Stirn zu etwas haben gehoben: *so frech, so unverfroren sein, etwas zu tun:* Vermutlich hatte diese Redensart ursprünglich ein kennzeichnendes Beiwort bei »Stirn«. Man denkt heute meist an die »eherne« Stirn bei Jes. 48, 4: »Denn ich weiß, dass du hart bist, und dein Nacken ist eine eiserne Ader, und deine Stirn ist ehern« (so werden die uneinsichtigen Gottlosen geschildert).
Aber es gibt genügend Belege mit adjektivischen Attributen, aus denen sich die Wendung ergeben haben könnte, z. B. »eine eiserne, kühne, unverschämte (dies seit dem 16. Jh.), schamlose, freche (seit dem 18. Jh.), dreiste, kecke Stirn (haben)«. Seit dem 18. Jh. fehlt mehr und mehr das Adjektiv, und das Substantiv »Stirn« nimmt die Bedeutung »Frechheit, Kühnheit, Unverschämtheit« an (französisch »avoir le front«). Es gibt noch eine andere Erklärung, nämlich dass die betreffende freche Person die Dreistigkeit besitzt, dem anderen das Gesicht, die Stirn zuzukehren, ins Gesicht zu sehen (vergleiche »jemandem ins Gesicht lügen«).

Über Stock und Stein *querfeldein, über alle Hindernisse hinweg:* schon mittelhochdeutsch belegt (»vber stoc vnde vber steyn«). Gemeint sind die Baumstümpfe (Wurzelstöcke) und Steine eines noch nicht völlig gerodeten Geländes. Erhalten hat sich die alliterierende Zwillingsformel auch in einem bekannten Kinderlied. Der Text stammt von Karl Hahn (geb. 1772), vertont wurde es von Karl Gottlieb Hering (1766–1853):

Hopp, hopp, hopp,
Pferdchen, lauf Galopp
über Stock und über Steine,
aber brich nicht deine Beine!

Gelegentlich ist die Formel sogar bildlich verwendet worden für Leidenschaften, die durch nichts aufzuhalten sind.

Ein Stoßgebet zum Himmel schicken *in höchster Not und Gefahr ein kurzes Gebet sprechen:* Ein Stoßgebet ist ein Gebet, das der in Gefahr Geratene in Angst und Erregung »hervorstößt«.

Strang Die Redensarten mit »Strang« gehen (wenn sie sich nicht auf das Seil zum Aufhängen eines Menschen beziehen) auf die Seile zurück, mit denen Zugtiere angespannt werden: **wenn alle Stränge/Stricke reißen** (umgangssprachlich: *im äußersten Notfall, wenn es keine andere Möglichkeiten mehr gibt*); **am selben/gleichen Strang ziehen** *(seine Kräfte gemeinsam mit anderen für dieselbe Aufgabe einsetzen);* **über die Stränge schlagen** (umgangssprachlich: *ausgelassen, hemmungslos sein; die Grenzen des Erlaubten, Schicklichen überschreiten*): ursprünglich von Zugpferden, die beim Auskeilen mit den Hinterbeinen über die Stränge geraten. Zuerst im 16. Jh. mit anderen Verben, z. B. »treten«, belegt.

Strich **Jemanden auf dem Strich haben** (umgangssprachlich: *auf jemanden schlecht zu sprechen sein, jemanden nicht leiden können, jemanden beobachten, um ihm etwas Tadelnswertes nachweisen zu können):* Grimm (»Deutsches Wörterbuch«) kapituliert bei dieser Redensart: »Herkunft der Redensart ist ungeklärt«, sagt er kurz und bündig.
Er führt aber verschiedene Autoren an, die Herleitungsversuche gewagt haben. So soll »Strich« die Visierlinie sein, die der Schießende einhalten muss, um genau zu treffen (»das Gewehr hält Strich« bedeutete »seine Geschosse weichen nicht von der geraden [idealen] Geschossbahn ab, das Gewehr streut nicht«). Dann hätte die Redensart einen militanten Hintergrund und drückte ursprünglich eine Tötungsabsicht aus. Diese liegt auch der Herleitung vom Vogelfang zugrunde: »Strich« ist der Weg,

den ein Schwarm Vögel nimmt, aus dem einzelne gefangen oder herausgeschossen werden. Vergleiche die Wendungen »ins Visier nehmen«, »in die Schusslinie geraten« und »aufs Korn nehmen« (für letztere vergleiche »Korn«). Am wahrscheinlichsten ist die folgende Erklärung bei Grimm: »Als allgemeiner Sinn der Redensart darf vielleicht angesehen werden: jem. (oder etwas) auf dem Strich, d. h. auf dem Wege, in der Richtung vor sich haben, beobachten, verfolgen, ihm nachstellen, es auf jem. (etwas) abgesehen haben.« Das würde auch zu der alten Bedeutung von »Strich« passen = Weg, den jemand macht, einschlägt und in diesem Sinne Lauf, Gang, Marsch, Zug und dergleichen.
Ähnlich auch die Redensart **auf den Strich gehen** (umgangssprachlich: *der Prostitution auf der Straße nachgehen*): In dieser Bedeutung ist »Strich« schon im 17. Jh. bezeugt. Das Substantiv ist eine Bildung zu dem Verb »streichen« in der alten Bedeutung »umherziehen, -streifen, vagabundieren«. Auch hier spielt der Fang von Vögeln, besonders von Lerchen und Schnepfen, mit dem Streichnetz eine Rolle. Dadurch konnte die Vermutung aufkommen, dass »Strich« eine Verkürzung von »Schnepfenstrich« (Balzflug der Schnepfen) sei, da Dirnen »Schnepfen« genannt wurden. Dies weist Grimm jedoch zurück: »doch dürfte der Übertragungsvorgang sich umgekehrt vollzogen haben und in Anlehnung an ›Schnepfenstrich‹ die Bezeichnung ›Schnepfe‹ für ›Dirne‹ aufgekommen sein.«
Etwas gegen den Strich bürsten (umgangssprachlich: *etwas in ganz unüblicher Weise, aber schließlich doch richtig machen oder darstellen):* »Strich« ist hier die gleichmäßige Richtung, in der die Oberflächenhaare von Geweben (z. B. Samt) oder Tieren liegen; **gegen/wider den Strich gehen** (umgangssprachlich: *unpassend, zuwider sein*): nach dem Unbehagen, das manche Tiere, z. B. Katzen, äußern, wenn man ihnen gegen den Strich über das Fell fährt; **nach Strich und Faden** (umgangssprachlich: *tüchtig, gründlich*): aus der Fachsprache der Weber: Der »Strich« als Webart und der Faden als Material mussten in Ordnung sein. Die meisten dieser unter »Strich« versammelten Redensarten sind auch in den Mundarten weitverbreitet.

Auf jemanden/etwas große Stücke halten

von jemandem/etwas viel halten, jemanden/etwas sehr schätzen: »Große Stücke« hat seit dem 17. Jh. die allgemeine Bedeutung »viel«. Dies geht von der allgemeinen

Bedeutung »Sache, Ding« für »Stück« aus. Weniger wahrscheinlich ist es, »Stück« als »Geldstück« zu deuten und die Redensart als Wetter- oder Spielerwendung aufzufassen.

Stuhl **Jemandem den Stuhl vor die Tür setzen/stellen** *(jemanden aus dem Haus weisen, hinauswerfen, jemandem kündigen)*: ursprünglich ein Rechtsterminus, seit dem 16. Jh. bezeugt. Dass ein Stuhl vor die Tür gesetzt wird, kommt nicht von ungefähr; der Stuhl war der erhöhte Sitz des Hausherrn, während die übrigen Familienmitglieder und das Gesinde auf Bänken saßen. Er war Symbol von Herrschaft und Eigentumsrecht (vergleiche das Verb »besitzen«). Grimm (»Deutsches Wörterbuch«): »Das gemeingermanische Wort ›Stuhl‹ bedeutet das vornehmste, eigtl. herrschaftliche Sitzgerät, einen Aufbau, der zugleich sinnbildliche Bedeutung hat und den oder die Inhaber einer Gewalt aufnimmt«; **mit etwas (nicht) zu Stuhle kommen** (umgangssprachlich: *mit einer Sache, Beschäftigung [nicht] fertig werden*): Bei diesem »Stuhl« handelt es sich um den »Nachtstuhl« oder »Nachttopf«, reichlich belegt in der medizinischen Fachsprache seit dem 16. Jh. Ursprünglich in negativer Verwendung, bedeutete die Redensart ganz konkret »keinen Stuhlgang haben«, wurde dann aber bald nur übertragen gebraucht. Noch etwas umgangssprachlicher: »(nicht) zu Potte kommen«. Positiv gebraucht, klingt die Wendung nicht ganz so derb: »Wir müssen sehen, dass wir mit diesem Projekt endlich zu Stuhle kommen.«

Sturm **Ein Sturm im Wasserglas** *(große Aufregung um Kleinigkeiten)*: Lehnübersetzung der französischen Fügung »un tempête dans un verre d'eau«, die – nach Balzac – von dem französischen Philosophen und Schriftsteller Charles de Secondat, Baron de La Brède et de Montesquieu (bekannt unter dem Namen Montesquieu, 1689–1755) stammt. Montesquieu bezeichnete so belanglose Unruhen in dem Zwergstaat San Marino.
Auch andere europäische Sprachen haben die Fügung übernommen: englisch »a storm in a teacup/teapot« (im Englischen wird aus dem Wasser- ein Teeglas); niederländisch »een storm in een glas water«; dänisch »en storm i et glas vand«; italienisch »una tempesta in un bicchiere d'acqua«. Auch das Russische kennt die Wortgruppe: »burja v stakanje vodi«.

Antiker Vorläufer ist eine Wendung, die Cicero (1. Jh. v. Chr.) als sprichwörtlich gebraucht: »fluctus in simpulo excitare« = viel Lärm um nichts machen, wörtlich: eine Sturmflut in einer Schöpfkelle hervorrufen. Der griechische Schriftsteller Athenaios von Naukratis in Ägypten (um 200 n. Chr.) verfasste ein Sammelwerk »Deipnosophistai« (Gelehrte beim Mahl), in dem der Flötenspieler Dorion den Zitherspieler Timotheus verspottet, der einen Seesturm auf seinem Instrument wiedergeben wollte: Er, Athenaios, habe in einem siedenden Kochtopf schon einen größeren Sturm erlebt.
1930 wurde in Dresden eine Komödie von Bruno Frank, »Sturm im Wasserglas«, uraufgeführt, in der der Stadtrat einer süddeutschen Stadt gegen den Willen der empörten Bevölkerung eine Erhöhung der Hundesteuer durchsetzen will (wozu Frank eine tatsächliche Begebenheit in München das Motiv beschaffte). **Einen Sturm abreiten** (von einem Schiff und seiner Besatzung: *einen Sturm auf See vor Anker liegend überstehen*): eine Wendung der Seemannssprache (niederländisch »afrijden«, englisch »to ride out«). Die heftige Wellenbewegung, der das Schiff ausgesetzt ist, wird mit dem Reiten eines Pferdes verglichen. In der zeitgenössischen Lyrik wird der Sturm als Reiter bzw. als Reittier geschildert.

Die Stützen der Gesellschaft oft ironisch: *die einflussreichen Persönlichkeiten innerhalb eines Staats oder Gemeinwesens:* Der Ausdruck geht zurück auf das gleichnamige Theaterstück des norwegischen Dramatikers Henrik Ibsen, in dem er mit radikaler Kritik an den gesellschaftlichen Verhältnissen die bis dahin verdeckte Brüchigkeit der Moral und ihren Einfluss auf die zwischenmenschlichen Beziehungen enthüllt. Diejenigen, die in dem Stück wegen ihrer vermeintlichen moralischen Integrität und ihrer zur Schau getragenen Sorge für das Wohlergehen der Gesellschaft als »Stützen der Gesellschaft« gelten, erweisen sich als korrupte Heuchler.

Summa summarum bildungssprachlich: *alles in allem, alles zusammen, insgesamt:* lateinisch, wörtlich: Summe der Summen. Der Ausdruck stammt von dem römischen Komödienschreiber Plautus (um 250–184 v. Chr.). Er gebraucht ihn in seiner Komödie »Truculentus« (= Griesgram, Grobian).

Sich am eigenen Schopf aus dem Sumpf ziehen *sich ohne fremde Hilfe aus einer fast ausweglosen Lage befreien, retten:* Die Redewendung bezieht sich auf eine der Geschichten des »Lügenbarons« Münchhausen, in der er mit seinem Pferd in einem Sumpf zu versinken droht, sich dann aber ohne die von außen erforderliche Hilfe buchstäblich am eigenen Schopf herauszieht.

Die Suppe auslöffeln (müssen, die man sich eingebrockt hat) umgangssprachlich: *die Folgen des eigenen Tuns, eines selbst verschuldeten Unglücks tragen:* Der Redensart gehen ähnliche Wendungen voraus, die zum Teil wesentlich älter sind (z. B. im 16. Jh. in der zimmerischen Chronik): die Suppe ausfressen, (aus)essen, sich eine Suppe einbrocken u. a. Vielleicht hat ein antikes Vorbild zu dem bildlichen Gebrauch beigetragen: Der römische Komödiendichter Terenz (um 185–159 v. Chr.) sagt in dem Lustspiel »Phormio«: »Tute hoc intristi, tibi omne est exedendum« = du hast das eingebrockt, du musst alles ausessen. Das Verb »einbrocken« deutet auf das Brot hin, das man in die Suppe zu brocken pflegte.

Süßholz raspeln umgangssprachlich veraltend: besonders vom Mann: *einer Frau in auffälliger, betonter Weise Schmeicheleien sagen:* Aus den süß schmeckenden Wurzeln des staudenartigen Süßholzes (mittelhochdeutsch »süezholz« für lateinisch-griechisch »glycyrrhiza«, das auf verschlungenen Wegen unser »Lakritze« ergeben hat) wurde früher eine Droge, ein schwärzlicher Saft, bereitet. Bei der Herstellung wurden die Wurzeln u. a. geraspelt. Grimm (»Deutsches Wörterbuch«) verweist auf ursprünglich studentischen Gebrauch. Mundartlich ist die Wendung weit verbreitet. Ältere Wendungen (bis ins frühe 17. Jh.) waren »Süßholz in den Mund, ins Maul nehmen« = mit falscher Freundlichkeit reden.

Suum cuique bildungssprachlich: *jedem das Seine:* Diese zwei lateinischen Wörter drücken in knappster Form den Sinn von Gerechtigkeit aus. Sie spielten in der römischen Auffassung des Rechts eine große bzw. dominierende Rolle: Jedem das Seine zuzuteilen, forderte Cicero in seiner Schrift »De legibus« (»Über die Gesetze«). Für den römischen Juristen Ulpianus (um 170–223) war das »suum cuique tribuere« eine feste Rechtsregel. Friedrich I. von Preußen (1688–1713) wählte die Fügung als Wahlspruch und verwendete sie auf einer Schaumünze. 1701 wurde sie zur Devise des Ordens vom Schwarzen Adler.

Sich zwischen Szylla und Charybdis befinden Vergleiche »Skylla«.

ABCDEFGHIJKLMNOPQRS**T**UVWXYZ

Starker Tabak/(meist:) Tobak sein umgangssprachlich: *eine starke Zumutung, eine höchst unverblümt geäußerte Meinung, ein direkter Angriff, eine Unverschämtheit sein:* Möglicherweise geht die in der 1. Hälfte des 19. Jh.s aufgekommene Redensart auf einen alten Schwank zurück, in dem der Jäger dem Teufel, der dessen Gewehr für eine Tabaksdose hält, eine Prise Schrot ins Gesicht schießt, worauf der Teufel meint, dass sei aber ein starker Tobak. »Tobak« ist die ältere, seit dem 16. Jh. belegte Form, die sich auch mundartlich erhalten hat.

Tabula rasa machen bildungssprachlich: *mit etwas reinen Tisch machen, rücksichtslos mit etwas aufräumen, radikal das Alte beseitigen, um für Neues Platz zu schaffen:* Lateinisch »tabula rasa« heißt wörtlich »glatt geschabte (Schreib)tafel«. Die Römer ritzten ihre Schrift mit Griffeln in Wachstäfelchen, die man glatt schaben konnte, wenn man sie erneut benutzen wollte.

Tacheles mit jemandem/miteinander reden umgangssprachlich: *offen und nachdrücklich mit jemandem reden, jemandem unverblümt Vorhaltungen machen:* Jiddisch »tachless« = Zweck, Ziel, zielbewusstes Handeln ist hebräischen Ursprungs. Die Redensart soll in Journalistenkreisen des 19. Jh.s entstanden sein.

Ein Ritter ohne Furcht und Tadel Vergleiche »Ritter«.

Die Tafel aufheben gehoben, oft scherzhaft: *eine längere, feierliche Mahlzeit für beendet erklären:* Im Mittelalter wurden die kleinen Esstische von ihren Holzböcken aufgehoben und weggetragen, wenn die Mahlzeit beendet war. Erst später erhielten die Tische feste Füße. Schon im 16. Jh. ist »den Tisch aufheben« bezeugt.

Acht Tage *eine Woche:* Dieser Ausdruck, der der Woche scheinbar einen zusätzlichen Tag zumisst, ist schon im Frühneuhochdeutschen geläufig. Er geht wohl darauf zurück, dass man von einem Wochentag ausgehend den gleichen Tag der folgenden Woche noch mitzählt.

(Viel) Tamtam um etwas machen/ein großes Tamtam veranstalten umgangssprachlich: *Aufhebens, Wirbel um etwas machen:* »Tamtam« ist ein über das Französische ins Deutsche gelangtes Hindi-Wort, das ein in der ostasiatischen Musik gebräuchliches, mit Klöppel geschlagenes Becken bezeichnet, das aus dünnen Metallspiralen geschmiedet ist. Das Substantiv deutet lautmalend den doppelten Schlag an (Tam-Tam). Das Instrument erzeugt einen metallisch dröhnenden, lang anhaltenden Klang, was zu der Übertragung geführt hat. Es wird seit Ende des 18. Jh.s in Orchestern verwendet. Ursprünglich wurde das Wort als Interjektion gebraucht.

Tantalusqualen erleiden/ausstehen/erdulden bildungssprachlich: *Qualen erleiden, die durch eine immer wieder erfüllbar scheinende, aber nie erfüllte Begierde verursacht werden:* »Tantalos« (lateinisch »Tantalus«) war ein sagenhafter König in Kleinasien, der wegen des Ausplauderns von Göttergeheimnissen und anderer Missetaten in den Tartarus verbannt wurde, wo er unter Zweigen, die mit köstlichen, aber unerreichbaren Früchten auf ihn herabhingen, bis zum Kinn im Wasser stehen musste, ohne trinken zu können. Die Überlieferung variiert Verbrechen und Strafe.

Tanz auf dem Vulkan *ausgelassenes, unbekümmertes, leichtsinniges Treiben von Herrschenden trotz offensichtlich drohender politischer oder sozialer Unruhen:* 1830 richtete der französische Graf Narcisse Achille Salvandy, französischer Gesandter in Neapel, auf einem Fest zu Ehren des Königs von Neapel in Paris an den Herzog Ludwig Philipp von

Orleans vor dem Sturz der bourbonischen Herrschaft die folgenden Worte: »Nous dansons sur un volcan« (Wir tanzen auf einem Vulkan). Ähnlich drückten sich schon früher Robespierre (1794: »Nous marchons sur des volcans« = Wir gehen auf Vulkanen) und Napoleon (1799: »Vous êtes sur un volcan« = Ihr befindet euch auf einem Vulkan) aus.
Das Bild wird dann seit Beginn des 19. Jh.s auch in der deutschen Literatur immer wieder gebraucht. Die Substantivierung »Tanz auf dem Vulkan« der verbalen Fügung »auf einem Vulkan tanzen« wurde durch den gleichnamigen Film von 1938 mit Gustav Gründgens gebräuchlich.

Tanz ums Goldene Kalb Vergleiche »Kalb«.

Etwas aufs Tapet bringen/aufs Tapet kommen umgangssprachlich: *ein Thema anschneiden/ansprechen:* lateinisch »tapetum« = Teppich. Der Teppich wurde im Mittelalter (mittellateinisch »tapeta«) meist als Wandbehang, aber auch als Tischdecke verwendet, und hier vorzugsweise in Sitzungszimmern und Beratungsräumen, wo dann eine Angelegenheit aufs Tapet (zur Sprache) gebracht wurde. Die Redensart entstand um 1700, beeinflusst durch die französische Wendung »mettre sur le tapis«. »Tapis« war nicht nur der grüne Tisch, sondern auch das Sitzungszimmer selbst.
Gelegentlich wird »Tapet«, offenbar weil es ein relativ unbekanntes Wort ist, das sich nur in der Redensart erhalten hat, öfter durch »Trapez« ersetzt, sei es aus Scherz, sei es aus Unwissen: »(nicht) aufs Trapez kommen«.

Wie von der Tarantel gestochen umgangssprachlich: *plötzlich, mit Heftigkeit, (wie) wild:* Der Biss der südeuropäischen, bis 3 cm langen, giftigen Wolfsspinne lähmt Insekten und ruft am menschlichen Körper gelegentlich Entzündungen hervor, ist aber ansonsten harmlos. Schon im Altertum und im Mittelalter stößt dieses Tier auf das Interesse der Menschen. Man glaubte, dass sein Biss eine veitstanzähnliche Krankheit hervorrufe, die durch bis zur Erschöpfung fortgesetztes und von Musik begleitetes Tanzen (daher vielleicht der Tanz Tarantella) geheilt werden könne. »Tarantel« ist seit dem 16. Jh. bei uns bezeugt (die Übertragung seit dem 18. Jh.), von italienisch »tarantella«, Nebenform von »tarantola«, angeblich benannt nach der apulischen Stadt Taranto

(Tarent), in deren Umgebung sich die Spinne häufig findet. Das italienische Wort ist die Verkleinerungsform von »taranto«, das aus dem Italienischen geschwunden ist, aber das mittelhochdeutsche »tarant, tarrant, torant« (= Skorpion) hinterlassen hat.
Der italienische Tanz »Tarantella« kann möglicherweise nur von dem Namen der Stadt herrühren, von dem er ausging. Weil sich die Tänzer aber »wie von der Tarantel gestochen« bewegten, verband sich im Volksglauben der Name des Tanzes mit dem des Spinnentiers.

Vom Hundertsten ins Tausendste kommen Vergleiche »Hundertste«.

Abwarten und Tee trinken! umgangssprachlich: *Nur Geduld!*: Die Herkunft dieser Redensart ist nicht bekannt. Vielleicht ist sie eine Mahnung an Patienten, Kräutertee zu trinken und geduldig auf die Heilung zu warten. Denn, wie es in einer alten morgenländischen Reisebeschreibung heißt: »Dieses Thee sol den Magen und innerliche Glieder messig wärmen und stärken.« Früher war auch der sächliche Artikel (»das Tee«) gebräuchlich.

Tempi passati bildungssprachlich: *vergangene Zeiten:* Über die Zeit der Übernahme dieser italienischen Fügung ist nichts bekannt. Ein möglicher Urheber ist Kaiser Joseph II. von Österreich (gest. 1790), der diese Worte vor einem Gemälde gesagt haben soll, das Friedrich Barbarossa in demütiger Haltung vor dem Papst kniend zeigt.
Auch der italienische Maler (Federico Zuccari, gest. 1609) und der Ort der Gemäldebesichtigung (Dogenpalast in Venedig) sind überliefert. Die Anekdote stammt von Johann Wilhelm von Archenholz, einem deutschen Publizisten, der in seiner Reisebeschreibung »England und Italien« aus dem Jahre 1785 auf S. 46 schreibt: »Es wird erzählt, dass …«, ohne weitere Quellenangabe.

Teufel **Der Teufel ist los** (umgangssprachlich: *es geht schlimm her, es herrscht ein großes Chaos, ein großer Unfrieden*): nach Offenb. 20, 3 und 7: Ein Engel bindet den Teufel für tausend Jahre »und darnach muss er loswerden eine kleine Zeit«. In Offenb. 20, 7 heißt es: »Und wenn tausend Jahre vollendet sind, wird der Satanas loswerden aus seinem Gefängnis.« Dann hat der Teufel die Möglichkeit, noch viel Unheil zu stiften;

jemanden reitet der Teufel (umgangssprachlich: *hat jemanden zu etwas Unvernünftigem, Schlechtem verführt*): Nach dem alten Volksglauben plagt der Teufel die Menschen, indem er auf ihnen reitet (schon mittelhochdeutsch »dich ritet satanas, der tiuvel«); **in jemanden ist der Teufel gefahren** (umgangssprachlich: *der/die Betreffende handelt unvernünftig, eigensinnig* u. Ä.).

Eine andere Art, wie der Teufel vom Menschen Besitz ergreift (vergleiche »er/sie ist vom Teufel besessen«): Er fährt in die Menschen, die dann **den Teufel im Leib haben** (schon althochdeutsch bei Otfrid: »ther diufal ist iru inne« = in ihr); **ein armer Teufel sein** (umgangssprachlich: *wenig besitzen, in einer Notlage, in Not, im Elend sein*): seit dem 16. Jh. belegt, nach der Rolle des Geprellten, die der als dumm geltende Teufel in volkstümlichen Erzählungen und Schwänken spielt; **in Teufels Küche kommen** (umgangssprachlich: *in eine schwierige, peinliche, verfängliche Situation geraten*): Der Teufel wohnt mit seinen Familienmitgliedern und Helfern in der Hölle, die auch eine Küche hat bzw. die Küche selbst ist, in der die armen Seelen schmoren; **den Teufel mit Beelzebub austreiben** *(ein Übel durch ein noch schlimmeres zu beseitigen suchen):*

In Matth. 12, 24 suchen sich die Pharisäer die Heilung eines vom Teufel Besessenen durch Jesus dadurch zu erklären, dass sie meinen, Jesus habe den Teufel des Besessenen durch den obersten Teufel austreiben lassen: »Aber die Pharisäer, da sie es höreten, sprachen sie: ›Er treibt die Teufel nicht anders aus denn durch Beelzebub, der Teufel Obersten.‹« Jesus weist das als unlogisch und als Zumutung zurück: Er habe den Teufel durch den Geist Gottes ausgetrieben.

»Beelzebub« war bei den Israeliten der Fürst der Dämonen. Der Name geht auf eine hebräische Bezeichnung zurück, die die Volksetymologie als »Herr der Fliegen« deutete, die in Wahrheit aber der Name des heidnischen Gottes Baal-Zebul (= erhabener Herr) war. Beelzebul (bei Luther: Beelzebub) war einer der wichtigsten Götter der Philister;

den Teufel an die Wand malen (umgangssprachlich: *Unheil – durch Reden davon – heraufbeschwören, etwas berufen*): schon spätmittelhochdeutsch bezeugt (bei Luther), auch in der Form: den Teufel über die Tür malen. Ursprünglich als Warnung gedacht: Wenn man den Teufel an die Wand malt, kommt er. Nach dem Glauben der alten Kulturen besitzt das Bild etwas Magisches, es zieht Wesen und Kräfte des Abgebildeten an sich (Bildzauber).

Ähnliche Wirkung hat das Wort (Namenzauber): **Wenn man vom Teufel spricht, kommt er** (heute als bloße Bemerkung gebraucht, wenn jemand erscheint, von dem gerade gesprochen wurde). In der Antike, die noch nicht an den Teufel glaubte, sprach man vom »Wolf in der Fabel« (»lupus in fabula«), so bei Terenz, Plautus, Cicero.

Bis zum/ins Tezett umgangssprachlich: *bis ins Letzte (genau), vollständig, völlig, bis zum Äußersten:* Die Buchstabenverbindung tz, als eine Art verdoppeltes z aufgefasst, erscheint in alten Lehrbüchern als letzte im Alphabet, so noch in Gottscheds »Deutscher Sprachkunst« von 1762. Zu ihr gelangt man, wenn man alle vorangehenden Buchstaben erfolgreich bewältigt hat.

Thema Nr. 1 umgangssprachlich: *die für jemanden wichtigste Sache, Angelegenheit:* meist als Erotik, Sexualität verstanden, aber auch für andere Lieblingsthemen verwendet.

Graue Theorie sein *nur theoretisch denkbar, in der Praxis noch nicht bewiesen sein:* Ursprung ist der Goethe-Vers im »Faust«: »Grau, teurer Freund, ist alle Theorie«, sagt Mephistopheles einem Schüler. Goethe wählte das Adjektiv »grau« mit Bedacht. Ihm haftete schon zu seiner Zeit ein negativer Symbolwert an im Sinne von »farb-, glanzlos, eintönig, unlebendig«.

Ein ungläubiger Thomas umgangssprachlich: *ein Mensch, der nicht dazu zu bringen ist, etwas, eine Nachricht, einen Sachverhalt zu glauben:* seit dem 15. Jh. bezeugt, nach Joh. 20, 24 ff. Als Jesus nach der Auferstehung vor seinen Jüngern erschien, war Thomas nicht anwesend. Die Jünger berichteten ihm von dem Ereignis, aber Thomas war skeptisch: »Es sei denn, dass ich in seinen Händen sehe die Nägelmale, und lege meinen Finger in die Nägelmale, und lege meine Hand in seine Seite, will ich's nicht glauben.«
Als Jesus acht Tage später noch einmal den Jüngern (diesmal mit Thomas) erschien, musste sich dieser überzeugen lassen. Jesus sagt zu ihm: »Dieweil du mich gesehen hast, Thomas, so glaubest du«, mahnte aber doch: »Selig sind die, die nicht sehen und doch glauben.« Die Fügung ist auch in anderen europäischen Sprachen gebräuchlich geworden:

englisch »an unbelieving/a doubting Thomas«; französisch »être (incrédule) comme saint Thomas«; italienisch »essere come San Tommaso«; niederländisch »een ongelovige Thomas«.

Jedem Tierchen sein Pläsierchen umgangssprachlich: *man soll jedem Menschen sein Vergnügen gönnen, auch wenn es noch so seltsam anmutet:* Die Wendung geht auf den Titel einer humoristischen Gedichtesammlung zurück, die 1887 von Edwin Bonnann (1851–1912) und Adolf Oberländer (1845–1923) herausgegeben wurde und der vollständig lautete: »Ein jedes Thierchen hat sein Pläsirchen. Zoologischer Lieder-Garten.« Oberländer war ein bedeutender Karikaturist, bekannt sind seine Tierzeichnungen, die die Tiere in menschlicher Gestalt wiedergeben.
Den in der Redensart angesprochenen Gedanken hat bereits der römische Dichter Vergil (70–19 v. Chr.) in seinen »Bucolica« in ähnlicher Weise ausgedrückt: Jeden bewegt sein eigenes Vergnügen (lateinisch »trahit sua quemque voluptas«).

An etwas ist nicht zu tippen umgangssprachlich: *etwas ist einwandfrei, unwiderlegbar, unumstößlich:* »Tippen« wird hier offensichtlich im Sinne von »rühren« gebraucht: Daran ist nicht zu rühren.
Das Verb »rühren« bedeutete ursprünglich auch »berühren«. Durch »Berühren« konnte etwas in der Ruhelage verändert, gestört und beeinträchtigt werden. Diese Möglichkeit soll durch die Negation der Redensart ausgeschlossen werden: Etwas ist so einwandfrei, dass es durch nichts »berührt« werden kann.
Eine veraltete Bedeutung von »rühren« zielt ebenfalls in diese Richtung = tadeln, anklagen, z. B. jemandes Fehler, einen Machthaber rühren.
Die Berührungsangst drückt sich auch in der Wendung »für etwas tabu sein« aus: tabu ist etwas, was nicht »berührt«, nicht betreten, nicht ausgesprochen werden darf.

Tisch

Etwas am grünen Tisch/vom grünen Tisch aus beschließen u. a. *(durch einen Beschluss theoretisch festlegen, ohne die möglichen Folgen zu berücksichtigen, die sich in der Praxis zeigen könnten):* Die Tische der Beratungszimmer oder Amtsräume waren früher oft mit grünem Leder oder Stoff bezogen, so auch der, an dem der französische Wohlfahrtsausschuss (Comité du salut public) 1793–95 tagte. Ob dieser »tapis vert«

(vgl. Tapet) die vorliegende Wendung angeregt hat, ist unklar. Frühere Belege haben sich bisher nicht gefunden; **etwas am runden Tisch besprechen/verhandeln** u. a. *(etwas unter gleichberechtigten Partnern besprechen):* Der runde Tisch hat – im Gegensatz zum eckigen – kein (schmaleres) Kopfteil, an dem ein Vorsitzender Platz nehmen könnte. Der »round table« ist eine englische Erfindung. Seine Geschichte geht weit zurück: Im 12. Jh. wird im »Roman de Brut« des anglonormannischen Dichters Robert Wace, einer Reimchronik über Britannien, zum ersten Mal der runde Tisch des Königs Artus erwähnt, den der Zauberer Merlin angefertigt hatte und an dem 150 Ritter saßen. Ihre Eifersucht um den Vorsitz sollte durch ihn verhindert werden. »Knights of the Round Table« nannten sich die Gründer des ersten europäischen Sozialvereins von 1721, der Persönlichkeiten wie Garrick, Dickens, Irving u. a. zu seinen Mitgliedern zählte. Politische Färbung gewann die Wendung erst im 19. Jh.; **von Tisch und Bett geschieden/getrennt werden** *(die Ehegemeinschaft nicht mehr fortsetzen):* Die Zwillingsformel ist seit dem 16. Jh. bezeugt und steht bildlich für die Scheidung einer Ehe, die eine wirtschaftliche (Tisch) und sexuelle (Bett) Gemeinschaft ist. Nur auf den Tisch bezieht sich die Wendung **das Tischtuch zwischen sich (und jemandem) zerschneiden** *(gehoben: sich irreparabel entzweien, obwohl man bisher eng zusammengelebt hat):* ursprünglich für die Trennung zweier Eheleute gebraucht, die ihr gemeinsames Tischtuch in zwei Hälften zerschnitten, um ihre Scheidung zu bestätigen, dann allgemein verwendet für die Auflösung oder Aufkündigung eines freundschaftlichen Zusammenlebens.

Starker Tobak sein Vergleiche »Tabak«.

Tobias 6, Vers 3 O Herr, er will mich fressen. Die Stelle wird scherzhaft zitiert, wenn jemand gähnt, ohne die Hand vor den Mund zu halten.

Eine höhere Tochter veraltet, scherzhaft, heute meist nur noch ironisch: *braves, naives Mädchen aus gutbürgerlichem Hause mit guter Schulbildung:* »Tochter« steht hier für »Mädchen«, ein Gebrauch, der schon mittelhochdeutsch belegt ist und sich unter Einfluss von französisch »fille« besonders im Schweizerischen herausbildete. Die »Töchterschule« war eine Schule für Mädchen, die »höhere Töchterschule« (Lyzeum) eine für Mädchen »besseren oder vornehmen Standes« (Grimm). Daraus entwickelte sich der Begriff »höhere Tochter« für die Besucherin einer solchen Schule.

Der Schwarze Tod Vergleiche »schwarz«.

Toi, toi, toi umgangssprachlich: Formel, mit der man jemandem Glück wünscht, den Daumen hält: **unberufen, toi, toi, toi!** (umgangssprachlich: Formel, mit der Unglück abgewehrt werden soll): Die drei Wörtchen geben lautmalend das dreimalige Ausspucken wieder, mit dem im Volksglauben Glück gewünscht bzw. Unglück abgewehrt wird.
Die Beschwörungsformel »unberufen« kann zweierlei bedeuten: Wer das Glück beredet (beschreit, beruft), d. h. unzeitig, voreilig nennt, zerstört es. Oder: Wer die Formel spricht, will nicht die bösen Geister herbeirufen (berufen), die das Glück zerstören könnten. Begleitet wird das Aussprechen von dreimaligem Klopfen auf Holz (unter dem Tisch), dreimal über die Schulter gesprochen. Der menschliche Speichel hat nach dem alten Volksglauben Dämonen bannende Wirkung.

Eine treulose Tomate sein umgangssprachlich scherzhaft: *Verabredungen, Abmachungen nicht einhalten und deshalb unzuverlässig sein:* Lutz Röhrich führt folgende Erklärung an: Die häufig Tomaten essenden Italiener galten im 1. Weltkrieg bei den Deutschen als unzuverlässig und treulos, weil Italien den Dreibund verlassen und sich den Alliierten angeschlossen hatte. Andere bringen die Wendung mit der mangelnden Haltbarkeit der Tomate in Verbindung.
Möglicherweise hängt die Redensart auch mit dem Ausdruck »Liebesapfel« zusammen, wie die Tomate früher u. a. genannt wurde. Sie galt als sexuell stimulierend und wurde als Arzneipflanze verwendet.

Tomaten auf den Augen haben umgangssprachlich: *nichts sehen; etwas nicht bemerken, übersehen*: Die Wendung bedeutete ursprünglich »übernächtigt, verschlafen aussehen« und bezog sich auf die geröteten Bindehäute und verquollenen Augenpartien.

(Kurz) vor Torschluss *im letzten Augenblick, gerade noch vor Ablauf einer gesetzten Frist*/**nach Torschluss** *(zu spät):* Johann Gottfried Seume

(1763 bis 1810) schildert in seinem »Spaziergang nach Syrakus im Jahre 1802« seine Lage, nachdem er am späten Nachmittag in einen Sumpf geraten war: »Es ward Abend, und ich fürchtete, man möchte das Thor (in Syrakus) schließen, wo man denn ebenso unerbittlich ist als in Hamburg. Endlich arbeitete ich mich doch mit vielem Schweiß in einem nicht gar erbaulichen Aufzug wieder auf den Weg, und kam so eben vor Thorschluss hinein.«
Als sich die mittelalterlichen Städte mit Mauern umgaben, um sich vor ungebetenen Gästen zu schützen, achtete man streng darauf, dass die Tore bei Anbruch der Dunkelheit geschlossen wurden. Seume erlebte dies noch Anfang des 19. Jh.s ganz konkret. Der Fortschritt hat es mit sich gebracht, dass die Floskeln nur noch übertragen verwendet werden. **Torschlusspanik bekommen** z. B. Menschen, die fürchten, keinen Partner mehr zu finden (und deshalb den Nächstbesten heiraten).

Toter Punkt Vergleiche »Punkt«.

Tour Das französische Wort »tour« hat bei der Übernahme ins Deutsche am Ende des 17. Jh.s seine Bedeutungen in unterschiedlicher Weise weitergegeben. Aus den konkreten Bedeutungen »kreisförmige Bewegung, Drehung, Wendung; Ausflug, Wanderung; Drehzahl« entwickelten sich übertragene: Art und Weise, (durch Tricks) etwas zu erreichen, Manier, üblicher Verlauf, Vorhaben.
Dazu gehören die Wendungen: **auf eine (bestimmte) Tour reisen** (umgangssprachlich: *auf eine bestimmte (negative) Art und Weise zu erreichen suchen*); **krumme Touren machen/reiten, auf die krumme Tour reisen** (umgangssprachlich: *durch Betrügereien sein Ziel erreichen wollen*); **jemandem die Tour vermasseln** (umgangssprachlich: *sein unehrliches Vorhaben vereiteln*); **seine Tour haben** (umgangssprachlich: *wieder einmal seinen Anfall von schlechter Laune o. Ä. haben*).
Die technische Bedeutung »Umdrehung, Drehzahl« wird bildlich in folgenden umgangssprachlichen Redensarten gebraucht: **auf Touren kommen** *(in Schwung kommen);* **jemanden auf Touren bringen** *(in Schwung bringen, auch: aufregen);* **auf vollen Touren laufen** *(in vollem Gang, Betrieb sein);* ob **in einer Tour** *(ständig, dauernd)* hierher gehört (wie in manchen Wörterbüchern), erscheint fraglich. Möglicherweise passt die Wendung eher zur Bedeutung »Verlauf, Strecke«.

Im Tran sein umgangssprachlich: *unaufmerksam, geistesabwesend, benommen sein,* norddeutsch auch: *betrunken sein:* »Tran« (zu »Träne« gehörig) wird übertragen für »tränenähnliche Flüssigkeit, Tropfen« gebraucht, auch für den alkoholischen Tropfen. Die **Tranfunzel,** ein mit Tran (Fischöl) gespeistes, schwach brennendes Lämpchen ist übertragen eine äußerst langweilige, träge, geistig schwerfällige Person.

Etwas aufs Trapez bringen Vergleiche »Tapet«.

Jemandem/dem Fuchs sind die Trauben zu sauer/hängen die Trauben zu hoch umgangssprachlich: wird von jemandem gesagt, der etwas zwar gern haben möchte, aber es entweder abwertet oder ablehnt, weil er es nicht erreichen kann: Die Redensarten gehen auf eine Fabel des griechischen Dichters Äsop zurück, die durch den französischen Dichter La Fontaine größere Bekanntschaft erlangte.

Vom Regen in die Traufe kommen Vergleiche »Regen«.

Etwas ins Treffen führen *in der Diskussion, in Erörterungen als Argument, Grund, Beweis gegen etwas anführen:* eine der zahlreichen Redensarten, die der Militärsprache entstammen: »sich mit dem Feind treffen« (schon mittelhochdeutsch) bedeutete beschönigend »mit dem Feind zusammentreffen und mit ihm kämpfen«. Der substantivierte Infinitv wird seit dem 15. Jh. üblich und ist noch im 19. Jh. häufig. Heute ist er aus der Sprache des Militärs verschwunden. »Treffen« gilt meist als »Kampfhandlung geringeren Ausmaßes«. Die Übertragung ist erst in jüngerer Zeit entstanden (um 1860). Vergleiche »ins Feld führen«.

Ein Treppenwitz der Weltgeschichte *eine eher lächerliche, dem sie begleitenden historischen Vorgang völlig unangemessene [aber ihn dennoch beeinflussende] Begebenheit, Einrichtung, Institution o. Ä.:* Das Wort »Treppenwitz« geht auf das französische »esprit d'escalier« zurück, das einen Einfall, der einem zu spät kommt, eine verpasste Gelegenheit bezeichnet. Ende des 19. Jh.s wurde ein Buch populär, das »geschichtliche Irrtümer, Entstellungen und Erfindungen« unter dem Titel »Der Treppenwitz der Weltgeschichte« zusammenstellte.

Trichter **Jemanden auf den (richtigen) Trichter bringen** (umgangssprachlich: *jemandem die Lösung eines Problems vermitteln*); **auf den (richtigen) Trichter kommen** (umgangssprachlich: *den Weg zur Lösung eines Problems finden*): Der Trichter, ein Füllgerät, ist den Germanen durch den von den Römern betriebenen Weinbau bekannt geworden (lateinisch »traiectorium«).

Seit Beginn des 16. Jh.s begegnet das Wort in bildlichem Gebrauch als ein Gerät, durch das man Kenntnisse und Fähigkeiten in das menschliche Gehirn gießen kann. 1647 veröffentlichte der deutsche Dichter Georg Philipp Harsdörffer (1607–58) in Nürnberg eine Poetik: »Poetischer Trichter, die teutsche Dicht- und Reimkunst ohne Behuf der lateinischen Sprache in sechs Stunden einzugießen«, bekannt unter dem Namen »Nürnberger Trichter«. Die oben genannten, im 18. Jh. aufkommenden Redensarten schließen zwar an diesen Trichter an, aber die Vorstellung, die zugrunde liegt, bleibt unklar.

(Auf dem) Trittbrett fahren umgangssprachlich: *sich an Unternehmungen anderer passiv anschließen und davon profitieren, ohne selbst etwas dafür zu tun:* Als die öffentlichen Verkehrsmittel noch Trittbretter hatten, fuhren darauf gelegentlich Schwarzfahrer mit, die sofort abspringen konnten, wenn sich ein Kontrolleur näherte.

Sein Schäfchen ins Trockene bringen Vergleiche »Schäfchen«.

Nicht (recht/ganz) bei Trost sein *nicht bei Verstand sein:* Die Herkunft dieser Redensart ist nicht geklärt. Grimm (»Deutsches Wörterbuch«) stellt fest: »Ein ganz selbstständig gewordener, jetzt fast für sich stehender Gebrauch des Wortes liegt in der Wendung ›nicht bei Troste sein‹ vor, die nicht über die Mitte des 18. Jh. zurückreicht und deren Entstehung aus den anderen Bedeutungen von ›Trost‹ nicht klar wird, da sie ›nicht bei Sinnen, Besinnung, Verstand sein‹ oder geradezu ›verrückt sein‹ bedeutet, wennschon sie meist nur im Spaß oder bei Verstellung angewandt wird … Sie tritt bezeichnenderweise nur in der negativen Form auf oder im (negative Antwort erwartenden) Fragesatz … Die Wendung gehört vor allem der Umgangssprache an und ist daraus erst in die Schriftsprache übergegangen.« Lutz Röhrich (wie auch andere vor ihm) hat versucht, an Bedeutungen von »Trost« wie »Hilfe, Schutz« oder

»Hoffnung, Zuversicht« anzuknüpfen. Osthoff glaubt, in »Trost« die Bedeutung »Gesundheit (des Geistes)« zu finden, und beruft sich dabei auf iranische Parallelen. Richey zitiert in seinem »Idioticon Hamburgense« von 1755 als einer der ersten Wörterbuchautoren die Wendung: »He is nich recht by Trost = er ist unrichtig im Kopffe.« Wieland verwendet sie für einen ironischen Einfall: »wenn der König manchmal (was andern Königen wohl zuweilen auch geschehen) nicht wohl bei Troste war.«

Im Trüben fischen *auf nicht einwandfreie, unehrliche Weise aus unklaren, verworrenen Verhältnissen seinen Vorteil ziehen:* verkürzt aus »im trüben Wasser fischen«, das in der Humanistenzeit (16. Jh.) aufkommt, weil die Quelle der Redensart in der Antike zu finden ist: Sie beruht auf Äsops Fabel vom Fischer, der das Wasser peitscht, um die Fische in seine Netze zu treiben. Auf die Frage, warum er das Wasser trübe, antwortet er (übersetzt aus einer lateinischen Bearbeitung äsopischer Fabeln): »Wenn ich das Wasser nicht in dieser Weise aufrührte, müsste ich Hungers sterben. (Die Moral, die daraus folgt:) Diese Fabel lehrt, dass in gleicher Weise die Herrscher in den Städten dann sehr reich werden, wenn sie diese in Aufruhr hineinführen.«
Der Gedanke der Fabel schlug sich schon in antiken Texten nieder, z. B. bei Aristophanes, der in seinem Stück »Die Ritter« (Hippes) von 424 die Entmachtung des demagogischen Kriegstreibers Kleon in Athen und die Wiederherstellung des Friedens forderte. Dort heißt es: »Gleich ja wie Fischer, wenn sie Aal' einfangen wollen, tust du: Solange ruhig steht der See, bekommen sie durchaus nichts; doch wenn sie aufwärts und hinab den dicken Schlamm gerührt, dann gibt es was. Auch du (Kleon) bekommst nur, wenn die Stadt du aufwühlst.«
Die Redensart findet sich in vielen europäischen Sprachen, überwiegend auf Vorgänge des öffentlichen Lebens bezogen: englisch »to fish in troubled waters«, französisch »pêcher en eau trouble«; italienisch »pescare in torbido«; niederländisch »in troebel water vissen« u. a.

Trübsal blasen umgangssprachlich: *traurig dasitzen, trüben Gedanken nachhängen:* Die Verbindung mit dem Verb »blasen« ist nicht geklärt. Vielleicht verkürzt aus »ein Lied der Trübsal blasen«. Im Schwäbischen gibt es ein »Trauer blasen«, das auf die einen Trauerfall anzeigende Blasmusik vom Turm zurückgeführt wird.

Auf die Tube drücken umgangssprachlich: *mit dem Auto schneller fahren, sich beeilen; sich größere Mühe geben, um eine Aufgabe, eine Arbeit abzuschließen:* Analog zu »Gas geben« ist hier ursprünglich die Beschleunigung des Autos gemeint (Vergleich mit dem Vergaser, der als Tube bezeichnet wird). Eines der vielen Beispiele, die zeigen, wie die Technik die Sprache beeinflusst. Das Substantiv »Tube« wurde erst in der zweiten Hälfte des 19. Jh.s aus dem Englischen entlehnt (englisch »tube«).

(Wie) ein rotes Tuch Vergleiche »rot«.

In trockenen Tüchern sein/etwas in trockenen Tüchern haben
umgangssprachlich: *fertig, abgeschlossen sein/etwas fertig, abgeschlossen haben:* 1995 veröffentlichte Wolfgang Müller in der österreichischen Zeitschrift »Gegenwart« einen Artikel mit dem Titel »Wie kommen die Wörter ins Wörterbuch?«, in dem er die Sammelarbeit der Wörterbuchautoren besprach: Der Wortschatz der vorhandenen Wörterbücher muss ergänzt werden durch das Sammeln von neuen Wörtern (Neologismen), die noch in keinem Wörterbuch verzeichnet sind. Das geschieht durch gezieltes Exzerpieren von Zeitungen, Zeitschriften und Büchern, durch Zufallsfunde und auch durch Hörbelege aus Vorträgen, Reden, Hörfunk und Fernsehen. Müller: »Norbert Blüm hat 1993 bei der Diskussion um die Pflegeversicherung (im Fernsehen) gesagt, dass diese Versicherung bis Pfingsten ›in trockenen Tüchern sein‹ werde. Diese Wendung war neu und in den Wörterbüchern nicht belegt ... Erst ein Jahr später wurde sie auch gedruckt entdeckt und für die Kartei exzerpiert.«
Der Ursprung der Wendung ist nicht bekannt. Vielleicht liegt die Vorstellung zugrunde, dass in einem Unwetter, bei einem Schiffbruch o. Ä. durchnässte Menschen vor gesundheitlichen Schäden bewahrt werden, indem man ihre Kleidung durch trockene, warme Tücher ersetzt. Möglicherweise leitet sie sich auch vom Trockenlegen eines Kleinkindes her (vergleiche die österreichische Redewendung »aus den nassen Windeln kommen«), und schließlich gibt es noch die Vermutung, dass der Prozess der Käseherstellung, bei der die Käsemasse mit einem Tuch aus der Molke gesiebt wird, zur Entstehung der Wendung geführt haben könnte.

(Mit jemandem) auf Tuchfühlung gehen umgangssprachlich scherzhaft: *[mit jemandem] in engeren [körperlichen] Kontakt kommen:* Die Wendung geht auf die Soldatensprache zurück: »Auf Tuchfühlung« heißt dort (von den in Reih und Glied stehenden Soldaten) »so dicht nebeneinander, dass das Tuch der Uniform das des Nebenmannes berührt.«

Was tun, spricht Zeus scherzhaft: *was sollen wir tun?:* Diese Redensart geht auf Schillers Gedicht »Teilung der Erde« zurück. Bei der Aufteilung der Erde unter die Menschen droht der Dichter schon leer auszugehen, als Zeus ihm im weiteren Text der Strophe folgendes Angebot macht: »Die Welt ist weggegeben,/Der Herbst, die Jagd, der Markt ist nicht mehr mein./Willst du in meinem Himmel mit mir leben,/Sooft du kommst, er soll dir offen sein.« In der saloppen Umgangssprache wird das Zitat gelegentlich respektlos zu »›Was tun?‹ spricht Zeus, ›die Götter sind besoffen‹« erweitert.

Einen Fuß in die Tür bekommen umgangssprachlich: *eine Beteiligung, Mitwirkung, Beachtung o. Ä. erreichen:* Die Redewendung leitet sich von dem Bild des hartnäckigen Verkäufers an der Wohnungstür her, der seinen Fuß in die geöffnete Tür stellt, damit sie nicht gleich wieder geschlossen werden kann.

Jemandem den Stuhl vor die Tür setzen Vergleiche »Stuhl«.

Einen Türken bauen umgangssprachlich: *etwas vortäuschen, vorspiegeln, ein Original nachahmen, als echt hinstellen*: An die Wendung schließt sich das Verb »türken« an, das meist im zweiten Partizip »getürkt« auftritt und »gefälscht, fingiert, unecht, gelogen« bedeutet. Die Herkunft der Wendung ist trotz aller Deutungsversuche nicht geklärt. Vielleicht stammt sie aus der Soldatensprache, in der früher mit »Türke« eine eingedrillte Gefechtsübung gegen einen angenommenen Feind bezeichnet wurde. Da die Wendung als diskriminierend empfunden werden kann, wird sie heute seltener gebraucht.

Im elfenbeinernen Turm (Elfenbeinturm) leben/sitzen
Vergleiche »Elfenbeinturm«.

Kein/nicht ein Tüttelchen umgangssprachlich: *nicht die geringste Kleinigkeit, kein bisschen, nichts:* Das »Tüttelchen« ist ein kleiner »Tüttel« = Punkt, i-Punkt, Tüpfel, ein aus dem lateinischen »titulus« (= Spitze, Abkürzungszeichen) entlehntes Wort, das heute veraltet ist. Mit der Bedeutung »i-Punkt« verband sich schon früh (spätmittelhochdeutsch) der Beisinn »Kleinigkeit« (ähnlich »kein/nicht ein Jota«, vergleiche »Jota«). Die Diminutivform »Tüttelchen« ist seit dem 18. Jh. bezeugt und hat die Bedeutung von »Tüttel« übernommen. Mit dem Substantiv »die Tüttel« = Brustspitze hat das Wort nichts zu tun, höchstens in einer Art volksetymologischer Umdeutung. Geschlecht und Bedeutung dieses Wortes sind verschieden.

ABCDEFGHIJKLMNOPQRST**U**VWXYZ

Übel **Das kleinere Übel wählen** *(eine Sache, Angelegenheit mit einem nur etwas geringeren Nachteil als eine andere wählen):* Diese und die folgende Fügung sind Lehnübersetzungen aus altgriechischen Texten. Das »kleinere Übel« ist belegt in der Schrift »Protagoras« von Plato, in der Sokrates mit dem Ausspruch zu Wort kommt: »Von zwei Übeln wird niemand das größere wählen, wenn er das kleinere wählen kann.« Ähnlich drückt es der römische Redner Cicero aus, wenn er in seiner Schrift »De officiis« schreibt: »Ex malis eligere minima oportere« = von Übeln sollte man die kleinsten wählen; als verbreitetes lateinisches Sprichwort zitiert er: »Minima de malis«.
Im Mittelalter zitiert Thomas a Kempis die Fügung in seiner »Imitatio Christi« (15. Jh.). Englisch »of two evils choose the less«; französisch »de deux maux (il faut) choisir le moindre«; italienisch »tra due mali scegliere il minore«; **ein notwendiges Übel** *(ein unvermeidbares Übel)* stammt ebenfalls aus der Antike: Der griechische Komödiendichter Menandros (342–291 v. Chr.) bezeichnet Heiraten zwar als ein Übel, aber immerhin als ein notwendiges (griechisch »anangkaion kakon«), im 4. Jh. n. Chr. ins Lateinische übersetzt als »malum necessarium«.

Die üblichen Verdächtigen umgangssprachlich: *die vorhersehbar an etwas Beteiligten:* Der Ausdruck ist ein Zitat aus dem Spielfilm »Casablanca« und gleichzeitig der Titel eines Kriminalfilms von 1995. In »Casablanca« beschreibt der Polizeichef mit *Round up the usual suspects* (»Verhaften Sie die üblichen Verdächtigen«) seine eigene (kriminelle) Vorgehensweise. Die Wendung dient häufig zur Rechtfertigung einer Strategie, die sich zwar an der Praxis orientiert, aber nicht unbedingt als moralisch einwandfrei gilt.

Vom anderen Ufer sein umgangssprachlich: *schwul oder lesbisch sein:* eine der vielen Umschreibungen, mit deren Hilfe das direkte Aussprechen vermieden wird.

Den heiligen Ulrich anrufen umgangssprachlich verhüllend: *sich erbrechen:* Der Name »Ulrich« ist in dieser Wendung als lautmalerische Wiedergabe des Geräuschs anzusehen, das ein Mensch beim Erbrechen von sich gibt.

Ultima Ratio bildungssprachlich: *letztes, äußerstes Mittel:* Das letzte Mittel bedeutet oft (Waffen)gewalt, die von Herrschenden ausgeht. In seinem Drama »In diesem Leben ist alles wahr und alles Lüge« kommt der spanische Barockdichter Pedro Calderón de la Barca (1600–81) zu der Erkenntnis, dass Pulver und Blei die »ultima razon de reyes« sind (das letzte Mittel der Könige).
In lateinischer Sprache (»Ultima ratio regum«) stand die Fügung im 17. Jh. auf französischen Kanonen (erst 1796 getilgt von der Assemblée Nationale). Im Zeitalter des Absolutismus fanden sich Nachahmer: 1742 ließ Friedrich der Große die Inschrift »Ultima ratio regis« (das letzte Mittel des Königs) auf allen Bronzegeschützen anbringen und bezog damit den allgemeinen Ausdruck auf sich persönlich. Zyniker verlängerten ihn mit »nec pessima« = und nicht das schlechteste (Mittel) und rechtfertigten damit den Krieg.

Umgekehrt wird ein Schuh draus Vergleiche »Schuh«.

Den Spieß umkehren/umdrehen umgangssprachlich: *mit der gleichen Methode angreifen, mit der man angegriffen wurde; den Gegner mit* *dessen eigenen Waffen schlagen; von der Abwehr zum Angriff übergehen:* ein Bild aus der Zeit, wo man mit Spießen kämpfte; man entriss dem Feind den Spieß und kehrte ihn gegen ihn.

Ohne Umschweife/keine Umschweife machen *gerade-, freiheraus, frei von der Leber weg, direkt (sagen):* fast nur noch in dieser Wendung gebräuchlich und als »Abschweifung vom Thema« schon im Mittelhochdeutschen üblich. »Unschweif« ist ein männliches Substantiv und »Umschweife« seine Pluralform. Die Übertragung geht von der konkreten Bedeutung »Krümmung, Windung« aus, Grundbedeutung ist »die unregelmäßig hin und her gehende Bewegung«.

Umstand Dieses Substantiv hatte ursprünglich eine ganz konkrete Bedeutung, nämlich »die um etwas (z. B. das Gericht) herumstehenden Leute«. Die Gerichtsgemeinde hatte im Gegensatz zu den Richtern und Schöffen nicht die Bequemlichkeit des Sitzens.
Abstrakt gewendet wurden die »Umstände« dann zu umgebenden Merkmalen, Verhältnissen, die etwas näher bestimmten: **unter diesen/unter keinen Umständen.** Die Verhältnisse, von denen etwas umgeben ist (diese »Umstände« geben das spätlateinische »circumstantia« wieder), bedingen dann ein Ergebnis, das sich als »Lage, Situation« darstellt, z. B. glückliche Umstände bewirkten dies; sich in die Umstände fügen; **in anderen/gesegneten Umständen sein** (verhüllend: *schwanger sein*); **keine Umstände machen** *(keine umständlichen Vorbereitungen treffen):* Diese Wendung geht auf die Umschweife und Umständlichkeiten besonders der Rede zurück, wozu auch **ohne Umstände** gehört.

Dreimal umziehen ist so gut wie einmal abgebrannt *bei jedem Umzug wird ein Teil der Wohnungseinrichtung beschädigt oder geht verloren:* Diese Redensart geht auf das englische »three movals are as bad as a fire« zurück, als deren Urheber Benjamin Franklin gilt.

Ungeschoren bleiben/davonkommen *keinen Schaden, Nachteil erleiden*/**jemanden ungeschoren lassen** *(nicht benachteiligen, nicht behelligen):* »Ungeschoren« bedeutet zunächst ganz konkret »nicht geschoren« (von Tieren, besonders Schafen, von Pflanzen, Hecken, Häuten, vom menschlichen Haar oder Bart).

Die Übertragung geht von alten Wendungen aus, die das Scheren als unangenehm, verletzend, schädlich kennzeichnen, z. B. jemanden schert (schmerzt) es im Leib; den Feind scheren (schlagen); die Leute scheren (ausbeuten, übervorteilen), dazu sprichwörtlich: Wer nicht schert, der wird geschoren (im Neoliberalismus wieder aktuell), ausgehend vom Scheren der Schafe, die ihre Wolle verlieren, vielleicht auch vom erzwungenen, rauen, schmerzenden Bearbeiten des menschlichen Haares oder Bartes, jedoch nicht von der alten Strafe des Haarabschneidens. Die Wendung »jemanden ungeschoren lassen« ist mittelhochdeutsch noch nicht belegt, sie erscheint literarisch erst in der 2. Hälfte des 17. Jh.s.

Unrasiert und fern der Heimat scherzhaft: *für längere Zeit nicht zu Hause und damit ohne geregeltes Leben:* Die Wendung stammt aus der Soldaten- bzw. Seemannssprache und ist vielleicht eine scherzhafte Abwandlung der Zeilen von August von Platens Gedicht »Das Grab am Busento«, wo es heißt: »Allzu früh und fern der Heimat mussten hier sie ihn begraben, während noch die Jugendlocken seine Schultern blond umgaben.«

Seine Hände in Unschuld waschen Vergleiche »Hände«.

Unstern **Unter einem Unstern stehen** *(von Unheil, Unglück, einer unglücklichen Konstellation, von Missgeschick, Pech begleitet sein):* Der »Unstern« ist das Gegenteil von »Stern« in der Bedeutung »guter, glücklicher Stern«. Die Wendung ist gleichbedeutend mit »unter einem schlechten/ungünstigen Stern stehen«. Der »Unstern« kommt in der 2. Hälfte des 16. Jh.s auf und ist im 17. Jh. überaus beliebt. In der nachfolgenden Zeit nimmt sein Gebrauch stetig ab; heute lebt das Wort nur noch in wenigen Redensarten weiter, z. B. **von einem Unstern verfolgt werden; ein Unstern waltete über …** Der Ausdruck scheint dem französischen »désastre« (deutsch »Desaster«, italienisch »disastro«) nachgebildet zu sein. Voraus ging der »Unglücksstern« als Gegenbildung zu »Glücksstern«. 1814 widmete Ludwig Uhland dem »Unstern« ein sechsstrophiges Gedicht, in dem er humorvoll schildert, wie dem personifizierten Unstern im Krieg, in der Liebe, beim Erwerb von Reichtum, beim Tod und beim Aufstieg in den Himmel immer etwas in die Quere kommt, was sein Glück verhindert.

Unter aller Kanone Vergleiche »Kanone«.

Up to date sein *auf dem neuesten Stand, auf dem Laufenden, auf der Höhe der Zeit sein:* englisch »up to date«, eigentlich: bis zum (heutigen) Datum.

Fröhliche Urständ feiern scherzhaft: *von etwas Vergangenem, Veraltetem,* oft abschätzig: *wieder aufleben:* Das Substantiv »Urstände« (alt-, mittelhochdeutsch »urstende«) bedeutete so viel wie »Wiederaufstehen, -hervorkommen, -erneuerung, besonders die Auferstehung Christi«. Neuhochdeutsch häufig »Urständ« (mit Apokope des e). Es ist vor allem ein oberdeutsches Wort, das von altertümelnder Sprache weitergetragen wird. Von den zahlreichen adjektivischen Attributen (heilige, gemeine, selige, ewige, glückliche, frohe Urständ) hat sich in der heutigen scherzhaften Redensart fast als einziges »fröhliche« erhalten.

ABCDEFGHIJKLMNOPQRSTU **V** WXYZ

Va banque spielen bildungssprachlich: *alles riskieren, aufs Spiel, auf eine Karte setzen:* französisch »va banque« = es gilt, geht um die Bank!, d. h., wer va banque spielt, spielt um den gesamten Einsatz der Bank. Im 19. Jh. wird die Wendung auf leichtsinniges Verhalten in einer gefährlichen Lage übertragen.

Vae victis! bildungssprachlich: *Wehe den Besiegten!:* ein alter Ausspruch, der bis heute seine Gültigkeit bewahrt hat. Ursprung der sprichwörtlichen Fügung soll nach Livius der Vorgang gewesen sein, der sich 386 v. Chr. in Rom abspielte: Nach der Niederlage der Römer gegen die Gallier an der Allia besetzten diese die Stadt sieben Monate lang. Die Römer waren gezwungen, den Abzug der Feinde mit Gold zu erkaufen. Als ein römischer Offizier gegen falsche Gewichte der Gallier protestierte, warf der gallische Heerführer Brennus mit den Worten »Vae victis!« auch noch sein Schwert zu den Gewichten in der Waagschale.

Einer Sache Valet sagen veraltend: *sie aufgeben:* Diese Wendung ist eine Lehnübersetzung aus dem Lateinischen: »Vale dicere« heißt es in den »Metamorphosen« (Verwandlungssagen) des römischen Dichters Ovid (43 v. Chr. bis 18. n. Chr.). »Vale« (= leb wohl) und »valete« (lebt wohl) war die Abschlussformel in römischen Briefen. »Valet« ist verkürzt aus älterem »Valete«, das in der Humanistenzeit im 16. Jh. gebräuchlich war und auch bei Luther 1520 in seiner Schrift »An den christlichen Adel deutscher Nation« steht: »Es ist noch das Valete dahyn denn das muss ich auch geben.« Der Wegfall des e erfolgte im 17. Jh.

Hausen wie die Vandalen *etwas sinnlos zerstören:* 1794 sprach der französische Bischof Henri Gregoire von Blois von »vandalisme«; mit diesem Ausdruck wollte er die Kunstfrevel der Jakobiner geißeln. Er bezog sich damit auf die 14-tägige Plünderung Roms im Juni 455 n. Chr. durch die Vandalen, ein ostgermanisches Volk, an dessen Spitze damals König Geiserich stand. Da die Quellen zur Geschichte der Vandalen meist katholischen Ursprungs sind, die Vandalen aber Arianer waren und die katholischen Athanasianer verfolgten, könnten die katholischen Berichte über die Gräueltaten der Vandalen zu Übertreibungen neigen.

Variatio delectat bildungssprachlich: *Abwechslung erfreut (den Menschen):* Dass Abwechslung des Lebens Würze ausmacht, ist schon während der Antike bei den Griechen wie bei den Römern eine Erkenntnis, die in vielen »Variationen« immer wieder formuliert wurde (lateinisch »variatio« = Verschiedenheit, »delectare« = erfreuen; vergleiche unser Fremdwort »sich delektieren«).

Väterchen Frost scherzhaft: *große Kälte, Frost (in der Personifizierung eines alten Mannes):* Bei dieser Bezeichnung handelt es sich um eine Lehnübersetzung des russischen »Ded Moroz«.

Veni, vidi, vici bildungssprachlich: *ich kam, ich sah, ich siegte:* einer der bekanntesten lateinischen Aussprüche. Die Worte soll Cäsar 47 v. Chr. nach seinem Sieg bei Zela über Pharnakes II., den König von Bosporos, an seinen Freund Amantius (nach anderen: Amintius, Gaius Matius) geschrieben haben. Beim Triumphzug in Rom ließ er eine Tafel mit diesen Worten vor sich her tragen. Überliefert hat es der römische Historiker

Sueton (1. Jh. n. Chr.) in seinem Werk »De vita Caesarum«, das die Biografien von zwölf Kaisern von Cäsar bis Domitian enthält.
Der Ausspruch wird öfter (überwiegend) parodistisch abgewandelt, seltener im zweiten, meist im dritten Glied. Bekannt geworden ist die Abwandlung »Veni, vidi, Deus vicit« (= Ich kam, ich sah, Gott siegte), die Karl V. nach seinem Sieg bei Mühlberg über die Protestanten vornahm, in einer Mischung aus Stolz, christlicher Demut und Heuchelei.

Verblümt Vergleiche »Blume«.

Verbocken Vergleiche »Bock«.

Verbrannte Erde *völlig verwüstetes Terrain; völliges, unversöhnliches Zerwürfnis:* Im militärischen Bereich spricht man von einer »Taktik der verbrannten Erde«, bei der geschlagene Truppen auf dem Rückzug alles vernichten, was dem nachrückenden Feind von Nutzen sein könnte.
Der Ausdruck geht wohl auf das Chinesische zurück und wurde 1937 in der Form »scorched earth policy« erstmals im Englischen gebraucht.

Etwas bis zur Vergasung tun/betreiben umgangssprachlich: *etwas bis zum Überdruss praktizieren:* Diese Wendung ist fälschlich auf die Tötung von Juden durch Gas in der Nazizeit bezogen und als Beispiel für eine inhumane Ausdrucksweise getadelt worden. »Vergasen« (als spezifisches Fachwort in Grimms »Deutschem Wörterbuch« 1956 noch nicht verbucht) entstammt dem Bereich der Naturwissenschaften und bedeutet ursprünglich »in den letzten Aggregatzustand (Gas) überführen«, was die Vorstellung »bis zum Letzten, bis es nicht mehr weitergeht« hervorrief. Erst die weitere Bedeutungsentwicklung führte über das Vergasen von Ungeziefer und Kleintieren bis zum Vergasen von Menschen, d. h. zum Töten durch Giftgas.

Vergebliche (verlorene) Liebesmüh(e) sein Vergleiche »Liebesmühe«.

Jemanden/etwas nicht verknusen können umgangssprachlich: *jemanden/etwas nicht mögen, nicht ausstehen können:* »Verknusen« ist vor allem ein niederdeutsches Wort und bedeutet ursprünglich »verdauen, (ver)kauen«. Von schwer verdaulichen Speisen wird der Begriff auf

Menschen oder Sachen übertragen. Eine andere übertragene (positive) Bedeutung »innerlich verarbeiten« ist nicht schriftsprachlich geworden.

Jemandem die Tour vermasseln Vergleiche »Tour«.

Sich einen/keinen Vers auf etwas machen können umgangssprachlich: *sich etwas (nicht) erklären können:* Diese Redensart könnte sich auf Moritatensänger beziehen, die zu bestimmten Bildtafeln ihre festen Verse aufsagten und so das abgebildete Geschehen erläuterten.

Verschieben wir's auf morgen *schlafen wir eine Nacht und entscheiden am nächsten Tag darüber, wie ein Problem gelöst werden kann:* Die Wendung ist ein Zitat aus dem Film »Vom Winde verweht« (»Gone with the Wind«). Die Überlebensstrategie der Titelheldin Scarlett O'Hara besteht darin, unangenehme Entscheidungen nicht unmittelbar anzugehen, sondern sie vielmehr eine Weile vor sich herzuschieben (bis sich unter Umständen von selbst eine Lösung ergibt).

Unter dem Siegel der Verschwiegenheit *streng vertraulich:* Mit einem Siegel verschloss man Briefe oder andere Sendungen. Die Übertragung geht von der Vorstellung aus, dass ein Siegel auf den Mund gedrückt wird und diesen am Sprechen hindert. Alte Wendungen bezeugen das: »O das ich künde ein Schlos an meinen Mund legen und ein fest Siegel auff mein Maul drücken, das ... meine Zunge mich nicht verderbet« (aus einer übersetzten apokryphen Spruchsammlung des Jesus Sirach, eines Spruchdichters aus dem 2. Jh. v. Chr.). Wenn man jemanden zum Schweigen auffordert, legt man den Zeigefinger an den Mund.

In der Versenkung verschwinden umgangssprachlich: *plötzlich nicht mehr in Erscheinung treten:* Diese Wendung stammt aus der Theaterwelt und bezieht sich auf die Bühnenmaschinerie, mit deren Hilfe Figuren auf dramatische Weise auf der Bühne auftauchen oder im Boden versinken können.

Verzug

Ohne (allen/jeden) Verzug *(ohne Aufschub, ohne Verzögerung):* Gebildet ist das Substantiv zu dem heute veralteten Verb »verziehen« =

aufschieben, hinauszögern. **Mit etwas in Verzug geraten** *(nicht pünktlich fertig werden, im Rückstand sein);* die Fügung **Gefahr im Verzuge** ist eine Lehnübersetzung des lateinischen »periculum in mora« (belegt für das 18. Jh.), bedeutete also »Gefahr liegt im Aufschieben, Hinauszögern«. Im 19. Jh. verschiebt sich jedoch der Sinn auf die durch den Verzug drohende Gefahr, sodass die Fügung nun das Gleiche bedeutet wie »Gefahr im Anzug«, d. h., es droht Gefahr. Sie ist bis heute geläufig.
Die lateinische Fügung »periculum in mora« soll auf eine Textstelle des römischen Historikers Livius (59 v. Chr. bis 17 n. Chr.) in seiner »Römischen Geschichte« zurückgehen. Sie ist in der vorliegenden Form ein Ausdruck der bis in die neuere Zeit gebrauchten lateinischen Rechtssprache geworden, der sich allerdings nicht im »Corpus Iuris« findet.

Vice versa bildungssprachlich: *[und] umgekehrt, wechselweise:* Dic lateinischen Wörter (nachklassisch: »versa vice«) bedeuten wörtlich »im umgewendeten, umgekehrten Wechsel«.

Machtlos vis-à-vis stehen *einer Situation gegenüber nichts ändern, nicht eingreifen können:* Französisch »vis-à-vis« bedeutet »gegenüber«, eigentlich = Gesicht zu Gesicht.

Visier **Mit offenem Visier kämpfen** *(kämpfen und dabei seine Absichten klar zu erkennen geben):* Diese Redensart stammt aus der Welt der spätmittelalterlichen Ritter und ihrer Rüstung, die sie in Kampf und Turnier benötigten. Die sogenannten Visierhelme des 15. und 16. Jh.s hatten einen Gesichtsschutz mit Sehschlitzen, der an seitlichen Drehzapfen befestigt und dadurch aufklappbar war. Wenn der Ritter diesen Gesichtsschutz aufklappte, war das Visier offen, und man konnte ihn identifizieren; **das Visier lüften** *(sich, seine Absichten zu erkennen geben)* ist eine gebräuchliche Wendung.
Das Substantiv »Visier« selbst hängt mit dem Begriff des Sehens zusammen: Spätmittelhochdeutsch »visier(e)« ist übernommen aus altfranzösisch »visiere«, das zu »vis« = Gesicht gehört (lateinisch »visus«, zu »videre« = sehen); **jemanden im Visier haben** (umgangssprachlich: *jemanden beobachten, um ihn für etwas zu benutzen oder ihm zu schaden*): Hier ist das Visier einer Schusswaffe gemeint.

Vogel **Ein seltener Vogel** (umgangssprachlich: *ein eigentümlicher, verschrobener, wunderlicher, seltsamer Mensch, Kauz*): Oft wird »Vogel« auf Menschen bezogen, mit attributivem Adjektiv (ein leichtsinniger, lustiger Vogel) oder als Zusammensetzung (Spottvogel, Galgenvogel), wobei die ungünstigen, abschätzigen Inhalte überwiegen. Der »seltene Vogel« ist Lehnübersetzung des lateinischen »rara avis«, eine Fügung, die schon bei römischen Dichtern (Horaz, Juvenal, Persius Flaccus) vorkommt.
Auch Luther gebraucht sie, allerdings mit dem Attribut »seltzam«: »und solt wissen, das von anbegynn der wellt gar eyn seltzam vogel ist umb einen klugen fürsten«; **den Vogel abschießen** (umgangssprachlich, oft ironisch: *den größten Erfolg erringen*): Das »Vogelschießen«, ein Schützenfest, bei dem nach einem hölzernen Vogel auf einer Stange geschossen wurde, war eine Veranstaltung, die von einer Schützengesellschaft ausgerichtet wurde. Wer den Rest des Vogels herunterschoss, bekam als Schützenkönig einen Preis; **einen Vogel haben** (umgangssprachlich: *nicht recht bei Trost sein, nicht bei Verstand, nicht recht gescheit sein*): Grimms »Deutsches Wörterbuch« geht von der Vorstellung aus, dass ein Vogel die betreffende Person gepickt habe. Wahrscheinlicher ist die Herleitung von dem alten Volksglauben, dass bei einem Geistesgestörten ein Vogel im Kopf nistet. Vergleiche »Bei dir piept's wohl?«; **jemandem den Vogel zeigen** (umgangssprachlich: den Zeigefinger an die Schläfe oder Stirn legen, um jemandem zu zeigen, dass er nicht ganz bei Verstand sei): Diese als Autofahrergruß berüchtigte und oft getadelte Geste steht in engem Zusammenhang mit der zuvor behandelten Wendung »einen Vogel haben«.

Das Volk der Dichter und Denker meist scherzhaft: *das deutsche Volk, die Deutschen:* Urheber dieses Ausdrucks ist vermutlich der Schriftsteller Johann Karl August Musäus (1735–87), der in der Einleitung zu seinen »Volksmärchen der Deutschen« schreibt: »Was wäre das enthusiastische Volk unserer Denker, Dichter, Schweber, Seher ohne die die glücklichen Einflüsse der Fantasie?«. Die heute geläufige Umstellung »Dichter und Denker« wurde – allerdings ohne Bezug auf Deutschland – von Jean Paul geprägt.

Jemanden nicht für voll ansehen/nehmen umgangssprachlich: *nicht ernst nehmen:* Die Redensart ist schon im Mittelhochdeutschen bezeugt. Vielleicht leitet sie sich her von der Münze, die nicht ihr volles Gewicht hat. Diese Meinung wird auch in Grimms »Deutschem Wörterbuch« vertreten: »Eine Münze für voll nehmen = sie als nach Gewicht und Metall dem Gesetz entsprechend gelten lassen, danach übertragen im weitesten Sinne, besonders gern auf Personen bezogen …« Doch ist möglicherweise eine andere Herleitung denkbar: »Voll« wurde nämlich auch auf die Persönlichkeit bezogen, dies schon im Mittelhochdeutschen »ein voller mensch vünf sinne hat« (Reinmar von Zweter). »Voll« bedeutete »ganz entwickelt, ausgewachsen«; **in die Vollen gehen** (umgangssprachlich: *nachdrücklich, mit aller Kraft für etwas tätig sein*): Die Wendung soll vom Kegelspiel ausgehen. Der Wurf ins Volle ist ein Wurf, mit dem alle neun Kegel fallen können.

Vonstattengehen *stattfinden, vor sich gehen, ablaufen:* in älterer Sprache »von Statt gehen«: »kurtzumb es wolt nit gan von statt« (Manuel, Weinspiel, 1548). »Stat« (alt-, mittelhochdeutsch »stat« = Ort, Stelle) bezeichnet in Verbindung mit »von« den Ausgangspunkt einer Sache. Die Erweiterung -statten ist eigentlich eine alte Flexionsform des Substantivs (Dativ Plural), die später in formaler Angleichung an andere Bildungen mit -statten erfolgte.

Jemanden/etwas auf Vordermann bringen umgangssprachlich: *zu einem Verhalten bringen bzw. in einen Zustand der Ordnung versetzen, der vom Sprechenden gewünscht wird:* Der »Vordermann«, vom Militär bekannt als der in einer einzelnen Reihe oder im nächstvorderen Glied einer Truppe vor einem Stehende (18. Jh.), hat das Vorbild für die Übertragung geliefert. War eine Truppe nicht auf Vordermann ausgerichtet, war sie ein disziplinloser »Sauhaufen«, der geordnet werden musste.

Jemandem/einer Sache Vorschub leisten *jemandem eine (meist nicht zu billigende) Förderung angedeihen lassen:* Das Substantiv »Vorschub« leitet sich von dem Verb »vorschieben« ab, das »fördern, weiterbringen« bedeutet (eigentlich: vorwärtsschieben). In diesem Sinne wird es heute nicht mehr gebraucht. Die Sprache der Gegenwart hat die Verbindung »Vorschub + Verb« immer mehr beschränkt, sodass fast nur noch

»Vorschub leisten« (seit dem 17. Jh.) übrig geblieben ist. Früher wurden noch mehr Verben verwendet: Vorschub tun, geben, haben, bieten, erlangen u. a.

(Unter der) Vorspiegelung falscher Tatsachen scherzhaft: *Vortäuschung von etwas, was gar nicht vorhanden ist oder nicht stimmt; Betrug, Täuschung:* Eine »Tatsache« ist ein Faktum, ein wirklicher, gegebener Umstand (nach englisch »matter of fact«, dies nach lateinisch »res facti« oder »res factae«), der die Bedeutung von »wahr« einschließt. Außerdem ist die »Vorspiegelung« schon an und für sich so viel wie Täuschung, Betrug, sodass das abhängige Genitivattribut (falscher Tatsachen) überflüssig ist. Die »falsche Vorspiegelung« ist literarisch bezeugt, so bei Georg Forster und bei Bismarck in dessen politischen Reden. Im Gegensatz zu den Sprachpflegern, die eine solche Verbindung für unsinnig halten, erklären sie die Sprachwissenschaftler damit, dass das Adjektiv »falsch« die schon im Substantiv »Vorspiegelung« liegende Vorstellung nur verstärkt. Verbindungen wie »listige« oder »lügnerische« Vorspiegelungen sind ebenfalls literarisch belegt.

ABCDEFGHIJKLMNOPQRSTUV**W**XYZ

Die Waffen strecken gehoben: *den Widerstand aufgeben, sich für überwunden erklären, kapitulieren:* eine Redensart aus der Sprache des Militärs. Das Verb »strecken« bedeutete im konkreten Sinn »die Waffen aus den Händen, der Länge nach vor sich hin auf den Boden legen«.

Die nackte Wahrheit sein *nichts als die Wahrheit sein, ohne Bemäntelung oder Verbrämung; die ungeschminkte, unverhüllte, unverschleierte, bloße Wahrheit sein:* Auch diese Wendung hat eine antike Quelle: In seinen Oden spricht der römische Dichter Horaz (65–8 v. Chr.) von der »nuda veritas«. Vergleiche die Redensart »der Wahrheit ein Mäntelchen umhängen« als Gegensatz zur »nackten Wahrheit«.

Das Schweigen im Walde Vergleiche »Schweigen«.

Auf die Walz(e) gehen/auf der Walz(e) sein umgangssprachlich veraltend: *auf Wanderschaft gehen, sein:* eine Redensart, die der Gaunersprache entstammt und dann von den wandernden Handwerksburschen übernommen wurde. Diese »Walze« hat nichts mit dem »runden, zylindrischen Gegenstand, der sich um seine Achse dreht« zu tun, sondern ist eine Substantivbildung zu dem Verb »walzen« in der mundartlichen Bedeutung »schlendern, müßig, planlos hin und her gehen«. Das Verb wurde schon im Mittelhochdeutschen für den menschlichen Gang gebraucht. In der älteren Sprache lässt sich jedoch die Redensart nicht nachweisen.

Den Teufel an die Wand malen Vergleiche »Teufel«.

Hausen wie die Wandalen Vergleiche »Vandalen«.

Warten können, bis man schwarz wird umgangssprachlich: *umsonst warten:* Ursprünglich war mit »bis man schwarz wird« gemeint: »so lange, bis man gestorben ist und der Körper sich durch Verwesung dunkel verfärbt«.

Wasser Das Wasser, eines der lebenswichtigsten Elemente für die Menschheit, hat viele Redensarten hervorgebracht, die sich auf seine Verwendung durch den Menschen beziehen. Viele von ihnen sind ohne Weiteres deutbar, aber bei einigen sind klärende Hinweise angebracht.
Jemandem das Wasser abgraben (umgangssprachlich: *jemanden seiner Existenz oder Wirkungsmöglichkeit berauben*): Die erst in neuerer Zeit auftretende Redensart geht aus der Vorstellung hervor, dass man jemanden, dessen Leben oder Arbeit auf dem Wasser beruht, ruiniert, wenn man ihm das Wasser durch Ableiten entzieht. Dies trifft in besonderem Maße für den Müller zu, dessen Wassermühle ohne Wasser nicht mehr betrieben werden kann; **jemandem nicht das Wasser reichen können** (umgangssprachlich: *an jemandes Leistung nicht heranreichen, jemandem unterlegen sein*): Im Mittelalter musste ein Diener den Gästen nach dem Essen Wasser zum Händewaschen reichen, weil man überwiegend mit den Händen aß. Wer nicht einmal zu dieser untergeordneten Tätigkeit

fähig war, konnte sich mit niemandem messen; **(nahe) am/ans Wasser gebaut haben** (umgangssprachlich: *rasch in Tränen ausbrechen, schnell weinen*): Wer am Ufer baut, kann rasch mit Wasser in Berührung kommen. Vergleiche auch Wasser = Tränenflüssigkeit: **etwas treibt jemandem das Wasser in die Augen; jemandem schießt, tritt das Wasser in die Augen** u. a.; **ein Schlag ins Wasser** (umgangssprachlich: *ein Misserfolg*): Ein konkreter Schlag ins Wasser hinterlässt keine Wirkung. Die Fügung ist erst im 19. Jh. belegt, während »das wazzer slahen« (etwas vergeblich tun) schon mittelhochdeutsch bezeugt ist; **mit allen Wassern gewaschen sein** (umgangssprachlich: *alle Tricks kennen*): Gemeint sind hier die Wasser der verschiedenen Ozeane, die Seeleute kennenlernen, wodurch ihre Lebenskenntnis und -erfahrung eminent gesteigert wird; **auch nur mit Wasser kochen** (umgangssprachlich: *die Grenzen, die den Menschen gesteckt sind, wohl oder übel beachten müssen; sich nicht viel anders verhalten als alle Menschen in ähnlicher Lage*): Die meisten Menschen können es sich nicht leisten, mit Besserem als mit Wasser zu kochen; **von reinstem Wasser/reinsten Wassers** *(von bester, ausgeprägter, hundertprozentiger Art)*: Seit dem 16. Jh. bezeichnet man den Glanz von Perlen, Edelsteinen und besonders Diamanten als »Wasser«. Die Juweliere unterscheiden drei Stufen: Drittes Wasser ist geringer Glanz, zweites Wasser etwas besserer und erstes (reinstes) Wasser ist völlig durchsichtiger, ungetrübter Glanz; **kein Wässerchen trüben können** (umgangssprachlich, oft ironisch: *völlig harmlos, naiv, unschuldig erscheinen*): Der römische Fabeldichter Phädrus (1. Jh. n. Chr.), der u. a. auch eine Sammlung äsopischer Fabeln benutzt hat, berichtet von einem Wolf, der das unterhalb aus dem Bach trinkende Lamm beschuldigt, ihm das Wasser getrübt zu haben; der Wolf, der einen Grund sucht, das Lamm zu fressen, tut heuchlerisch so, als sei er unschuldig an der Trübung des Wassers. Die Macht der Logik, die das Lamm dieser Beschuldigung entgegensetzt, lässt den Wolf dann doch zu einem anderen Grund greifen: »Du schmähtest«, rief er, »mich vor einem halben Jahr!« – »Da war ich«, sprach das Lamm, »noch gar nicht auf der Welt!« – »Dann war's dein Vater eben, ja, beim Herkules!«, schrie jener und zerriss es wider Fug und Recht. Phädrus fügt die Lehre hinzu: Die Fabel geht auf den, der Menschen ohne Schuld durch falsche Unterstellung ins Verderben zieht. Luther griff die Fabel auf: »ich muste das schaff sein, das dem wolffe das Wasser betrübt hatte, Tetzel ging frey aus, ich must mich fressen lassen.«

Ein Sturm im Wasserglas Vergleiche »Sturm«.

(S)ein Waterloo erleben *eine vernichtende Niederlage einstecken müssen:* Am 18. Juni 1815 wurde Napoleon I. bei Waterloo, einem Ort 15 km südlich von Brüssel, vernichtend geschlagen. In Waterloo befand sich das Hauptquartier des englischen Generals Wellington, nach dem die Schlacht benannt wurde. Der deutsche General Blücher sprach lieber von Belle-Alliance. Die Redensart ist beeinflusst von englisch »to meet his Waterloo«. Älter: »sein Waterloo finden« (Heine).

Jemandem auf den Wecker fallen/gehen umgangssprachlich: *jemandem lästig fallen, auf die Nerven gehen:* »Wecker« wird hier übertragen für die empfindlichen Nerven des Menschen oder auch für seinen Verstand gebraucht (vergleiche »jemandem auf den Keks gehen«, »Keks«, umgangssprachlich = Kopf). Die Redensart ist erst in jüngster Zeit entstanden. Die Nerven bzw. der Verstand werden mit einem Uhrwerk verglichen.

(Noch) gut bei Wege sein umgangssprachlich veraltend: *(noch) gesund und rüstig sein:* Die Fügung »bei Wege« bedeutete ursprünglich »unterwegs«, dann »auf den Beinen, bei der Hand, anwesend«, auch »in Tätigkeit« und schließlich »bei guter Gesundheit, wohlauf, in guter Verfassung«. Auf den umgangssprachlichen Gebrauch spielt Willibald Alexis in seinem Roman »Dorothee« von 1856 an: »Kurfürstliche Durchlaucht sind nicht bei Wege«, hieß es gegen die fürnehmsten Diener … »Seine Durchlaucht sind unpass«, sagte der Doktor.

Wehret den Anfängen! *Verhindert gefährliche Entwicklungen gleich zu Beginn ihres Auftretens!:* Mit diesem antiken Imperativ meinte sein Urheber, der römische Dichter Ovid (43 v. Chr. bis um 18 n. Chr.), etwas vergleichsweise Harmloses (lateinisch »principiis obsta« = widersteh den Anfängen!): Er warnte nämlich damit vor den Folgen des Sichverliebens, einer lästig werdenden Leidenschaft in seinem Werk »Remedia amoris« (»Heilmittel der Liebe«), das er nach seiner »Ars amatoria« (»Liebeskunst«) schrieb, aber wohl selbst nicht als dichterischen Widerruf (Palinodie) wertete. Die zum Zitat gewordene Aufforderung übertrug sich leicht auf moralische, politische, soziale und andere Entwicklungen. Auch der dem Ausspruch folgende Text Ovids beleuchtet noch einmal die Gefahr: »Zu spät bereitet man Mittel, wenn das Übel erst stark ist durch langen Verzug.«

Wein **Neuer Wein in alten Schläuchen** *(Altbekanntes in neuer Verpackung; keine grundlegende Reform, sondern nur unzulängliche Umgestaltung):* Das Substantiv »Schläuche« zeigt an, dass es sich um ein altes Bild handelt. In biblischer Zeit wurde der Wein in Schläuche abgefüllt, die aus zusammengenähten Ziegenfellen gefertigt waren. In Markus 2, 22 steht die Warnung: »Und niemand fasset Most in alte Schläuche; anders zerreißet der Most die Schläuche, und der Wein wird verschüttet, und die Schläuche kommen um; sondern man soll Most in neue Schläuche fassen.« Ähnlich in Matthäus 9, 17 und Lukas 5, 37. Vergleiche althochdeutsch »alter uuîn in niuuen belgin« (aus einer lateinisch-althochdeutschen Tatianabschrift in Oxford); **der Wein erfreut des Menschen Herz** stammt ebenfalls aus der Bibel (Psalm 104, 15); **im Wein ist/liegt Wahrheit** *(der Einfluss des Alkohols lässt oft den wahren Charakter eines Menschen zutage treten):* Die lateinische Form des Ausspruchs (»In vino veritas«) ist nicht aus der Antike überliefert, der Gedanke in anderer Form sehr wohl. Er hat eine griechische Entsprechung (»En oino aletheia«), die aus einer Sprichwörterbearbeitung des griechischen Sophisten und Philologen Zenobios (1./2. Jh. n. Chr.) stammt. In der Barockzeit erscheint eine witzige Abwandlung der lateinischen Fügung: »In vino feritas« (im Wein ist Leidenschaft, Wildheit); **voll des süßen Weines sein** (scherzhaft: *vom Wein berauscht sein*): Auch dies ist biblischen Ursprungs. In der Apostelgeschichte 2 wird erzählt, wie die Apostel vom Heiligen Geist erfüllt in vielen fremden Sprachen zu predigen begannen (diese werden in V. 9–11 sogar aufgezählt). Einige entsetzten sich darüber, »die andern aber hatten 's ihren Spott und sprachen: ›Sie sind voll süßes Weins.‹«

Stein der Weisen Vergleiche »Stein«.

Schwarz auf weiß Vergleiche »schwarz«.

Bis zum Weißbluten *bis zur Erschöpfung, bis zum Letzten:* Diese Fügung wird übertragen gebraucht. Sie geht auf die Vorstellung zurück, dass der Mensch weiß (blass, bleich) wird, wenn er starken Blutverlust erleidet.

Die Spreu vom Weizen trennen Vergleiche »Spreu«.

Welt **Hier ist die Welt mit Brettern vernagelt** *(der Ort, die Gegend hier ist sehr einsam, abgelegen und daher langweilig):* Einer Reihe älterer Redensarten mit »Welt« liegt die mittelalterliche Vorstellung der Erdscheibe (»orbis terrae«) zugrunde, so auch dieser. 1609 veröffentlichte ein gewisser Johannes Sommer (1559–1622) unter dem Pseudonym Joh. Olorinus Variscus ein Werk mit dem Titel »Ethographia mundi« (»Beschreibung der Sitten der Welt«). Darin heißt es: »... dass er vom Ende der Welt komme gelaufen und habe gesehen, das es mit Bretern daselbst sei vunterschlagen.« Der Gedanke wird lexikalisch und literarisch aufgegriffen: Im »Teutsch-englischen Lexicon« von Christian Ludwig (1660–1728), das 1716 in Leipzig erschien, steht: »da wo die Welt mit Bretern beschlagen ist« als deutsche Version von englisch »about the world's end«. Und 1790 heißt es in Chr. F. D. Schubarts (1739–91) »Chronik«: »ist er gereist bis wo die Welt mit Brettern vernagelt ist«. Seitdem wird die ironisch-übertreibende Redensart häufig verwendet; **die Welt will betrogen sein** *(der Mensch lässt sich gern auf Täuschung ein und verdient es deshalb nicht anders):* Die sprichwörtliche Redensart ist alt und steht in der Form »die weltt die will betrogen syn« schon im »Narrenschiff« des Sebastian Brant von 1494. Ob die lateinische Version »mundus vult decipi« (die Welt will betrogen werden) vorangeht oder nachfolgt, ist nicht geklärt. Vermutlich ist sie aber erst im 16. Jh. entstanden, nach der deutschen Version. Manche schreiben sie Paracelsus (1493–1541) zu, verbunden mit dem zynischen Zusatz »ergo decipiatur« (also kann sie auch betrogen werden), was allerdings im Widerspruch steht zu dem kompromisslosen Wahrheitsstreben, der tiefen Religiosität und der strengen ärztlichen Ethik dieses Arztes, Naturforschers und Philosophen; **die Welt nicht mehr verstehen** *(völlig verständnislos, ratlos, fassungslos vor etwas stehen, was vorgegangen ist oder gerade vorgeht):* In dem bürgerlichen Trauerspiel »Maria Magdalene« von Friedrich Hebbel (1813–63), entstanden 1843/44, spricht der Tischler Meister Anton, der seine Familie mit seiner eisernen Rechtschaffenheit tyrannisiert hat, am Schluss des dritten und letzten Aktes nach dem Selbstmord seiner Tochter Klara die Worte: »Ich verstehe die Welt nicht mehr«, offenbar im Zweifel darüber, ob sein altes Verhältnis zu der Welt in Ordnung war; **die Welt aus den/ihren Angeln heben (wollen)** *(entscheidende, grundlegende*

Änderungen für die Menschen herbeiführen [wollen]): Diese Redensart ist von der antiken Philosophie beeinflusst, deren Vertreter (Aristoteles, Archimedes) sich verschiedentlich mit den Hebelgesetzen befassten, was durch Kommentatoren (z. B. den Mathematiker Pappus oder den Philosophen Simplikios) überliefert ist: »Gib mir (einen Punkt außerhalb der Erde), wo ich stehen kann, und ich werde die Erde bewegen.« Der heutige Wortlaut ist jüngeren Ursprungs. Grimm (»Deutsches Wörterbuch«) kennt unter »Angel« nur die Redensart »aus den Angeln heben«, schon im übertragenen Sinn von »jemanden seines festen Standpunktes berauben«.

Die Werbetrommel schlagen umgangssprachlich: *eifrig für etwas Reklame machen:* Der Wendung liegt das Wort »werben« zugrunde, das ursprünglich »sich um jemanden bemühen« bedeutete: um eine Frau werben, Soldaten (an)werben. Mit der Werbetrommel trommelte der Werbeoffizier die jungen Männer auf dem Musterplatz zusammen, um ihnen die Annehmlichkeiten des Soldatenlebens zu verkünden und ihnen eine Verpflichtung schmackhaft zu machen. Die Bedeutung »Propaganda, Reklame« ist seit dem 18. Jh. belegt, aber erst im 20. Jh. im Rahmen der modernen Produktwerbung populär geworden.

Ein Wermutstropfen (im Becher der Freude) sein gehoben: *die Freude ein wenig trüben:* In dieser Wendung ist mit »Wermutstropfen« nicht der Wermutwein, sondern der bittere Saft des Heilkrautes gemeint, der jedem Getränk einen bitteren Beigeschmack gibt.

Kein/viel Wesen(s) von/um jemanden/etwas machen *einer Person oder Sache keine/besondere Aufmerksamkeit zukommen lassen; kein/viel Aufhebens machen:* In dieser seit Mitte des 16. Jh.s gebräuchlichen Wendung hat sich eine heute veraltete Bedeutung des Substantivs »Wesen« erhalten, nämlich »Tun und Treiben, Tun und Lassen, Verhalten«. Es ist die im Frühneuhochdeutschen (15.–17. Jh.) bei Weitem vorherrschende Bedeutung, die auch in der Ende des 18. Jh.s aufgekommenen Redensart **sein Wesen treiben** *(sich an einem Ort aufhalten und dort in einer Weise tätig sein, die als fremd, eigenartig, suspekt empfunden wird)* lebendig geblieben ist.

(Bei jemandem) gut Wetter machen umgangssprachlich: *jemanden günstig stimmen:* Die Wendung knüpft an die heute veraltete Bedeutung von »Wetter« im Sinne von »Stimmung, Gemütszustand« an.

Wichs **Sich in Wichs werfen** *(umgangssprachlich veraltend: sich aus bestimmtem Anlass festlich kleiden):* »Wichs« ist eine substantivische Rückbildung zu dem Verb »wichsen« = putzen, blank machen, die im 18. Jh. unter den Studenten aufkommt; **in vollem Wichs** *(in Festkleidung, bei der nichts fehlt):* Was alles zum studentischen Wichs gehörte, beschreibt der Schriftsteller Karl Leberecht Immermann (1796–1840) in einem seiner Romane: »Die meisten ritten … in dem damaligen sogenannten ›Wichs‹, d. h. in buntfarbigen, schnürebesetzten Colletten (= Reitwesten), weiß gekollerten (= weichen, weißen) Lederbeinkleidern, Kanonenstiefeln, Stürmer auf dem Haupte.«

Jemanden beim Wickel kriegen/nehmen/packen umgangssprachlich: *jemanden fassen und festhalten:* Heute trägt man keine Wickel mehr, bei denen man gepackt werden könnte. Es war das Band, das früher um den (Männer)zopf gewickelt wurde. Die Wendung ist seit dem frühen 19. Jh. bezeugt und auch in den Mundarten verbreitet. Zum Männerzopf vergleiche »einen alten Zopf abschneiden« unter »Zopf«, ebenso: »den dicken Wilhelm markieren«.

In die Wicken gehen umgangssprachlich: *verloren gehen, entzweigehen; misslingen:* Lateinisch »vicia« (schon früh zu deutsch »Wicke« geworden, als man v noch wie w aussprach und c vor i wie k: althochdeutsch »wicka«, mittelhochdeutsch »wicke«) ist der botanische Name einer Pflanze, die in etwa 150 Arten vorkommt. Am bekanntesten ist die Ackerbohne (Sau-, Pferde-, Puffbohne), die u. a. der Viehfütterung, Silage und Gründüngung dient. Auch als Streu wurde sie verwendet. Sie galt schon bald (mittelhochdeutsch) in übertragenem Gebrauch als etwas Wertloses, Geringes. »Nicht eine Wicke« bedeutete damals »gar nicht«. In nieder- und mitteldeutschen Mundarten ist die Wendung weit verbreitet; vergleiche »in die Binsen gehen« unter »Binsen«. Wie bei dieser Wendung hat man auch bei »in die Wicken gehen« den Ursprung in der Jägersprache vermutet, was wenig wahrscheinlich ist, da die Wicken zur Jagdzeit bereits geerntet sind.

Jemandem eine wienern/eine gewienert kriegen umgangssprachlich: *jemanden ohrfeigen/geohrfeigt werden:* Das Verb »wienern« stammt aus der älteren Soldatensprache (18. Jh.): »wienern« = putzen, reinigen, Metall mit Wiener Kalk polieren (eine Art Schlämmkreide oder gebrannter, sandfreier, tonhaltiger Kalk). Vergleiche das gleichbedeutende »eine gewischt kriegen«.

Den dicken Wilhelm markieren/spielen umgangssprachlich: *sich aufspielen, großtun:* Welcher Wilhelm unter unseren ehemaligen Fürsten hier gemeint sein könnte, ist ungeklärt: Kaiser Wilhelm II. (wegen seiner markigen Reden), König Friedrich Wilhelm II. von Preußen (verschwenderisch, wohlbeleibt, Mätressen aushaltend) oder der »Willem« als wohlgenährtes Symbol des Holländers? Eine weitere Erklärung: »Wilhelm« war früher einer der beliebtesten deutschen Vornamen, der sein »appellatives« Schicksal mit anderen Vornamen wie Hans, Hinz, Kunz, Liese, Trine, Suse teilen musste. Wie der »(falsche) Wilhelm« (= falscher Zopf, einen falschen Wilhelm tragen) zu seinem Namen kam, ist ebenfalls ungeklärt. Für Grimm (»Deutsches Wörterbuch«) war er »in der Verbrechersprache heimisch«, was das »Wörterbuch des Rotwelschen« von Siegmund A. Wolf bestätigt. Wolf fügt an: »Eine Erinnerung an das verhasste reaktionäre ›Zopfregiment‹ des Kurfürsten Wilhelm von Hessen.« Dies ist nicht ganz verständlich, denn den Zopf als Soldatentracht, den sogenannten »preußischen Zopf«, führte im 18. Jh. Friedrich Wilhelm I., der Soldatenkönig, ein. Kurfürst Wilhelm von Hessen kopierte nur alles Preußische.

Wind **Von etwas Wind bekommen** (umgangssprachlich: *etwas erfahren, was geheim bleiben sollte*): eine Wendung, die wohl der Jägersprache entstammt und im 17. Jh. zuerst bezeugt ist. Es ist der Geruch (die Witterung), den die Wildtiere vom Menschen und anderen Lebewesen aufnehmen; **in alle Winde zerstreut werden** *(völlig aufgelöst werden und verschwinden):* Der Prophet Hesekiel weissagt über ein jüdisches Heer (Hes. 17, 21): »Und alle seine Flüchtigen … sollen durchs Schwert fallen, und ihre Übrigen sollen in alle Winde zerstreuet werden …«; **den Mantel/sein Mäntelchen nach dem Wind hängen:** vergleiche »Mantel«.

Gegen Windmühlen kämpfen *vergeblich gegen einen Feind kämpfen:* eine Lehnübersetzung des spanischen »acometer molinos de viento«, das eine Szene aus dem Roman »Don Quijote de la Mancha«, dem um 1610 von Cervantes verfassten berühmten spanischen Nationalroman, wiedergibt. Der Autor beschreibt, wie Don Quijote 30 oder 40 Windmühlen zu Gesicht bekommt, die er für Riesen hält. »Mit denen gedenke ich einen Kampf zu fechten und ihnen allen das Leben zu nehmen ... Es geschieht Gott ein großer Dienst damit, so böses Gezücht vom Angesicht der Erde wegzufegen« (Übersetzung von Ludwig Braunfels). Natürlich scheitert Don Quijote schon bei der ersten Windmühle. Als er mit seiner Lanze gegen den sich drehenden Flügel stößt, bricht sie in Stücke und reißt Ross und Reiter mit sich fort, sodass der Held übel zugerichtet übers Feld kugelt. Die Redensart erscheint auch in anderen europäischen Sprachen: französisch »combattre contre des moulins à vent«; italienisch »combattere contro i mulini a vento«; niederländisch »vechten tegen windmolen«; englisch »to tilt at windmills« oder »to fight windmills«.

Ein Wink mit dem Zaunpfahl Vergleiche »Zaunpfahl«.

Wissen, wo Barthel den Most holt Vergleiche »Barthel«.

Witterung von etwas bekommen/Witterung für etwas haben
merken, dass etwas im Geheimen vor sich geht, im Schwange ist: Das Substantiv bezieht sich nicht auf »Witterung« = Wetter, sondern auf den Fachausdruck der Jägersprache (den manche Weidmänner zum Unterschied »Wittrung« schreiben), auf die Fähigkeit der Wildtiere, mit dem Geruchssinn etwas wahrzunehmen, was für die menschliche Nase nicht wahrnehmbar ist. Vergleiche »von etwas Wind bekommen«.

Witze reißen umgangssprachlich: *Witze erzählen:* Das Verb »reißen« bedarf hier einer Erläuterung. Es hat nicht die übliche Bedeutung »zerreißen, in Stücke gerissen werden«, sondern eine alte, die sich noch in »Reißbrett, Reißzeug« erhalten hat, mittelhochdeutsch »rizen« = einritzen, schreiben, zeichnen. Der Sinn wäre dann »eine possenhafte Gestalt, eine Karikatur zeichnend entwerfen«. Von »entwerfen« wechselte dann die Bedeutung schon früh zu »hersagen«, z. B. Reime reißen = aus dem Stegreif hersagen, einen Schwank, Zoten reißen.

In den Wochen sein/liegen/in die Wochen kommen *im Wochenbett, Kindbett liegen, ins Kindbett kommen:* Diese »Wochen« sind eine Verkürzung aus »Sechswochen«, d. h. der Zeitraum, während dessen die Frauen, die ein Kind geboren hatten, Bett und Zimmer hüten mussten. Vergleiche die Verordnung für Wöchnerinnen 3. Mose 12, 2–8.

Wolf **Ein Wolf im Schafspelz sein** *(ein sich äußerst sanft und friedlich gebender Mensch sein, der insgeheim Übles, Schlimmes plant):* In Matth. 7, 15 heißt es: »Sehet euch vor vor den falschen Propheten, die in Schafskleidern zu euch kommen, inwendig aber sind sie reißende Wölfe.« Dieses Jesuswort ist der Ursprung der Redewendung. Vergleiche dazu noch Matth. 10, 16 und Joh. 10, 12. Der »Schafspelz« ist jüngere Ausdrucksweise, kaum vor 1800. Lessing bringt im »Nathan« (1779) den »Wolf« mit dem »Schafpelz« zusammen: »Ich werde hinter diesen jüdischen Wolf im philosophischen Schafpelz Hunde schon zu bringen wissen, die ihn zausen sollen.« Das lateinische »in vestimentis ovium« wurde schon im Althochdeutschen übersetzt: »in giwatin scafo« (Tatian, um 830), »in scafinen giwatin« (Otfrid, um 817); in der ersten deutschen Bibel von 1466: »in scheffin gewande«; frühneuhochdeutsch (16. Jh.): »under einer schaffhaut«; bei Logau: »Schafskleid« (17. Jh.);
der Wolf in der Fabel (bildungssprachlich: Ausruf, wenn jemand erscheint, von dem gerade gesprochen wurde): eine Lehnübersetzung der lateinischen Fügung »lupus in fabula«, die z. B. bei Cicero, Plautus und Terenz vorkommt. Die Vorstellung, die sich im Deutschen auch in der Form »Wenn man vom Teufel spricht, kommt er« (vergleiche »Teufel«) findet, ist alt und wird in verschiedener sprachlicher Form wiedergegeben. In Sebastian Francks »Sprichwörtern« (1541) erscheint der Gedanke in Reimform: »Wann man den Wolff nennt, so komt er gerent«;
mit den Wölfen heulen *(sich aus Opportunismus oder weil einem nichts anderes übrig bleibt, dem als falsch, gefährlich oder unmoralisch betrachteten Treiben einer Gruppe anschließen):* Der Wolf gilt seit alters als wildes, reißendes, unersättliches (Wolfshunger!) Raubtier, das früher lange als Plage galt. Das hat sich auch im Märchen niedergeschlagen. Es ist daher verständlich, dass die Wölfe in dieser Wendung mit herrschenden Mehr- oder Minderheiten gleichgestellt werden, mit denen man nicht einverstanden ist. Schon spätmittelhochdeutsch (15. Jh.) stellt Michael Beheims »Reimchronik« fest: »Wer bi den wolffen wonet, darff, dass er mit in

honet« (= heult). »Schlagt die Aristokraten tot, das sind Wölfe«, heißt es einmal bei Georg Büchner; **unter die Wölfe geraten** entspringt der gleichen Meinung über das Raubtier (brutal behandelt, ausgenutzt, ausgebeutet werden). Der bekannte lateinische Spruch »homo homini lupus« wird 1548 in einem Druck von Sebastian Francks »Sprichwörtern« wiedergegeben als »Ein Mensch ist des andern wolff ...«, was der englische Philosoph Thomas Hobbes im 17. Jh. zum Grundthema macht. Der lateinische Ausspruch stammt aus der Komödie »Asinaria« (Eselsverkauf) des römischen Dichters Plautus (3./2. Jh. v. Chr.), gilt aber einem eher harmlosen Vorfall; **sich einen Wolf laufen** *(sich durch langes, schweißtreibendes Laufen einen sogenannten Hautwolf* [medizinisch Intertrigo], *eine Hautentzündung zuziehen):* Die Bezeichnung »Wolf« galt auch für andere Hauterkrankungen. Gemeinsam ist ihnen die Vorstellung, dass die Haut »zerfressen« wird, das Geschwür »um sich frisst«. Der Straßburger Chirurg Hermann Walter Ryff gibt in seinem Buch »Die groß Chirurgei« von 1559 eine Erklärung: »Lupus, das ist der wolf, auch ein schedlicher böser schaden, der furnemlich die schenkel beschediget ... und gleichwie ein wolf das fleisch um sich her verzert«; **jemanden durch den Wolf drehen** (salopp: *jemanden physisch zermürben, ihm psychisch hart zusetzen*): »Wolf« werden verschiedene Geräte genannt, die zerkleinern, zerreißen o. Ä. Hier ist der Fleischwolf gemeint. Unter den vielen in Grimms »Deutschem Wörterbuch« genannten Geräten (der Band erschien 1960) ist der Fleischwolf noch nicht verzeichnet. Vergleiche »Reißwolf«: Gerät zum Zerreißen und Zerkleinern von Akten oder anderem Papier.

Auf Wolke sieben schweben umgangssprachlich: *in Hochstimmung sein:* Die englische Wendung »to be in the clouds« (= schwärmerisch veranlagt sein) wurde dahingehend präzisiert, dass es die Wolke Nr. 7 sein müsse, um ganz glücklich zu sein: »to be on cloud seven«, dies sicher beeinflusst durch »to be in the seventh heaven« (= im siebten Himmel sein; vergleiche »Himmel«). Unsere Lehnübersetzung imitiert das englische Vorbild. Das berlinische **Det is 'ne Wolke!** *(das ist wunderbar, toll, großartig)* verrät nicht, um welche Wolke es sich handelt.

In Wolkenkuckucksheim leben *völlig realitätsferne, welt- und wirklichkeitsfremde, fantastische Vorstellungen haben, die das Leben des Betreffenden bestimmen:* Die Übersetzung von griechisch »nephelokokkygia« mit »Wolkenkuckucksheim« taucht zum ersten Mal 1814 bei Schopenhauer auf. Es ist der Name des Vogelstaates in der Komödie »Die Vögel« (»Ornithes«) des Aristophanes, in der das Grundthema die Suche nach einer besseren Welt ist. Das Stück wurde 414 v. Chr. in Athen aufgeführt. Das griechische Wort setzt sich zusammen aus »nephele« = Wolke und »kokkyx« = Kuckuck. Die Zusammensetzung wurde verschiedentlich anders wiedergegeben, z. B. mit »Wolkenkuckucksburg« (Fr. Th. Vischer) oder »Kuckuckswolkenheim« (Joh. Heinrich Voß). Auch das »Kuckucksheim« findet sich (Grimm, »Deutsches Wörterbuch«). Durchgesetzt hat sich die schopenhauersche Variante. Die englische Entsprechung lautet »cloud-cuckoo-land«.

Wolle **Viel Geschrei und wenig Wolle** (vergleiche »Geschrei«); **sich in Wolle reden** (umgangssprachlich: *beim Reden zornig werden*); »in der Wolle sein« (veraltet für: *zornig sein*) ist hier variiert. Man erklärt die Wendung als Metapher für den im Frühjahr treibenden, ausschlagenden Weidenbaum, bei dem vor den Blättern weiße, wollartige Büschel erscheinen (Grimm, »Deutsches Wörterbuch«). Diese Erklärung befriedigt nicht recht. Andere stellen das Wort zu »Walle« = Wallung, möglicherweise weil Wolle beim Menschen Hitze erzeugt. In diese Reihe gehört auch **jemanden in (die) Wolle bringen** (umgangssprachlich: *jemanden ärgerlich, wütend machen*).
In anderen Wendungen kann »Wolle« durch »Haare« ersetzt werden: **mit jemandem in die Wolle geraten/sich mit jemandem in der Wolle haben/mit jemandem in der Wolle liegen** (umgangssprachlich: *sich streiten*); in der folgenden Redensart bedeutet »Wolle« wieder »Schafwolle«, was Jahrhunderte hindurch die Hauptbedeutung des Wortes war: **in der Wolle gefärbt sein** *(durch und durch überzeugt, echt sein):* Nicht erst das Kleidungsstück ist gefärbt worden, sondern schon die Wolle, aus der es hergestellt ist. Damit ist es farbechter.

Wort **Ein geflügeltes Wort** *(oft zitierter Ausspruch eines Dichters, Schriftstellers, Publizisten u. a.):* Georg Büchmanns berühmte Sammlung »Geflügelte Worte« erschien zuerst 1864. Die Wendung ist eine

Lehnübersetzung des homerischen »epea pteroenta« = mit Flügeln versehene Worte. Man stellte sich Worte und Sprüche wie Vögel mit Flügeln vor, die aus dem Mund des Sprechers entweichen. Büchmann deutete die griechischen Worte in seinem Sinne um: »Geflügelte Worte nenne ich Worte, die, von nachweisbaren Verfassern ausgegangen, allgemein bekannt geworden sind und wie Sprichwörter angewandt werden«;
seine Worte (nicht) auf die Goldwaage legen *(beim Reden [nicht] genau überlegen, was man sagt):* eine Redensart lutherscher Prägung: In Sirach 28, 25 heißt es: »Du wägst dein Gold und Silber ein; warum wägest du nicht auch deine Worte auf der Goldwaage?« Die Goldwaage war eine empfindliche Waage zum Wiegen von Goldmünzen. Die Verbindung mit »legen« ist ebenfalls schon im 16. Jh. bezeugt. Jesus Sirach war ein Spruchdichter aus dem 2. Jh. v. Chr., dessen Werk zu den Apokryphen gehört; der letzten positiven Wendung ähnlich ist die Wendung: **jedes Wort auf die Goldwaage legen** *(auf jedes Wort achten, das man spricht);*
ein großes Wort gelassen aussprechen *(eine überraschende, wichtige Äußerung machen):* Diese Redensart basiert auf einem Zitat aus Goethes »Iphigenie« (I, 3): König Thoas entgegnet auf Iphigenies Enthüllung, dass sie aus dem (verfluchten) Geschlecht des Tantalus stammt: »Du sprichst ein großes Wort gelassen aus.« Heute wird in dieser Wendung oft »großes Wort« durch »wahres Wort« ersetzt.

Wunder

Es geschehen noch Zeichen und Wunder (vergleiche »Zeichen«);
sein blaues Wunder erleben (umgangssprachlich: *unangenehme Überraschungen erleben*): Die Fügung als solche (»blaues Wunder«) ist schon spätmittelhochdeutsch nachzuweisen. Früher waren Verbindungen mit anderen Verben üblich, z. B. sein blaues Wunder sehen, hören. Sie drückten starkes Erstaunen, große Verwunderung der Person aus, von der gesprochen wurde. Die Farbe Blau symbolisiert sehr Verschiedenes: Sie drückt etwas Unbestimmtes, Entferntes, Luftiges aus; sie ist die Farbe des Traums, der Täuschung und Verstellung, besonders in der älteren Literatur. Auch als Symbol der Treue, der Klarheit und der kühlen Ruhe erscheint sie. In der vorliegenden Wendung bezeichnet das Adjektiv etwas noch nicht näher Definiertes, Unbestimmtes, Fragliches, Ungewisses, das für Überraschungen sorgen wird.

Da ist der Wunsch der Vater des Gedankens *der Gedanke ist von Wunschvorstellungen geprägt und entspricht nicht den wirklichen Gegebenheiten:* Diese Redensart geht auf Shakespeares Drama »König Heinrich IV.« (IV, 4) zurück. Dort heißt es im Original: »Thy wish was father, Harry, to that thought.«

Die Würfel sind gefallen *Eine Entscheidung wurde getroffen (jetzt gibt es kein Zurück mehr):* Diese Redensart (lateinisch alea iacta est) wird auf Julius Cäsar zurückgeführt, der mit diesen Worten seine Entscheidung, mit den Truppen den Rubikon zu überschreiten und damit den Bürgerkrieg zu beginnen, kommentiert haben soll.

Jemandem die Würmer (einzeln) aus der Nase ziehen umgangssprachlich: *jemandem durch beständiges Fragen eine Antwort nach der anderen mühsam entlocken:* Nach dem Volksglauben können sich Krankheitsdämonen in Wurmgestalt überall im menschlichen Körper einnisten, die an dem betreffenden Glied nagen (im Hirn, im Ohr, in der Nase, in den Eingeweiden). Ein Reflex dieses Glaubens sind die im ganzen Mittelalter auftretenden Wurmsegen. Ohne diesen Hintergrund wäre die erst im 17./18. Jh. aufkommende Redewendung nicht verständlich.

Wurst **Wurst wider Wurst** (umgangssprachlich: *Vergeltung mit Gleichem; eine Gefälligkeit ist der anderen wert*), meist ins Negative gewendet: Wie du mir, so ich dir. Bei den früher häufig durchgeführten Hausschlachtungen bedachte man seine Nachbarn mit Wurstpräsenten, diese revanchierten sich dann; **jemandem ist etwas Wurst** (umgangssprachlich: *jemandem ist etwas gleichgültig, egal*): Die Redensart wird verschieden erklärt. Die einen betrachten die Wurst als geringwertige Fleischspeise; ob man sie bekommt oder nicht, bleibt sich gleich. Andere weisen auf die zwei gleichen Enden der Wurst hin; es ist also völlig gleich, wo man sie anbeißt; **um die Wurst gehen** (umgangssprachlich: *um die Entscheidung gehen*): Vermutlich ist hier ein ausgesetzter Preis in Gestalt einer Wurst gemeint. Nach Würsten konnte bei volkstümlichen Wettkämpfen geklettert, geangelt oder geschnappt werden.

Wüste **Ein Prediger/Rufer in der Wüste** (vergleiche »Prediger«); **jemanden in die Wüste schicken** *(jemanden aus einem einflussreichen Amt entfernen, entlassen):* Diese Redensart hat einen alttestamentlichen Hintergrund. An Jom Kippur, am Versöhnungstag, jagten die Juden einen Ziegenbock in die Wüste, als »Sündenbock«. Der Hohepriester legte ihm die Hand auf und sprach ein Sündenbekenntnis. Damit übertrug er die Sünden des Volkes auf den Bock, der den Verstoß in die Wüste mit dem Leben bezahlte (vergleiche 3. Mose 16, 5–10 und 19–22). Dieser weniger angenehmen Seite des Menschen, der im Allgemeinen bestrebt ist, die eigene Schuld auf andere abzuwälzen, fielen früher auch Menschen zum Opfer.

ABCDEFGHIJKLMNOPQRSTUVWXYZ

Jemandem ein X für ein U vormachen umgangssprachlich: *jemanden belügen, täuschen:* Ursprünglich jemandem X (= zehn) statt V (= fünf) anschreiben, d. h., an ein V ein umgekehrtes V (Λ) setzen bzw. die Schenkel des V nach unten verlängern, sodass ein X entsteht. Das lateinische Alphabet unterscheidet U und V grafisch nicht. Es kennt nur V für beide Laute. Bis ins 15./16. Jh. wurden fast ausschließlich römische Zahlzeichen verwendet. Da das lateinische V vielfach durch deutsches U wiedergegeben wurde, setzte sich U durch.

ABCDEFGHIJKLMNOPQRSTUVWXYZ

Zack **Auf Zack sein** (umgangssprachlich: *eine Sache reaktionsschnell und energisch erledigen*); **jemanden auf Zack bringen** (umgangssprachlich: *dafür sorgen, dass er auf Zack ist*); **etwas auf Zack bringen** (umgangssprachlich: *in einen ordentlichen, disziplinierten, funktionierenden Zustand versetzen*): Die Interjektion »zack« bezeichnet eine scharfe, mitunter gewaltsame Bewegung (vermutlich vom Blitz hergenommen), durch die etwas schnell erreicht werden soll (seit dem 18. Jh.). Die Redensarten sind jüngeren Datums, entstanden in der Soldatensprache besonders des 1. Weltkrieges.

Zahl Die Zahl der…/ihre Zahl ist Legion Vergleiche »Legion«.

Rote Zahlen Vergleiche »rot«.

Einen Zahn zulegen umgangssprachlich: *die Geschwindigkeit einer Fortbewegung steigern:* nach dem mit Zähnen versehenen Teil, an dem früher der Handgashebel des Autos entlanggeführt wurde. Ähnlich: **einen tollen Zahn draufhaben** (umgangssprachlich: *sehr schnell fahren*).

Der Zahn der Zeit *die im Laufe der Zeit auftretenden Zerstörungen:* Diese Fügung wurde wahrscheinlich als Zitat aus Shakespeares »Maß für Maß« (V, 1) allgemein gebräuchlich. Im Original heißt es »Tooth of time«.

Jemandem auf den Zahn fühlen umgangssprachlich: *jemanden ausforschen, überprüfen:* Der Zahnarzt versuchte früher an der Reaktion des Patienten zu erkennen, welcher Zahn der kranke war, indem er mit den Fingern die infrage kommenden Zähne beklopfte oder befühlte. Hierauf geht die Wendung zurück.

Es herrscht Heulen und Zähneklappern Vergleiche »Heulen«.

Den Zampano machen u. Ä. umgangssprachlich: *durch prahlerisches Gebaren Eindruck erwecken wollen, sich lautstark in Szene setzen:* nach der gleichnamigen Gestalt (Zampanò) in dem Film »La strada« (1954) des italienischen Regisseurs und Drehbuchautors Federico Fellini (1920–93). Der Name enthält keine Anspielung und ist wohl eine Erfindung. Den Jahrmarktsschausteller Zampanò verkörperte der amerikanische Schauspieler Anthony Quinn.

Etwas (einen Streit, Krieg u. Ä.) vom Zaun brechen *mutwillig, leichtsinnig herbeiführen, provozieren:* Die Grundvorstellung ist, dass man, wenn man ein Hilfsmittel benötigt, um einen Streit auszutragen, und nichts anderes zur Hand hat, sich ohne Umstände vom leicht erreichbaren Zaun eine Latte abbricht und damit zuschlägt.

Ein Wink mit dem Zaunpfahl *ein noch indirekter, aber doch sehr deutlicher Hinweis:* Man will damit ausdrücken, dass einem das Zögern des Gesprächspartners in irgendeiner Sache nicht zusagt. Ein Zaunpfahl ist so groß, dass er nicht zu übersehen ist.

Die Zeche prellen *seine Rechnung in der Gaststätte nicht bezahlen:* »Prellen« bedeutet eigentlich »heftig (an)stoßen«. Die Bedeutung »nicht begleichen« in der vorliegenden Wendung geht zurück auf das grausame Prellen von gefangenen Füchsen, die mithilfe eines ruckartig angespannten Netzes wieder und wieder in die Höhe geschleudert wurden, bis sie tot waren. Bei dieser weidmännischen »Belustigung« wurde der Fuchs sozusagen um seine Freiheit geprellt (betrogen). Da die älteren Studenten sich von den jüngeren (den Füchsen) oft bewirten ließen und dann ihren Spaß daran hatten, wenn die Letzteren die Zeche bezahlen mussten, wurde der weidmännische Ausdruck in dieser Bedeutung in der Studentensprache heimisch.

Zu den oberen Zehntausend gehören *zur reichsten, vornehmsten Gesellschaftsschicht, zur Creme der Gesellschaft gehören:* Dies ist eine Lehnübersetzung des englischen »the upper ten thousand«, ein Ausdruck, der von dem amerikanischen Journalisten Nathaniel Parker Willis (1806–67) gebraucht wurde, als er von den vornehmen Familien New Yorks sprach (in einem Leitartikel der Zeitung »Evening Mirror« vom 11. 11. 1844).

Die Engländer verwenden heute meist nur noch (verkürzend) »the upper ten«. Der amerikanische Rechtsanwalt Allister reduzierte die Zahl zehntausend 1888 in einem Interview auf »the four hundred«.

Zeichen **Es geschehen noch Zeichen und Wunder!** (Ausruf der Überraschung, wenn etwas geschehen ist, was der Sprecher nicht mehr erwartet hat): Das »Zeichen« bedeutet etwa das Gleiche wie »Wunder«, und beide vereint finden sich häufig in der Bibel, z. B. Mark. 13, 22: »Denn es werden sich erheben falsche Christi und falsche Propheten, die Zeichen und Wunder tun, dass sie auch die Auserwählten verführen ...« Weitere Stellen: Dan. 6, 28; Joh. 4, 48; Apg. 2, 22 und 6, 8; 2. Mose 7, 3. Die umgekehrte Reihenfolge »Wunder und Zeichen« scheint in der neuhochdeutschen Sprachperiode immer weniger gebraucht zu werden. Das »Deutsche Wörterbuch« von Grimm war 1956 noch der entgegengesetzten Meinung; **die Zeichen der Zeit erkennen** *(die gegenwärtige politische und soziale Lage, Situation richtig einschätzen, um daraus Anstoß zum Handeln zu gewinnen):* Auch diese Wendung wurzelt in der Bibel. In Matth. 16, 3 fordern die Pharisäer und Sadduzäer von Jesus, »dass er sie ein Zeichen vom Himmel sehen ließe«. Jesus erwidert ironisch, sie seien zwar imstande, morgens zu beurteilen, wie das Wetter würde, aber er müsse sie fragen: »Könnet ihr denn nicht auch über die Zeichen dieser Zeit urteilen?« Mit diesen Zeichen meinte Jesus seine eigenen Wundertaten; **seines Zeichens ein ... sein** *(von Beruf ein ... sein):* Er war seines Zeichens ein Schmied. Dieses Zeichen bezieht sich auf die früheren Handwerksmarken an den Balken von Gebäuden; **im Zeichen von etwas stehen** *(von etwas stark beeinflusst, geprägt sein):* Hier hat die Astrologie Pate gestanden mit ihren zwölf Tierkreiszeichen. Die Domination, die Zeichenherrschaft, bestand in der Position eines Planeten in seinem Haus; hier hat der Planet eine erhöhte Stärke, kann er seine Macht voll entfalten (dominieren). »Ein gräulich Zeichen steht im Haus des Lebens«, schrieb Friedrich Schiller in »Wallensteins Tod«.

Zu (in, bei) nachtschlafender Zeit Vergleiche »nachtschlafend«.

Das Zeitliche segnen 1. gehoben, veraltend: *sterben.* 2. umgangssprachlich: *völlig entzweigehen:* zu 1.: Früher war es üblich, dass der Sterbende sich auf den Tod vorbereitete, indem er vom Zeitlichen (dem Gegensatz zum Ewigen) Abschied nahm und darüber eine Segensformel sprach.

Zeug **… was das Zeug hält/halten will** (umgangssprachlich: *mit allen Kräften*): Ursprünglich ist wohl das Geschirr der Zugtiere gemeint, dann auch das Gerät, das in Handwerk und Gewerbe zur Arbeit gebraucht wurde. In den Mundarten ebenfalls weit verbreitet. Die Redensart wird auf viele Vorgänge bezogen, auf jede übereifrig betriebene Tätigkeit; **jemand hat/besitzt das Zeug zu etwas/in jemandem steckt das Zeug zu etwas** (umgangssprachlich: *jemand hat die Anlage, die Befähigung, das Talent zur Ausübung von etwas*): entwickelt aus älteren präpositionalen Fügungen wie »wieder beim Zeug sein« = wieder arbeitsfähig sein, einer Sache gewachsen sein, in Bezug auf das Handwerksgerät; **jemandem am Zeug flicken (wollen)** (umgangssprachlich: *jemanden in Misskredit bringen [wollen]*): Bei diesem »Zeug« ist noch die alte Bedeutung »Kleidung, Kleiderstoff« erhalten geblieben wie auch in der älteren, weniger bekannten Wendung **sich ins Zeug werfen** *(gute Kleidung anlegen)*; **sich ins Zeug legen** (umgangssprachlich: *sich sehr anstrengen*): Auch diese Redensart bezieht sich auf die Sielen der Zugtiere, die sich beim Transport schwerer Lasten so stark in das »Zeug« hineinstemmen, dass sie sich mit ihren Leibern auf den Boden zu »legen« scheinen; **mit jemandem scharf ins Zeug gehen** (umgangssprachlich: *jemanden streng behandeln, hart anfassen, scharf vorgehen*): Auch hier ist der konkrete Bezug der übertragenen Wendung wieder die Hantierung mit dem Arbeitsgerät.

Zicken machen salopp: *Dummheiten, Schwierigkeiten machen, unüberlegt handeln:* Die Herkunft ist nicht eindeutig geklärt. Die einen stellen die in Umgangssprache und Mundart (besonders in Berlin) sehr gebräuchliche Redensart zu Zicke = Ziege und erinnern an ähnliche Wendungen wie »Kapriolen, Bocksprünge machen«, die aber die Bedeutung »Sprung« bereits in sich enthalten, was bei »Zicke« nicht der Fall ist. Hier müsste man eine Verbkonstruktion zu Hilfe nehmen: wie eine Zicke springen, was nicht überzeugt. Andere stellen das Substantiv zu »Zickzack«: »Zicken machen« sei verkürzt aus »einen Zickzackweg machen«. Das »Deutsche Wörterbuch« von Grimm, das sich dieser Meinung anschließt, zitiert eine Stelle aus Gerhart Hauptmanns »Rose Bernd« (1903):

»Was geht denn das mich an, was du fer Fahrten und Zicken machst.« Oft imperativisch verneint: »Mach keene Zicken!«

Über das Ziel hinausschießen *bei etwas mit Übereifer vorgehen und dadurch das rechte Maß verfehlen:* ursprünglich vom Schützen, der mit zu viel Anspannung und Kraft seinen Pfeil o. Ä. am Ziel vorbei und darüber hinaus befördert.

Jemandem eine Zigarre verpassen umgangssprachlich vom Vorgesetzten: *einen Verweis, eine Rüge, einen Rüffel erteilen:* Wie die Zigarre, »die große Trostspenderin des neunzehnten Jahrhunderts« (Wilhelm Raabe), zu dieser Bedeutung gekommen ist, ist nicht geklärt. Grimms »Deutsches Wörterbuch« schreibt sie der Soldatensprache des 1. Weltkriegs zu; »sie ist im Zweiten weiter bekannt geworden«. Eine mögliche Erklärung: In Offizierskreisen sei es üblich gewesen, dem Untergebenen durch den Vorgesetzten eine Zigarre anzubieten, bevor dieser ihm eine Rüge erteilte.

Das Zipperlein haben/kriegen umgangssprachlich scherzhaft: *an Gicht leiden:* Die Krankheitsbezeichnung »Zipperlein« tritt in der 2. Hälfte des 15. Jh.s auf. Man führt sie allgemein auf das heute veraltete Verb »zippern« zurück, das »mit kurzen Schritten langsam gehen« bedeutete (dieses Phänomen ist übrigens mehr mit der parkinsonschen Krankheit verbunden als mit der Gicht). Die Lautähnlichkeit machte den heiligen Cyprian zum Schutzpatron gegen das Zipperlein, »weil sein Name schon zippert und zieht«, wie Karl Julius Weber in seinem Werk »Deutschland, oder Briefe eines in Deutschland reisenden Deutschen« (1826/28) bemerkt.

Mit einem Zislaweng umgangssprachlich: *mit Schwung; mit einem besonderen Kniff, Dreh:* Das Wort »Zislaweng« ist möglicherweise eine berlinische Verballhornung des französischen Ausdrucks »ainsi cela vent« (= so ging das zu).

Einen alten Zopf abschneiden *einen veralteten, rückständigen, überlebten Brauch oder eine solche Institution aufgeben:* Zöpfe als männlicher Kopfschmuck sind seit dem 16. Jh. literarisch bezeugt. Im 18. Jh. gehörte der Zopf zur anständigen Kleidung des Mannes. Er wurde von Friedrich Wilhelm I. von Preußen (1688–1740) zur Vereinfachung der soldatischen Haartracht eingeführt, 1780 jedoch unter Friedrich II. als altmodisch wieder abgeschafft. In diesen letzten zwei Jahrzehnten des 18. Jh.s wurde der Zopf nach und nach immer häufiger abgelegt. Sein allmähliches Verschwinden bezeichnet nicht nur einen Wechsel in der Mode, sondern auch den Übergang in ein neues, zopfloses Zeitalter, das langsam begann, sich aus veralteten politischen und sozialen Zuständen zu lösen. Man vermutet, dass die Metapher während der Befreiungskriege in der Studentensprache aufgekommen ist.

Zunder Aus Stahl, Feuerstein und Zunder bestanden die früheren Feuerzeuge vor Einführung der Streichhölzer (Zündhölzer, Schwefelhölzer). Durch das Schlagen mit dem Stahl am Feuerstein erzeugte man Funken, die im Zunder ein Glimmen hervorriefen. Der Zunder war eine lockere, pulvrige Masse ursprünglich aus pflanzlichen Stoffen (mulmiges Holz, Zunderschwamm), später auch aus verkohlter Leinwand. Das Substantiv (mittelhochdeutsch »zundere«, althochdeutsch »zuntra«) gehört zu dem Verb »zünden« (althochdeutsch »zunden«), bedeutet also »Mittel zum Anzünden«. Die Übertragung auf den Menschen ging von der Vorstellung aus, dass eine Erregung in ihm aufglüht oder etwas ihn in Erregung versetzt, so von der Erweckung des Glaubens, der Liebesglut oder vom Ausbruch anderer gefährlicher, leidenschaftlicher Gemütszustände.
Den früheren konkreten Sinn bewahrt noch die Redensart **brennen wie Zunder** *(sehr leicht, sehr gut brennen).* Heutige Übertragungen sind: **Zunder bekommen/kriegen** (1. Soldatensprache: *von feindlicher Artillerie heftig beschossen werden.* 2. umgangssprachlich: a) *geprügelt werden;* b) *zurechtgewiesen werden*); **jemandem Zunder geben** (umgangssprachlich: 1. *jemanden prügeln.* 2. *jemanden antreiben.* 3. *jemanden scharf zurechtweisen*).

Das Zünglein an der Waage sein *eine Person oder Sache sein, die bei etwas den Ausschlag gibt:* Das »Zünglein« ist bei bestimmten Waagen der kleine Zeiger in der Mitte des Waagebalkens, der anzeigt, nach welcher Seite sich die Waage neigt.

Mit etwas/mit jemandem zurande (auch: zu Rande) kommen
Vergleiche »Rand«.

Zusammenhalten/zusammenhängen wie Pech und Schwefel
umgangssprachlich: *unzertrennliche Freunde oder Freundinnen sein:* Pech und Schwefel in der Hölle tun sich einträchtig zusammen, um den sündigen Christen ihre verdienten Strafen zu erteilen. Den Höllenpfuhl dachte man sich im Volksglauben erfüllt von brennendem Pech und brennendem, stinkendem Schwefel. Schon im Mittelhochdeutschen werden Pech und Schwefel oft zusammen genannt. Da Pech auch eine klebende Wirkung entfaltet, hat dieser Umstand vermutlich zu der Wendung beigetragen. Sie scheint verhältnismäßig jung zu sein.
Die Reihenfolge »Pech und Schwefel« ist heute fest geworden, schwankte aber noch im Mittelalter.

Der Zweck heiligt die Mittel *zum Erreichen eines guten, moralisch einwandfreien Zieles sind auch unmoralische Mittel erlaubt:* Diese Wendung wurde und wird fälschlich als moralisches Prinzip der Jesuiten betrachtet. Nach Büchmann soll Blaise Pascal dafür verantwortlich sein. Der Jesuitenpater Hermann Busenbaum hat 1652 in seinem Werk »Medulla theologiae moralis« (Kern der Moraltheologie) ausdrücklich verwerfliche Mittel ausgeschlossen. Bei den Machtpolitikern allerdings spielt der zynische Gehalt dieser sprichwörtlichen Redensart bis heute eine erhebliche Rolle. Büchmann nennt zwei Autoren als Quelle:
Der französische Geschichtsschreiber Philippe de Commines (gest. 1511) bemerkte in seiner Autobiografie (»Mémoires«), die 1524 erschien: »La fin justifie les moyens« (das Ziel rechtfertigt die Mittel). Machiavelli (gest. 1527) vertritt in seinen »Discorsi sopra la prima deca di Tito Livio« (»Unterhaltungen über die erste Dekade der römischen Geschichte des Livius«), die 1531 erschienen, den gleichen Standpunkt, wenn er Romulus verteidigt, dessen Tat ihn zwar anklage, deren Erfolg ihn aber entschuldige.

Auf einen/(häufiger:) keinen grünen Zweig kommen umgangssprachlich: *wirtschaftlich, finanziell (keinen) Erfolg haben:* Mit dem »grünen Zweig« ist der junge Trieb der Bäume gemeint, der im Frühjahr hervorbricht. Tut er das nicht, dann ist der Baum tot (und trägt keine

Früchte). Im deutschen Volksglauben ist der »grüne Zweig« Symbol der Fruchtbarkeit, und in dieser Wendung kann man ihn als allgemeines Sinnbild des Gedeihens erklären.

In eine Zwickmühle geraten/in einer Zwickmühle sein/sitzen/ stecken/sich befinden umgangssprachlich: *in einer schwierigen Situation sein, die keinen Ausweg erkennen lässt:* Im Mühlespiel gibt es eine Stellung der Steine, die sich »Zwickmühle« nennt: Mit dem gleichen Zug kann eine Mühle geöffnet und eine andere geschlossen werden. Das Wort ist seit dem 15. Jh. bezeugt und stammt aus dem westlichen Niederdeutschen. Heute ist es schriftsprachlich allgemein bekannt. Die Spielsituation wird vom Spielgegner beurteilt, der weder die eine noch die andere Möglichkeit verhindern kann.

Appel, Andrea: Die Katze im Sack kommt mir spanisch vor. Redensarten auf den Grund gegangen, Berlin 1987.
Bartels, Klaus: Veni, vidi, vici. Geflügelte Worte aus dem Griechischen und Lateinischen, Zürich 1992.
Behm, H. W. (Hrsg.): Brehms heimische Vögel. Der farbige Vogel-Brehm, Berlin 1968.
Borchardt, Wilhelm/Wustmann, Gustav/Schoppe, Georg: Die sprichwörtlichen Redensarten im deutschen Volksmund, nach Sinn und Ursprung erläutert, Leipzig 1954.
Brewer, E. Cobham: Dictionary of phrase and fable. Centenary edition, New York 1970.
Büchmann, Georg: Geflügelte Worte. Der Zitatenschatz des deutschen Volkes, Berlin 1972.
Dering, Florian: Volksbelustigungen, Nördlingen 1986.
Dittrich, Hans: Redensarten auf der Goldwaage. Herkunft und Bedeutung in einem bunten ABC erklärt, Bonn 1975.
Duden: Das Herkunftswörterbuch. Etymologie der deutschen Sprache (Der Duden in 12 Bänden, Bd. 7), 5. Auflage, Berlin 2014.
Duden: Das Synonymwörterbuch. Ein Wörterbuch sinnverwandter Wörter (Der Duden in 12 Bänden, Bd. 8), 5. Auflage, Mannheim 2010.
Duden: Redewendungen. Wörterbuch der deutschen Idiomatik (Der Duden in 12 Bänden, Bd. 11), 4. Auflage, Berlin 2013.
Duden: Zitate und Aussprüche. Herkunft und aktueller Gebrauch (Der Duden in 12 Bänden, Bd. 12), 2. Auflage, Mannheim 2002.
Duden: Das große Wörterbuch der deutschen Sprache in zehn Bänden, 3. Auflage, Mannheim 1999.
Feldman, David: Who put the butter in Butterfly? And other fearless investigations into our illogical language, New York 1989.
Fischer, Hermann: Schwäbisches Wörterbuch, Band I–VI, Tübingen 1904–1936.
Friebertshäuser, Hans: Redensarten aus Hessen, Husum 1990.
Friederich, Wolf: Moderne deutsche Idiomatik. Systematisches Wörterbuch mit Definitionen und Beispielen, München 1966.
Grimm, Jacob und Wilhelm: Deutsches Wörterbuch, Nachdruck in 33 Bänden, München 1984.
Hirson, Christina: Sprichwörter und Redewendungen für jeden Anlass, München 2006.

Kiaulehn, Walther: Der richtige Berliner in Wörtern und Redensarten, München 1996.
Kluge, Friedrich: Seemannssprache. Wortgeschichtliches Handbuch deutscher Schifferausdrücke älterer und neuerer Zeit, Halle 1911.
Köster, Rudolf: Ullstein-Lexikon der deutschen Sprache, Frankfurt a. M./ Berlin 1969.
Krauss, Heinrich: Geflügelte Bibelworte. Das Lexikon biblischer Redensarten, München 1993.
Kremer, Bruno P./Richarz, Klaus: Wer lässt die Katze aus dem Sack? Redensarten über Tiere und Pflanzen und was dahintersteckt, Stuttgart 2006.
Krüger-Lorenzen, Kurt: Deutsche Redensarten und was dahintersteckt, München 1960.
Küpper, Heinz: Handliches Wörterbuch der deutschen Alltagssprache, Hamburg 1968.
ders.: Deutsch zum Anfassen. Moderne Redewendungen von »Abseilen« bis »Zoff«, Wiesbaden 1987.
Leonhardt, Roland: Des Pudels Kern. Sprichwörter erklärt, München 2006.
Lötzsch, Ronald: Jiddisches Wörterbuch, Mannheim, Leipzig, Wien, Zürich 1992.
Mecklenburgisches Wörterbuch, hrsg. von Richard Wossidlo u. Hermann Teuchert u. a., Neumünster 1942–92.
Müller, Klaus: Lexikon der Redensarten. Herkunft und Bedeutung deutscher Redewendungen, München 2005.
Müller-Fraureuth, Karl: Wörterbuch der obersächsischen und erzgebirgischen Mundarten. 2 Bände, Dresden 1911–14.
Der Kleine Pauly. Lexikon der Antike in 5 Bänden, München 1979.
Raab, Heinrich: Deutsche Redewendungen. Von »abblitzen« bis »Zügel schießen lassen«, Wiesbaden 1981.
Reichert, Heinrich G.: Unvergängliche lateinische Spruchweisheit. Urban und human, Erzabtei St. Ottilien 1983.
Rheinisches Wörterbuch, begr. von Johann Franck, bearb. u. hrsg. von Josef Müller u. a., Bonn 1928 bis Berlin 1971.
Röhrich, Lutz: Das große Lexikon der sprichwörtlichen Redensarten, Bd. 1–3, Freiburg 1991/92.
Scheffler, Heinrich: Wörter auf Wanderschaft. Schicksale von Wörtern und Redensarten, Pfullingen 1986.

Schmeller, Johann Andreas: Bayerisches Wörterbuch. 2. Auflage, bearb. von Georg Karl Frommann, 2 Bände, München 1872–77 (Nachdruck: München 1985).

Sellner, Alfred: Latein im Alltag. Alphabetisch geordnetes Nachschlagewerk von lateinischen Sentenzen, Sprichwörtern, Phrasen, Redewendungen, Zitaten und Formeln sowie deren Abkürzungen, Wiesbaden 1987.

ders.: Fremdsprachliche Redewendungen im Alltag. Latein, Englisch, Französisch, Italienisch, Spanisch, Amerikanisch, Altgriechisch. Sprichwörter, Floskeln, Phrasen, Formeln, Zitate, Sentenzen, Wiesbaden 1997.

Sommer, Ingrid und Klaus-Dieter: Der Ochse und das Harfenspiel. Fabeln aus aller Welt. Berlin 1974.

Stoll, Joseph: Bensheimer Idiotikon. Eine Sammlung von Wörtern und Ausdrücken der Bensheimer Mundart, Bensheim 1984.

Südhessisches Wörterbuch, begr. von Friedrich Maurer, bearb. von Rudolf Mulch. Lieferung 1–19, Marburg 1965–95.

Wasserzieher, Ernst: Woher? Ableitendes Wörterbuch der deutschen Sprache, Bonn 1974.

Wolf, Siegmund A.: Wörterbuch des Rotwelschen. Deutsche Gaunersprache, Mannheim 1956.

ders.: Jiddisches Wörterbuch, Mannheim 1962.

V

W